小学校 **国語科授業研究**

第五版

田近洵一・中村和弘
大熊 徹・塚田泰彦 編

教育出版

21世紀の国語教育
――まえがきに代えて――

教育界の動向

　2004（平成16）年2月，文化審議会が「これからの時代に求められる国語力について」を答申した。これは，文部科学大臣自身が「国語力」という文言を諮問の前面に出して，具体的な国語力育成の方策を問うたことへの答申であった。同じ年の12月，前年実施のOECDのPISA調査（「生徒の学習到達度調査」）の結果が公表された。この調査で，我が国の子どもたちの「読解力」がきわめて低いという実態が明らかになった。これを受けて文部科学省は，PISA型読解力の分析と新しい時代が求める読解力の見直しとを行い，全教科にわたる読解指導の具体的方策を打ち出した。また，2007・2008（平成19・20）年実施の文部科学省「全国学力・学習状況調査」は，知識・技能の活用をみるＢ問題が，PISA型読解力との関係で実践現場の関心を集め，知識・技能の「活用」が国語科の重要な学習内容として意識されるようになった。

　そのような動きを背景に，2007（平成19）年6月発表の，改正学校教育法は，「基礎的な知識及び技能を習得させるとともに，これらを活用して課題を解決するために必要な思考力，判断力，表現力その他の能力をはぐくみ，主体的に学習に取り組む態度を養うことに……」として，「基礎的な知識及び技能」「思考力，判断力，表現力」「主体的に学習に取り組む態度」の学力の三要素とともに，「活用」及び「課題解決」を柱とする学習活動の在り方を明示した。それを受けて改訂された2008（平成20）年3月告示の**第八次の学習指導要領**は，国語力を，全ての学びに生きる能力として捉え，基礎・基本の習得にとどまらず，その活用によって課題を解決する能力の育成をめざし，特に国語科では言語活動例をあげて，学習指導の具体化を図った。

　さらに，2017（平成29）年3月告示の**第九次の学習指導要領**は，「課題の発見と解決に向けて主体的・協働的に学ぶ学習（いわゆるアクティブ・ラーニン

グ)」の必要を求めた中央教育審議会への諮問（平成26年11月20日），及び「アクティブ・ラーニング」の視点からの「『主体的・対話的で深い学び』の実現」を求めた答申（平成28年12月21日）を受けて作成，公示された。それは，約言するなら「どのように学ぶか」という学びの質の高まりを求めて，授業改善に重点を置いた改訂だと言っていいだろう。

教育課程の構成

1．授業時数——平成20年版と同じである。
　　第1学年　306　　第2学年　315　　第3学年　245
　　第4学年　245　　第5学年　175　　第6学年　175
2．目標——国語科の目標は，以下のように全面的に改訂されている。
　　言葉による見方・考え方を働かせ，言語活動を通して，国語で正確に理解し適切に表現する資質・能力を次のとおり育成することを目指す。
(1) 日常生活に必要な国語について，その特質を理解し適切に使うことができるようにする。
(2) 日常生活における人との関わりの中で伝え合う力を高め，思考力や想像力を養う。
(3) 言葉がもつよさを認識するとともに，言語感覚を養い，国語の大切さを自覚し，国語を尊重してその能力の向上を図る態度を養う。
　　(1)は「知識及び技能」，(2)は「思考力，判断力，表現力等」，(3)は「学びに向かう力，人間性等」に関する目標である。
3．学習内容——〔知識及び技能〕〔思考力，判断力，表現力等〕の二つの要素に分けて示されている。
　　〔知識及び技能〕として位置づけられているのは，①言葉の特質や使い方に関する事項，②情報の扱い方に関する事項，③我が国の言語文化に関する事項（伝統的な言語文化，言葉の由来や文化，書写，読書）の三事項である。
　　〔思考力，判断力，表現力等〕は，A話すこと・聞くこと，B書くこと，C読むこと，の三領域に分けて示されている。

国語科教育の課題

　国語力は、自ら学び自ら考える活動を支える中核となる能力であり、全ての教科に生き、全ての学びを支える基礎となる学力である。しかも、社会の国際化が進む中で、国語科は、異文化理解の基礎として、日本語・日本文化に関する豊かな素養を養わなければならないし、また、情報化社会の進展に対応して、確かな情報活用力の向上を図らなければならない。そのような意味で、今日、国語科教育は、改めてその重要性が強調されるようになってきている。

　ところが、その国語科の学習に対する児童・生徒の関心・意欲は、決して高いとは言えない。というより、児童・生徒の「国語離れ」「国語嫌い」が増えているのが、今日の実情である。日本語・日本文化への関心を高めるとともに、言語活動への意識を活性化し、国語学習へのモチベーションを高めるようにしなければならない。

本書刊行の趣旨

　本書は、これから小学校の教師になろうとする人や、すでに教壇に立っている若い教師たちのために、小学校における国語科教育の内容や方法などが、具体的にわかるように編集したものである。

　1章では、国語科の構造や目標、内容など、「国語」という教科の基本的なことを、また、2章では、教材研究や指導計画、指導法など、実践上の原理的なことを取り上げた。3章は、本書の中心である。いろいろな領域の授業がイメージできるよう、学習指導の具体的なことについて述べている。最後の4章では、国語科教育を進めていく教師の常識として大事なことを取り上げた。

　国語科の授業は、日常生活で使っている言葉を学習内容とするものであるだけに、何を、どう学ばせるかについての、明確な自覚がないとかえって難しい。教師としての基礎素養をしっかりと身につけられるよう切望する次第である。

　2018年3月

編　　者

目　　次

21世紀の国語教育…………………………………………………………3
目次………………………………………………………………………6
編者・執筆者紹介………………………………………………………8

1章　国語科の体系

1　国語科の構造……………………………………………………10
2　国語科の学習内容………………………………………………18

2章　実践への視点

1　教材研究の視点──話すこと・聞くこと……………………32
2　教材研究の視点──書くこと…………………………………38
3　教材研究の視点──読むこと…………………………………44
4　学習指導の計画と評価…………………………………………52
5　授業と指導法……………………………………………………60
6　主体的・対話的で深い学び（いわゆる「アクティブ・ラーニング」）……66
7　国語科とカリキュラム・マネジメント………………………74

3章　実践の研究

1　国語科における知識・技能……………………………………84
2　言葉の特徴や使い方……………………………………………88
3　情報の扱い方……………………………………………………96
4　我が国の言語文化………………………………………………100
5　書写………………………………………………………………108
6　国語科における思考力・判断力・表現力……………………116
7　話すこと・聞くこと……………………………………………120
8　書くこと…………………………………………………………126
9　読むこと──文学的な文章……………………………………134

- 10　読むこと——説明的な文章……………………………………………… 146
- 11　メディア・リテラシー…………………………………………………… 156
- 12　読書活動………………………………………………………………… 162

4章　国語科の基礎知識

- 1　国語科教育の歴史………………………………………………………… 168
- 2　児童の言語と思考………………………………………………………… 182

国語科基本用語解説……………………………………………………………… 186

付録

- 1　第4学年国語科学習指導案（説明的な文章）………………………… 202
- 2　第4学年国語科学習指導案（文学的な文章）………………………… 206
- 3　小学校学習指導要領　国語…………………………………………… 210
- 4　近代国語教育史年表…………………………………………………… 224

編者・執筆者紹介

田近 洵一（たぢかじゅんいち）	東京学芸大学名誉教授	1章-1，4章-1(1)〜(3)，付録4
中村 和弘（なかむらかずひろ）	東京学芸大学教授	1章-2，3章-1，3，6
大熊 徹（おおくまとおる）	東京学芸大学名誉教授	1章-2，付録4
塚田 泰彦（つかだやすひこ）	関西外国語大学教授・筑波大学名誉教授	3章-2
長田 友紀（おさだゆうき）	筑波大学准教授	2章-1
大内 善一（おおうちぜんいち）	茨城大学名誉教授	2章-2
足立 悦男（あだちえつお）	島根大学名誉教授	2章-3
寺井 正憲（てらいまさのり）	千葉大学教授	2章-4
常木 正則（つねきまさのり）	新潟大学名誉教授	2章-5
児玉 忠（こだまただし）	宮城教育大学教授	2章-6
府川源一郎（ふかわげんいちろう）	横浜国立大学名誉教授	2章-7
西 一夫（にしかずお）	信州大学教授	3章-4
長野 秀章（ながのひであき）	東京学芸大学名誉教授	3章-5
藤森 裕治（ふじもりゆうじ）	文教大学教授	3章-7
木下ひさし（きのした ひさし）	聖心女子大学教授	3章-8
関口 安義（せきぐちやすよし）	都留文科大学名誉教授	3章-9
植山 俊宏（うえやまとしひろ）	京都教育大学教授	3章-10
中村 敦雄（なかむらあつお）	明治学院大学教授	3章-11
丹藤 博文（たんどうひろふみ）	愛知教育大学教授	3章-12
吉田 裕久（よしだひろひさ）	安田女子大学教授・広島大学名誉教授	4章-1(4)
井上 尚美（いのうえしょうみ）	東京学芸大学・創価大学名誉教授	4章-2
岩永 正史（いわながまさふみ）	山梨大学名誉教授	国語科基本用語解説
邑上 裕子（むらかみゆうこ）	明星大学客員教授	付録1
坂本喜代子（さかもときよこ）	帝京大学准教授	付録2

1章
国語科の体系

| 国語科の体系

1　国語科の構造
―― 国語科は、どのような教科か ――

(1) 国語教育と国語科教育

a　国語教育

　幼児期はもちろんのこと成人してからも，人はたえず言葉を学び続ける。学ぶだけではない。ふだんの生活の中でそれと意識せずとも，人に言葉を教えていることも多い。そのような，生涯を通して言葉を学び合い教え合う営みが国語教育である。したがって国語教育は，生涯教育を視野に入れて考えていく必要がある。学校で勉強すればそれで終わりというものではないのである。

　言うまでもなく，国語科で行うのは国語教育である。しかし，国語教育はそれ以外の場でも行われる。小学校入学以前はもちろんのこと，入学してからも授業以外で子どもはたくさんのことを学ぶし，卒業後も学び続ける。国語科の授業以外の学校や家庭，社会での生活も国語教育の場だと考えるなら，学校における国語教育は，そのような生活の場での言語活動をどうするか，例えば，学習記録の取り方や情報の受けとめ方，読書生活の進め方，テレビの見方，あるいは人とのつきあい方や集団生活（共同学習）の進め方などを見通したうえで進めるようにしなければならない。

b　国語科教育

　国語教育の中で，特に学校の国語科の授業で行う学習指導のことを国語科教育という。制度上のこととして，正確に言うとそれは，学校教育法施行規則に指定された教育課程上の「国語」という教科の学習指導のことである。

　前記したように，国語の授業は，授業外で行う生涯教育としてのそれを視野に入れて進めなければならない。生涯教育の観点から見るならたくさんの学習量をこなしても，試験が終わるとたちまち忘れてしまうような注入主義の学習の誤りは明らかであろう。学習量を増やすよりも，どのような内容の学習指導を，どのような方法によって行うのかを問題にしなければならない。すなわち，

国語科教育は、授業外の子どもの自己学習を支える中核的な能力を養うことが大事である。そして、その中核的な能力が国語科の教育内容なのである。

ところで、国語科という教科が成立したのは、明治33年のことである。すなわち、その年8月の「小学校令」の改正で、それまで「読書」「作文」「習字」の三科であったのが「国語」に統一され、そのうえで「読ミ方」「書キ方」「綴リ方」「話シ方」に分けられたのである。その後、国語科は、昭和16年の「国民学校令」で「国民科国語」となったこともあったが、戦後は、学校教育法施行規則で小学校における教科の一つとして位置付けられてきている。

わが国の場合、公立学校はもとより私立学校も、学校教育法施行規則（文部省令）及び学習指導要領（文部省告示）に基づいて教育を進めている。国語教育に関する点で言うと、前者は「国語」という教科を設定して、その時間数を規定しており、後者は教科の学習内容や指導計画作成上の留意点などを指示している。したがって、現在のところ、学校教育のなかでの国語教育は、学習者の側からいうなら上の法規によって保障されていることになるのだが、同時に、実施上さまざまな規制を受けることにもなる。すなわち、学校教育は、生活年齢のほぼ同じ児童・生徒を対象に、学校という場（空間）と限られた時間の中で、全ての児童・生徒の全面的発達をめざして行うものであって、教育内容や教育環境などを一定のレベルに保つための規定が必要になる。それが法的な保障であり、逆から見るなら規制となるわけであって、そこに今日における制度としての国語科教育の特質がある。

(2) 国語教育の教育内容

a 国語教育の「国語」とは何か

学校教育法施行規則で規定された「国語」は教科をさすが、その教科で行う学習指導を国語教育といった場合、国語教育の「国語」は、教育内容をさしている。つまり、国語教育（あるいは国語科での教育）は、国語を教育内容とするものである。では、教育内容としての国語とは何か。

一般に「国語」というと、それは、人が生まれ育った国の言葉、すなわち日

| 国語科の体系

本人にとってその母語である日本語のことをさす。したがって，国語教育は，人間として生きていくうえで必要な言語教育であり，なかんずく日本人の民族的な共有感覚のやどった母語だと言えよう。しかも，国語教育の「国語」とは，単に日本の音韻や文字，語彙，文法などの日本語をさしていうだけではない。日本語を使って聞いたり，話したり話し合ったり，あるいは本を読んだり，ものを書いたり……といった，さまざまな言語活動を含んでいる。つまり，言葉を使って人間的な生活を営んでいく力を養うのが国語教育である。今後は，外国人に対する日本語教育との関連・異同が問題になるだろう。

b　言語と言語活動

スイスの言語学者フェルジナン・ド・ソシュール（Ferdinand de Saussure）は，実際の場でものを言ったり書いたりする行為（ランガージュ，langage)[1]を，「社会的部分であり，個人の外にある部分」であるラング（langue）[2]と「個人的なものであり，個人は常にその主である」パロール（parole）[3]とに分けた。すなわち，「言語は，言の運用によって，同一社会に属する話手たちの頭の中に貯蔵された財宝であり，各人の脳髄の裡に，一層精密にいへば，一団の個人の脳髄の裡に，陰在的に存する文法体系」であり，それに対して言は，言語を利用してなす「意志及び知能の個人的行為」である。そしてこの両者は，「緊く相結ばれ，互に他を予定する：言が人に理解され全き効果を収めるには，言語が必要である；しかし言語が成立するには，言が必要である；」という関係になっているというのである。

今，このソシュールの言語学を国語教育にあてはめてみると，その教育内容として，文字や文法など民族に共通する社会的，普遍的な「言語」と，それによる話す・聞く・書く・読むの活動とを見いだすことができる。その後者を日本語では「言語活動」と言っているが，それは，ある具体的な状況における一人一人の個人的・主体的な行為であって，ソシュールの「言」にあたるもので

---

[1]　小林英夫訳「言語活動」（小林英夫訳『言語学原論』岩波書店，1930）
[2]　小林英夫訳「言語」（小林英夫訳『言語学原論』岩波書店，1930）
[3]　小林英夫訳「言」（小林英夫訳『言語学原論』岩波書店，1930）

ある。すなわち，国語教育は民族共有の「言語」によりながら，その時その人だけの「言語活動」のできる人間を育てようとするものだといえよう。

c　ものの教育とことの教育

国語教育には，ものの教育とことの教育との二面があるといわれる。それは，教育内容に，言語と言語活動とがあることをさしていったものである。

言うまでもなくものとはソシュールのいう「言語」である。ソシュールにならっていうと，それは脳髄中に貯蔵されたものであって，言語活動の媒材となるもの，そして文字とか文法とかいった形で取り出し，検討の対象とすることのできるものである。それに対してこととは，言語活動（ソシュールのいう「言」）である。すなわちそれは，「言語」を使って活動することであり，話す，聞く，書く，読むことである。しかも，そのこととしての言語活動は，話しかた，聞きかた，書きかた，読みかたのような方法・技術なしには成立しない。つまり，ことの教育は，かたの教育を組み込んでなされるべきものなのである。

国語教育は，以上のような「言語」に関する事項と，言語活動（言語技術を含む）に関する事項とのそれぞれの特質と相互の関係とをおさえて進められなければならない。

(3)　教育内容の構造化

前項では，国語科の学習内容は，媒材としての言語と，その運用・実現としての言語活動（言語技術）といった二層からなることについて述べた。そこで次に，学習内容としての言語及び言語活動とはどのようなものかを検討することにしよう。

a　言語

ここで言語というのは，ソシュールのいうラングのことである。ところが，言語活動の教育までも含めて「言語の教育」ということが多いので，それと区別するために，ラングの教育を，言語要素の教育あるいは言語体系の教育と呼び分けることがある。

さて，日本語の体系をなす言語として特に重要なのは次の四つである。

国語科の体系

1）音声　　2）文字　　3）語彙　　4）文法

　この四つを，一般に言語四要素と呼ぶ。そのほかに，言語要素的なものとして取り出すことができるものには，敬語や方言，文体，修辞法，その他の言葉遣いなどがある。

　これら言語は，その運用・実現に関しては，言語主体の個性の烙印を押されることになるが，しかし言語活動の媒材としては万人共有のものである。しかも，これらには一定の法則があって，音声，文字，語彙，文法がそれぞれで一つの体系をなしている。したがって，言語（要素または体系）の教育は，例えば語彙を例にしていうと，単に文章中の意味をとらえさせるだけではなく，意味的にあるいは形態的に関連のある語を相互に関係づけ，体系的なものとして指導しなければならない。すなわち，語の使い分けの法則性を，それも体系的に学ばせることで語彙体系を身につけさせるのである。

　そのほか，文字（仮名・漢字）にしても文法にしても発音・発声やその他の言葉の使い方にしても，言語の指導はその体系性，法則性をおさえてなされなければならない。

b　言語活動

　言語を媒材とした活動は，話す・聞く・書く・読むの四領域に分かれる。話す・聞くは話し言葉（音声言語）による活動，書く・読むは書き言葉（文字言語）による活動であり，また，聞く・読むは理解活動，話す・書くは表現活動である。すなわち，四つの面をもつ言語活動は，音声言語と文字言語，及び理解と表現というように二つの対をなしているのであって，これをさして二対四面の言語活動という。

　言語活動の指導は，上のような四領域相互の関係をおさえて進められなければならない。例えば，話すと聞くとは同じ話し言葉の活動として相関的に行う

のがよいだろう。また、書くと読むとは、必ずしも能力の相関度は高くないようだが、しかし、ともに書き言葉を媒介とするものであって、読みの学習における文章の理解や表現の研究は、文あるいは文章を構成する力や語句の使い方などの作文力を育てるうえで、その基礎となるものである。

c 学習指導要領における教科構造

平成29年版学習指導要領は、学習内容を次のように整理して示している。
〔知識及び技能〕
(1) 言葉の特徴や使い方に関する事項
(2) 情報の扱い方に関する事項
(3) 我が国の言語文化に関する事項
〔思考力，判断力，表現力等〕
　A　話すこと・聞くこと
　B　書くこと
　C　読むこと

〔知識及び技能〕に示されているのは、言語の要素、情報の関係性や整理法、古典も含めた日本の言語文化に関する事項である。〔思考力、判断力、表現力等〕に示されているのは、言語活動（言語技術）に関する事項である。前者は、言語の体系や言語文化を意識して指導されなければならないし、後者は、現実的な活動の場（実の場）における主体の具体的な言語活動を通して、方法・技術、そこでの言葉そのものを意識して指導されなければならない。
※学習指導要領における教科構造は、17ページを参考のこと。

(4) **言語教育としての課題**——認識（思考・想像）と伝達の能力の育成

話す・聞く・書く・読むの言語活動は、言語による認識・伝達の活動である。特に、確かな言語活動の基礎は、もの・ことに対する認識（及び、思考・想像）の働きである。もの・ことの認識（思考・想像）なしに伝達は成立しないということを忘れてはならない。

認識とは、もの・ことを関係的に捉え（認知し）、思考・想像の働きによっ

国語科の体系

て一つの思想（認識内容）を構成する行為（内言による活動）である。言語を媒材としてそのような行為が成立することで，初めて伝達が可能になる。したがって，例えば人の言語を受けてたくみに話を展開させているように見えても，もの・ことの確かな認識に支えられ中身の充実したものでなければ，そこでのやりとりはまったくむなしいものになる。手ぎわよく型通りの文章をまとめても，テスト問題に対して要領よく答えても，同様のことが言えよう。

また，言語活動は，認識内容を情報として，あるいは意見として人に伝える（そして人と伝え合う）伝達行為として実践される。伝達を成立させるには，自分の立場や意図を明確にするとともに，相手や場に対する配慮がなされなければならない。特に，今日，人と関わり，情報・意見を交流し合う双方向のコミュニケーション，特に，他者との対話的な相互関係が重要になってきている。人と関わる能力も重要な言語能力だと考えなければならない。

言語能力は，話す・聞く・書く・読むの活動を成立させることで養われる。言語活動の成立を目ざす以上，その学習指導は，もの・ことに対する主体の認識をどう拡充・深化するか，さらに他者とどう関わっていくかという問題を抜きにして進めることはできない。もの・ことに対する認識と人間関係意識とに支えられて，初めて言語活動はリアリティーをもちうるのであり，国語の学習は子どもにとって主体的な行為となるのである。すなわち，国語の授業は，認識（思考・想像）と伝達の実の場に立ったリアリティーのあるものとして組織されなければならない。

［田近洵一］

〔知識及び技能〕

(1) **言葉の特徴や使い方に関する事項** 　　　言葉の働き 　　　話し言葉と書き言葉 　　　漢字 　　　語彙 　　　文や文章 　　　言葉遣い 　　　表現の技法 　　　音読，朗読
(2) **情報の扱い方に関する事項** 　　　情報と情報との関係 　　　情報の整理
(3) **我が国の言語文化に関する事項** 　　　伝統的な言語文化 　　　言葉の由来や変化 　　　書写 　　　読書

〔思考力，判断力，表現力等〕

A **話すこと・聞くこと** 　　話すこと　話題の設定，情報の収集，内容の検討 　　　　　　　構成の検討，考えの形成 　　　　　　　表現，共有 　　聞くこと　話題の設定，情報の収集 　　　　　　　構造と内容の把握，精査・解釈，考えの形成，共有 　　話し合うこと　話題の設定，情報の収集，内容の検討 　　　　　　　　話合いの進め方の検討，考えの形成，共有
B **書くこと** 　　題材の設定，情報の収集，内容の検討 　　構成の検討 　　考えの形成，記述 　　推敲 　　共有
C **読むこと** 　　構造と内容の把握 　　精査・解釈 　　考えの形成 　　共有

| 国語科の体系

2　国語科の学習内容
―― 国語科の指導事項は何か ――

(1) 国語科における「学習内容」（指導事項）とは何か

　国語科における「学習内容」とは，学校教育課程の一教科である国語科の学習によって一人一人の学習者が身につけるべき言語の力，つまり，言語知識や言語技能さらには言語活動能力などである。これらを指導者の立場から見ると「指導事項」ということになる。

　したがって，国語科の「学習内容」（指導事項）は，「国語学力」と不可分の関係にあるといえよう。

(2) 国語学力とは何か

　そもそも「学力」とは，学習によって獲得された能力であり，しかも，現実の生活を切り開いていくための価値ある能力である。限定すれば，学校教育課程における教科学習を通じて獲得された知的・技術的能力等のことである。

　平成元年版学習指導要領が完全実施になった1992年頃から「新しい学力観」が文部省（当時）によって提唱されるようになってきた。これは，従来のように学力が学習の結果として獲得された力，つまり「学んだ力」だけに限定されるものではなく，「自ら学ぶ意欲」つまり「学ぼうとする力」や，「思考力，判断力，表現力」，つまり「学ぶ力」等を含めた幅広い学力観である。

　では，国語学力とは何か。

　国語学力はふつう「言語知識」と「言語技能」とに大別される。前者を「知的能力」あるいは「知識」，後者を「技能能力」あるいは「技能」とも呼ぶ。情意面としての「関心・意欲・態度」を国語学力に加えるか否かについては戦後しばらくは賛否両論があったが，「新しい学力観」の提唱以降は，加える方向に落ち着いたとみてよかろう。

　ここで，諸家の構想する国語学力を一，二紹介しておこう。

田近洵一氏は，国語学力を「知識」，「技能」さらには「態度」に大別し，次のように構造化している。1983年の文献に見られるものだが，新しい学力観の提唱後の現在においても十分に対応できる構造となっている。

〔知識〕A言語要素に関する知識　　B言語活動・言語文化に関する知識
〔技能〕C事象認識に関する能力　　D関係認識に関する能力
　　　　E思想構成に関する能力　　F思想表現に関する能力
　　　　G評価に関する能力　　　　H一般化に関する能力
〔態度〕I情意的態度（受容・感動）　J認識的態度（問題意識）
　　　　K社会的態度（人間関係意識）

さらに氏は，〔技能〕と〔態度〕に関しては，それぞれの技能・態度ごとに理解と表現とに分類して，具体的な能力を位置づけている。例えば，〔技能〕のC「事象認識に関する能力」は，次のようである。「理解」は，「1　個々の言語の指示内容をとらえ表象化する能力」「2　言語と事象とを照応させる能力」「3　語感やリズム，あるいは表現の特質をとらえる能力」，また「表現」は，「1　表現のための材料となる個々の事象を的確にとらえる能力」「2　とらえた個々の事象を適切な言語に置きかえる能力」である。また，〔態度〕のI「情意的態度」は，次のようである。「理解」は，「1　表現内容（提供された情報，筆者の主張，登場人物の行動や作品の主題など）に反応する能力」，「2　作品の情調やすぐれた表現などを味わったり楽しんだりする能力」，また「表現」は，「1　感動に基づき，自己を表現する能力」「2　感傷に流されず，叙情性豊かに表現する能力」である。

浜本純逸氏は，学力を基礎学力と基本学力とに区別して考えている。基礎学力は，各教科で育てる各教科固有の学力であり，基本学力は全教科で育てる学力で，①認識諸能力，②自己教育力の二つであるという。

そして，国語科の固有の学力（国語科の基礎学力）は，①言語事項の知識と

---

1)　田近洵一「国語学力論の構想」（全国大学国語教育学会編『国語学力論と実践の課題』明治図書出版　1983）
2)　浜本純逸『国語科教育論』渓水社　1996（2006　改訂版）

| 国語科の体系

活用力、②言語活動力、③言語文化を享受し、創造する力であるとする。

①の「言語事項」は、発音・文字・語彙・文法・文章に関する知識とその運用力である。②の「言語活動力」とは、聞く力・話す力・読む力・書く力である。③の「言語文化を享受し、創造する力」とは、あいさつなどの言語習慣、知恵の凝縮したことわざや故事成語、優れた表現である文学作品などを継承し発展させる力である。

ちなみに、基本学力の「認識諸能力」とは、観察・感受・分類・比較・類推・想像・総合・分析・創造・構造化などの、認識に至る探究の過程で働く能力であるとする。また、「自己教育力」は、①学習意欲、②問題発見力、③学習構想力、④情報操作力、⑤自己評価力の五つの要素に分けて捉えている。

いずれにしても、国語学力とは何か、目の前にいる一人一人の児童たちにとっての望ましい国語学力とは何かを探求することによって、「学習内容」(指導事項)を捉え、日々の学習指導にあたることが大切である。

(3) 「学習指導要領」による「指導事項」の確認と留意点

児童の発達段階を考えながら「学習内容」(指導事項)を捉える際の一つの基準となるものが、「学習指導要領」の指導事項である。

学習指導要領は昭和22 (1947) 年に初めて「試案」が作られてから、各時代の言語生活の実態や社会的要請を踏まえながら、昭和26 (1951) 年版「試案」、昭和33 (1958) 年版、昭和43 (1968) 年版、昭和52 (1977) 年版、平成元 (1989) 年版、平成10 (1998) 年版、平成20 (2008) 年版を経て、現在の平成29 (2017) 年版に至っている。

平成29年版の学習指導要領では、各教科で身につける資質・能力を明確にするとともに、学びのあり方が重視されている。つまり、学校教育法第30条第2項が定める学力の三要素をもとに、国語科の場合、目標については、「知識及び技能」「思考力、判断力、表現力等」「学びに向かう力、人間性等」から設定され、内容については、〔知識及び技能〕と〔思考力、判断力、表現力等〕から構成されることとなった。

現在の国語科の学習内容を捉えるために，まず，目標（教科の目標，学年の目標）を確認したあと，〔知識及び技能〕〔思考力，判断力，表現力等〕のそれぞれの指導事項を系統的に整理しながら見ていく。

教科の目標

	小学校
	言葉による見方・考え方を働かせ，言語活動を通して，国語で正確に理解し適切に表現する資質・能力を次のとおり育成することを目指す。
知識及び技能	(1) 日常生活に必要な国語について，その特質を理解し適切に使うことができるようにする。
思考力，判断力，表現力等	(2) 日常生活における人との関わりの中で伝え合う力を高め，思考力や想像力を養う。
学びに向かう力，人間性等	(3) 言葉がもつよさを認識するとともに，言語感覚を養い，国語の大切さを自覚し，国語を尊重してその能力の向上を図る態度を養う。

学年の目標

	1・2年	3・4年	5・6年
知識及び技能	(1) 日常生活に必要な国語の知識や技能を身に付けるとともに，我が国の言語文化に親しんだり理解したりすることができるようにする。	(1) 日常生活に必要な国語の知識や技能を身に付けるとともに，我が国の言語文化に親しんだり理解したりすることができるようにする。	(1) 日常生活に必要な国語の知識や技能を身に付けるとともに，我が国の言語文化に親しんだり理解したりすることができるようにする。
思考力，判断力，表現力等	(2) 順序立てて考える力や感じたり想像したりする力を養い，日常生活における人との関わりの中で伝え合う力を高め，自分の思いや考えをもつことができるようにする。	(2) 筋道立てて考える力や豊かに感じたり想像したりする力を養い，日常生活における人との関わりの中で伝え合う力を高め，自分の思いや考えをまとめることができるようにする。	(2) 筋道立てて考える力や豊かに感じたり想像したりする力を養い，日常生活における人との関わりの中で伝え合う力を高め，自分の思いや考えを広げることができるようにする。
学びに向かう力，人間性等	(3) 言葉がもつよさを感じるとともに，楽しんで読書をし，国語を大切にして，思いや考えを伝え合おうとする態度を養う。	(3) 言葉がもつよさに気付くとともに，幅広く読書をし，国語を大切にして，思いや考えを伝え合おうとする態度を養う。	(3) 言葉がもつよさを認識するとともに，進んで読書をし，国語の大切さを自覚して，思いや考えを伝え合おうとする態度を養う。

教科目標では，前文で，まず，国語科が「国語で正確に理解し適切に表現する資質・能力を育成する」教科であることが明示され，合わせて，言葉による見方・考え方を働かせること，言語活動を通して資質・能力を育成することが示されている。続いて，(1)で「知識及び技能」に関する目標，(2)で「思考力，判断力，表現力等」に関する目標，(3)で「学びに向かう力，人間性等」に関す

|国語科の体系

る目標が，それぞれ位置づけられている。

　学年の目標は，この教科目標を受けて設定されている。2学年ごとに，教科目標と同様，「知識及び技能」「思考力，判断力，表現力等」「学びに向かう力，人間性等」のそれぞれに関する目標を系統的に示している。

〔知識及び技能〕
(1)　言葉の特徴や使い方に関する事項

	1・2年	3・4年	5・6年
言葉の働き	ア 言葉には，事物の内容を表す働きや，経験したことを伝える働きがあることに気付くこと。	ア 言葉には，考えたことや思ったことを表す働きがあることに気付くこと。	ア 言葉には，相手とのつながりをつくる働きがあることに気付くこと。
話し言葉と書き言葉	イ 音節と文字との関係，アクセントによる語の意味の違いなどに気付くとともに，姿勢や口形，発声や発音に注意して話すこと。 ウ 長音，拗音，促音，撥音などの表記，助詞の「は」，「へ」及び「を」の使い方，句読点の打ち方，かぎ（「 」）の使い方を理解して文や文章の中で使うこと。また，平仮名及び片仮名を読み，書くとともに，片仮名で書く語の種類を知り，文や文章の中で使うこと。	イ 相手を見て話したり聞いたりするとともに，言葉の抑揚や強弱，間の取り方などに注意して話すこと。 ウ 漢字と仮名を用いた表記，送り仮名の付け方，改行の仕方を理解して文や文章の中で使うとともに，句読点を適切に打つこと。また，第3学年においては，日常使われている簡単な単語について，ローマ字で表記されたものを読み，ローマ字で書くこと。	イ 話し言葉と書き言葉との違いに気付くこと。 ウ 文や文章の中で漢字と仮名を適切に使い分けるとともに，送り仮名や仮名遣いに注意して正しく書くこと。
漢字	エ 第1学年においては，別表の学年別漢字配当表（以下「学年別漢字配当表」という。）の第1学年に配当されている漢字を読み，漸次書き，文や文章の中で使うこと。第2学年においては，学年別漢字配当表の第2学年までに配当されている漢字を読むこと。また，第1学年に配当されている漢字を書き，文や文章の中で使うとともに，第2学年に配当されている漢字を漸次書き，文や文章の中で使うこと。	エ 第3学年及び第4学年の各学年においては，学年別漢字配当表の当該学年までに配当されている漢字を読むこと。また，当該学年の前の学年までに配当されている漢字を書き，文や文章の中で使うとともに，当該学年に配当されている漢字を漸次書き，文や文章の中で使うこと。	エ 第5学年及び第6学年の各学年においては，学年別漢字配当表の当該学年までに配当されている漢字を読むこと。また，当該学年の前の学年までに配当されている漢字を書き，文や文章の中で使うとともに，当該学年に配当されている漢字を漸次書き，文や文章の中で使うこと。

語彙	オ 身近なことを表す語句の量を増し、話や文章の中で使うとともに、言葉には意味による語句のまとまりがあることに気付き、語彙を豊かにすること。	オ 様子や行動、気持ちや性格を表す語句の量を増し、話や文章の中で使うとともに、言葉には性質や役割による語句のまとまりがあることを理解し、語彙を豊かにすること。	オ 思考に関わる語句の量を増し、話や文章の中で使うとともに、語句と語句との関係、語句の構成や変化について理解し、語彙を豊かにすること。また、語感や言葉の使い方に対する感覚を意識して、語や語句を使うこと。
文や文章	カ 文の中における主語と述語との関係に気付くこと。	カ 主語と述語との関係、修飾と被修飾との関係、指示する語句と接続する語句の役割、段落の役割について理解すること。	カ 文の中での語句の係り方や語順、文と文との接続の関係、話や文章の構成や展開、話や文章の種類とその特徴について理解すること。
言葉遣い	キ 丁寧な言葉と普通の言葉との違いに気を付けて使うとともに、敬体で書かれた文章に慣れること。	キ 丁寧な言葉を使うとともに、敬体と常体との違いに注意しながら書くこと。	キ 日常よく使われる敬語を理解し使い慣れること。
表現の技法			ク 比喩や反復などの表現の工夫に気付くこと。
音読、朗読	ク 語のまとまりや言葉の響きなどに気を付けて音読すること。	ク 文章全体の構成や内容の大体を意識しながら音読すること。	ケ 文章を音読したり朗読したりすること。

〔知識及び技能〕の内容は、(1)言葉の特徴や使い方に関する事項、(2)情報の扱い方に関する事項、(3)我が国の言語文化に関する事項、の三つから構成されている。

「言葉の特徴や使い方に関する事項」では、文字、表記、漢字、語彙、文法、敬語など、主に言語要素にあたる内容が整理され、系統的に示されている。あわせて、言葉のもつ働きに気づき、児童が言葉を自覚的に用いることができるよう、「言葉の働き」に関する事項も位置づけられているが、これは、外国語活動及び国語科の内容とも関連したものである。また、語彙についても、学年ごとに重点的に扱う語句のまとまりを示し、理解したり表現したりするための語句の量を増やすことが求められている。

|国語科の体系

(2)情報の扱い方に関する事項

	1・2年	3・4年	5・6年
情報と情報との関係	ア 共通,相違,事柄の順序など情報と情報との関係について理解すること。	ア 考えとそれを支える理由や事例,全体と中心など情報と情報との関係について理解すること。	ア 原因と結果など情報と情報との関係について理解すること。
情報の整理		イ 比較や分類の仕方,必要な語句などの書き留め方,引用の仕方や出典の示し方,辞書や事典の使い方を理解し使うこと。	イ 情報と情報との関係付けの仕方,図などによる語句と語句との関係の表し方を理解し使うこと。

　「情報の扱い方に関する事項」は,平成29年版の学習指導要領で新設された事項である。話や文章に含まれている情報の扱い方について,アの「情報と情報との関係」とイの「情報の整理」の二つの内容で構成されている。

　ア「情報と情報との関係」は,話や文章に含まれる情報と情報の関係を捉えて理解したり,また,自分が表現しようとしている情報を整理して伝えたりする際に必要な知識・技能を示している。共通,相違,事柄の順序,考えとそれを支える理由や事例,全体と中心,原因と結果など,思考の枠組みに相当するものである。

　イ「情報の整理」では,理解や表現をする際に,そうした情報を整理したり構造化したりするための方法や手段が示されている。必要な語句の書き留め方や引用の仕方,図などによる語句と語句との関係の表し方などが位置づけられている。

(3)我が国の言語文化に関する事項

	1・2年	3・4年	5・6年
伝統的な言語文化	ア 昔話や神話・伝承などの読み聞かせを聞くなどして,我が国の伝統的な言語文化に親しむこと。 イ 長く親しまれている言葉遊びを通して,言葉の豊かさに気付くこと。	ア 易しい文語調の短歌や俳句を音読したり暗唱したりするなどして,言葉の響きやリズムに親しむこと。 イ 長い間使われてきたことわざや慣用句,故事成語などの意味を知り,使うこと。	ア 親しみやすい古文や漢文,近代以降の文語調の文章を音読するなどして,言葉の響きやリズムに親しむこと。 イ 古典について解説した文章を読んだり作品の内容の大体を知ったりすることを通して,昔の人のものの見方や感じ方を知ること。

言葉の由来や変化		ウ 漢字が，へんやつくりなどから構成されていることについて理解すること。	ウ 語句の由来などに関心をもつとともに，時間の経過による言葉の変化や世代による言葉の違いに気付き，共通語と方言との違いを理解すること。また，仮名及び漢字の由来，特質などについて理解すること。
書写	ウ 書写に関する次の事項を理解し使うこと。 (ア) 姿勢や筆記具の持ち方を正しくして書くこと。 (イ) 点画の書き方や文字の形に注意しながら，筆順に従って丁寧に書くこと。 (ウ) 点画相互の接し方や交わり方，長短や方向などに注意して，文字を正しく書くこと。	エ 書写に関する次の事項を理解し使うこと。 (ア) 文字の組立て方を理解して，形を整えて書くこと。 (イ) 漢字や仮名の大きさ，配列に注意して書くこと。 (ウ) 毛筆を使用して点画の書き方への理解を深め，筆圧などに注意して書くこと。	エ 書写に関する次の事項を理解し使うこと。 (ア) 用紙全体との関係に注意して，文字の大きさや配列などを決めるとともに，書く速さを意識して書くこと。 (イ) 毛筆を使用して，穂先の動きと点画のつながりを意識して書くこと。 (ウ) 目的に応じて使用する筆記具を選び，その特徴を生かして書くこと。
読書	エ 読書に親しみ，いろいろな本があることを知ること。	オ 幅広く読書に親しみ，読書が，必要な知識や情報を得ることに役立つことに気付くこと。	オ 日常的に読書に親しみ，読書が，自分の考えを広げることに役立つことに気付くこと。

「我が国の言語文化に関する事項」は，言語文化を「文化としての言語」「文化的な言語生活」「言語芸術や芸能」と幅広く定めて，「伝統的な言語文化」「言葉の由来や変化」「書写」「読書」から内容を構成している。

「伝統的な言語文化」では，昔話や神話・伝承，文語調の短歌や俳句，親しみやすい古文や漢文などを扱うほかに，長く親しまれている言葉遊びも内容として示されている。

「言葉の由来や変化」では，漢字の構成，文字や語句の由来，言葉の変化や共通語と方言など，文化としての言語に関わる内容が位置づけられている。

「書写」では，点画や筆順など一つの文字を書く基礎から，大きさや配列など文字の集まりの書き方へと，系統的に内容が示されている

「読書」では，本を読んだり資料を調べたりすることの意義や効用について，系統的に示されている。中学校の「読書」の内容への接続も考慮されている。

国語科の体系

〔思考力，判断力，表現力等〕
A　話すこと・聞くこと

	1・2年	3・4年	5・6年
話すこと			
話題の設定 情報の収集 内容の検討	ア 身近なことや経験したことなどから話題を決め，伝え合うために必要な事柄を選ぶこと。	ア 目的を意識して，日常生活の中から話題を決め，集めた材料を比較したり分類したりして，伝え合うために必要な事柄を選ぶこと。	ア 目的や意図に応じて，日常生活の中から話題を決め，集めた材料を分類したり関係付けたりして，伝え合う内容を検討すること。
構成の検討 考えの形成	イ 相手に伝わるように，行動したことや経験したことに基づいて，話す事柄の順序を考えること。	イ 相手に伝わるように，理由や事例などを挙げながら，話の中心が明確になるよう話の構成を考えること。	イ 話の内容が明確になるように，事実と感想，意見とを区別するなど，話の構成を考えること。
表現 共有	ウ 伝えたい事柄や相手に応じて，声の大きさや速さなどを工夫すること。	ウ 話の中心や話す場面を意識して，言葉の抑揚や強弱，間の取り方などを工夫すること。	ウ 資料を活用するなどして，自分の考えが伝わるように表現を工夫すること。
聞くこと			
話題の設定 情報の収集	ア（上に同じ）	ア（上に同じ）	ア（上に同じ）
構造と内容の把握 精査・解釈 考えの形成 共有	エ 話し手が知らせたいことや自分が聞きたいことを落とさないように集中して聞き，話の内容を捉えて感想をもつこと。	エ 必要なことを記録したり質問したりしながら聞き，話し手が伝えたいことや自分が聞きたいことの中心を捉え，自分の考えをもつこと。	エ 話し手の目的や自分が聞こうとする意図に応じて，話の内容を捉え，話し手の考えと比較しながら，自分の考えをまとめること。
話し合うこと			
話題の設定 情報の収集 内容の検討	ア（上に同じ）	ア（上に同じ）	ア（上に同じ）
話合いの進め方の検討 考えの形成 共有	オ 互いの話に関心をもち，相手の発言を受けて話をつなぐこと。	オ 目的や進め方を確認し，司会などの役割を果たしながら話し合い，互いの意見の共通点や相違点に着目して，考えをまとめること。	オ 互いの立場や意図を明確にしながら計画的に話し合い，考えを広げたりまとめたりすること。
言語活動例	ア 紹介や説明，報告など伝えたいことを話したり，それらを聞いて声に出して確かめたり感想を述べたりする活動。 イ 尋ねたり応答したり	ア 説明や報告など調べたことを話したり，それらを聞いたりする活動。 イ 質問するなどして情報を集めたり，それらを発表したりする活動。 ウ 互いの考えを伝える	ア 意見や提案など自分の考えを話したり，それらを聞いたりする活動。 イ インタビューなどをして必要な情報を集めたり，それらを発表したりする活動。 ウ それぞれの立場から

	するなどして，少人数で話し合う活動。	などして，グループや学級全体で話し合う活動。	考えを伝えるなどして話し合う活動。

〔思考力，判断力，表現力等〕の内容は，「A話すこと・聞くこと」「B書くこと」「C読むこと」の3領域から構成されている。それぞれには，さらに(1)指導事項と(2)言語活動例が示されている。

「A話すこと・聞くこと」の指導事項は，話すこと，聞くこと，話し合うことから構成されている。

話すことのアでは，話題の設定，情報の収集，内容の検討に関する事項が示されている。続くイでは，話の構成を検討したり考えを形成したりすることに関する事項，ウでは実際に話をするなどの表現や共有に関する事項が，それぞれ示されている。

聞くことでは，エとして，聞いた話の内容を把握したり解釈したりして考えを形成する事項が示されている。

話し合うことでは，オとして，話し合いの進め方の検討や考えの形成に関する事項が示されている。

言語活動例としては，各学年のアでは紹介，説明，報告，提案などの活動が，中学年と高学年のイでは質問やインタビューなどの活動が，また，低学年のイ，中学年と高学年のウではさまざまな話し合いの活動が，それぞれ示されている。

B　書くこと

	1・2年	3・4年	5・6年
題材の設定 情報の収集 内容の検討	ア　経験したことや想像したことなどから書くことを見付け，必要な事柄を集めたり確かめたりして，伝えたいことを明確にすること。	ア　相手や目的を意識して，経験したことや想像したことなどから書くことを選び，集めた材料を比較したり分類したりして，伝えたいことを明確にすること。	ア　目的や意図に応じて，感じたことや考えたことなどから書くことを選び，集めた材料を分類したり関係付けたりして，伝えたいことを明確にすること。
構成の検討	イ　自分の思いや考えが明確になるように，事柄の順序に沿って簡単な構成を考えること。	イ　書く内容の中心を明確にし，内容のまとまりで段落をつくったり，段落相互の関係に注意したりして，文章の構成を考えること。	イ　筋道の通った文章となるように，文章全体の構成や展開を考えること。

国語科の体系

考えの形成 記述	ウ 語と語や文と文との続き方に注意しながら、内容のまとまりが分かるように書き表し方を工夫すること。	ウ 自分の考えとそれを支える理由や事例との関係を明確にして、書き表し方を工夫すること。	ウ 目的や意図に応じて簡単に書いたり詳しく書いたりするとともに、事実と感想、意見とを区別して書いたりするなど、自分の考えが伝わるように書き表し方を工夫すること。 エ 引用したり、図表やグラフなどを用いたりして、自分の考えが伝わるように書き表し方を工夫すること。
推敲	エ 文章を読み返す習慣を付けるとともに、間違いを正したり、語と語や文と文との続き方を確かめたりすること。	エ 間違いを正したり、相手や目的を意識した表現になっているかを確かめたりして、文や文章を整えること。	オ 文章全体の構成や書き表し方などに着目して、文や文章を整えること。
共有	オ 文章に対する感想を伝え合い、自分の文章の内容や表現のよいところを見付けること。	オ 書こうとしたことが明確になっているかなど、文章に対する感想や意見を伝え合い、自分の文章のよいところを見付けること。	カ 文章全体の構成や展開が明確になっているかなど、文章に対する感想や意見を伝え合い、自分の文章のよいところを見付けること。
言語活動例	ア 身近なことや経験したことを報告したり、観察したことを記録したりするなど、見聞きしたことを書く活動。 イ 日記や手紙を書くなど、思ったことや伝えたいことを書く活動。 ウ 簡単な物語をつくるなど、感じたことや想像したことを書く活動。	ア 調べたことをまとめて報告するなど、事実やそれを基に考えたことを書く活動。 イ 行事の案内やお礼の文章を書くなど、伝えたいことを手紙に書く活動。 ウ 詩や物語をつくるなど、感じたことや想像したことを書く活動。	ア 事象を説明したり意見を述べたりするなど、考えたことや伝えたいことを書く活動。 イ 短歌や俳句をつくるなど、感じたことや想像したことを書く活動。 ウ 事実や経験を基に、感じたり考えたりしたことや自分にとっての意味について文章で書く活動。

「B書くこと」の指導事項も、学習過程を明確にして位置づけられている。

アは、話題の設定、情報の収集、内容の検討に関する事項である。低学年では、経験したことや想像したことなどから書くことを選ぶ。中学年では、そこに相手や目的を意識することが加わり、高学年では、目的や意図に応じて、感じたことや考えたことなどから選ぶことになる。イは構成の検討に関する事項で、やはり系統的に指導事項が位置づけられている。

ウは考えの形成、記述に関する事項で、書き表し方を工夫することが示され

2　国語科の学習内容

ている。高学年では，文章だけではなく，図表やグラフなどを用いて書き表し方を工夫することも位置づけられている。

エは推敲に関する事項，オは共有に関する事項である。文章を読み合い，感想や意見を伝えたり自分の文章を見つめたりすることが示されている。

このように，指導事項は学習過程に沿って位置づけられているが，この過程がそのまま授業での指導の順序になるわけではないことに，留意したい。

言語活動例では，各学年のアでは説明的な文章を書く活動が，低学年のイと中学年のイでは実用的な文章を書く活動が，低学年のウ，中学年のウ，高学年のイとウでは文学的な文章を書く活動が，それぞれ例示されている。

C　読むこと

	1・2年	3・4年	5・6年
構造と内容の把握	ア　時間的な順序や事柄の順序などを考えながら，内容の大体を捉えること。	ア　段落相互の関係に着目しながら，考えとそれを支える理由や事例との関係などについて，叙述を基に捉えること。	ア　事実と感想，意見などとの関係を叙述を基に押さえ，文章全体の構成を捉えて要旨を把握すること。
	イ　場面の様子や登場人物の行動など，内容の大体を捉えること。	イ　登場人物の行動や気持ちなどについて，叙述を基に捉えること。	イ　登場人物の相互関係や心情などについて，描写を基に捉えること。
精査・解釈	ウ　文章の中の重要な語や文を考えて選び出すこと。	ウ　目的を意識して，中心となる語や文を見付けて要約すること。	ウ　目的に応じて，文章と図表などを結び付けるなどして必要な情報を見付けたり，論の進め方について考えたりすること。
	エ　場面の様子に着目して，登場人物の行動を具体的に想像すること。	エ　登場人物の気持ちの変化や性格，情景について，場面の移り変わりと結び付けて具体的に想像すること。	エ　人物像や物語などの全体像を具体的に想像したり，表現の効果を考えたりすること。
考えの形成	オ　文章の内容と自分の体験とを結び付けて，感想をもつこと。	オ　文章を読んで理解したことに基づいて，感想や考えをもつこと。	オ　文章を読んで理解したことに基づいて，自分の考えをまとめること。
共有	カ　文章を読んで感じたことや分かったことを共有すること。	カ　文章を読んで感じたことや考えたことを共有し，一人一人の感じ方などに違いがあることに気付くこと。	カ　文章を読んでまとめた意見や感想を共有し，自分の考えを広げること。
言語活動例	ア　事物の仕組みを説明した文章などを読み，分かったことや考えたこと	ア　記録や報告などの文章を読み，文章の一部を引用して，分かったこと	ア　説明や解説などの文章を比較するなどして読み，分かったことや考え

を述べる活動。	や考えたことを説明したり，意見を述べたりする活動。	たことを，話し合ったり文章にまとめたりする活動。
イ 読み聞かせを聞いたり物語などを読んだりして，内容や感想などを伝え合ったり，演じたりする活動。	イ 詩や物語などを読み，内容を説明したり，考えたことなどを伝え合ったりする活動。	イ 詩や物語，伝記などを読み，内容を説明したり，自分の生き方などについて考えたことを伝え合ったりする活動。
ウ 学校図書館などを利用し，図鑑や科学的なことについて書いた本などを読み，分かったことなどを説明する活動。	ウ 学校図書館などを利用し，事典や図鑑などから情報を得て，分かったことなどをまとめて説明する活動。	ウ 学校図書館などを利用し，複数の本や新聞などを活用して，調べたり考えたりしたことを報告する活動。

「C読むこと」の指導事項は，構造と内容の把握，精査・解釈，考えの形成，共有の過程に沿って構成されている

 アとイは，構造と内容の把握に関する事項である。アは説明的な文章で，内容の大体や文章全体の構成を捉えることが示されている。イは文学的な文章で，場面の様子や人物の行動や関係を捉えることが示されている。いずれも，叙述を基にそれらを捉えることが明示されている。

 ウとエは，精査・解釈に関する事項である。ウは説明的な文章で，重要な語を選んだり要約したり，論の進め方を検討したりすることが示されている。エは文学的な文章で，人物の気持ちの変化や情景を具体的に想像したり，表現の効果を考えたりすることが示されている。

 オは考えの形成に関する事項で，感想をもつことや考えをまとめることが示されている。カは共有に関する事項で，考えを共有すること，感じ方などに違いがあることに気付くこと，考えを広めることなどが示されている。

 言語活動例では，各学年ともに，アが説明的な文章を読む活動，イが文学的な文章を読む活動，ウが本などから情報を得て活用する活動が，それぞれ例示されている。

［大熊　徹・中村　和弘］

2章
実践への視点

| 実践への視点

1　教材研究の視点──話すこと・聞くこと

(1)　話すこと・聞くことの教材研究

　「主体的・対話的で深い学び」にとって話すこと・聞くことの指導はきわめて重要である。ここではその教材研究のポイントについてみていきたい。

　話すこと・聞くことのジャンルについて，西尾実（1947）は「独話」「対話」「会話」の枠組みから説明した。一対衆の「独話」には，説明・報告・発表・スピーチ・演説・語りなどがあるだろう。一対一の「対話」には，問答・インタビュー・相談・あいさつなどがあげられる。一対多の「会話」には，討論（ディベート，シンポジウム，パネルディスカッション，フォーラムなど）・会議・バズセッションなどが考えられる。こういったジャンルの基盤として，発音・発声・言葉遣い・音読・朗読や，方言と共通語などがある（山田敏弘（2007）は国語教科書教材にも言及されており基礎知識を得るのに役立つ）。

　多様なジャンルを包括する話すこと・聞くことであるが，まずは学習者が実際に話し，聞く活動をしなければならない。どのようにすれば学習者が話し，聞くことができるのか。そこでいかなる学習が成立するかを構想することが教材研究となる。次のような3つの段階がある。

　1）**話題選択**　①素材から教材を選ぶ方法。日常生活や学校生活において適切な素材（話題，文章）を見つけたら，それを話すことが子どもにふさわしいか，どういう目標が設定できそうかなどを検討する。②目標から教材を探す方法。身につけさせたい目標が決まっている場合は，それを達成しやすい話題を探すことになる。③教科書教材を使う方法。ただし教科書の話題を使うのではなく，目標や指導方法はそのままで似たような話題，あるいは全く異なった話題に変更して活用する場合もある。

　2）**教材研究**　選んだ話題を教材にしていくには，学習過程全体を想定するとよい。どんなに興味深い話題であっても，学習者が実際に参加し，そこで話

すこと・聞くことの学習が成立しなければならない。学習者の興味や能力やその話題についての知識などを踏まえ，どこが難しそうか，どこが論点となるのか，どのような話し方（話型）が要求されるか，どんな形態がよいか（グループなのか，教室の前で話すのか）などを検討する。ワークシートや，事前に知っておいたほうがよい情報などを教材として準備したりもする。

　3）**即時的な教材の発生**　事前に準備するものだけが教材ではない。スピーチや話し合いの中で生まれた発言はその場で取り上げたり，後で振り返ったりすれば学びに活用できる。言語活動における学習者の話そのものも教材になる。

(2) 「話題選択」におけるカリキュラム的視点

　話題選択に関してはカリキュラム・マネジメントの視点をもっていることが必要である。大村はま（1983）は，話し合い指導において次のA・B二つの立場をはっきりと教師が意識することが大切であるという。Aは「話し合いの力をつけるために，話し合いをさせる」，Bは「他の目標——たとえば文学作品をあじわうことをめあてとして，その方法に話し合いを使う」である。大村は，A・B両者を意識せず混同するから，話すこと・聞くことの指導でありながら目標と指導方法を考えずただ話し合いが行われたり，逆に文学指導の中で無理に話し合いの指導を行ってしまい授業を壊したりすることがあると指摘する。さらに，取り立てたAの学習が進み，ある程度の実力をつけないと融合のBを実施することはできない。またBを実施した結果，課題となった点は次のAの指導に織り込むことが重要だと指摘する。しかし国語科の時間だけでは話すこと・聞くことの絶対量，切実な目的，多様な場は十分に確保できない。そこで，他教科や学校生活全体の中での連携や融合を考える必要がある。これらA・Bの枠組みをわかりやすく示せば次のようになろう。

```
          ┌ 国語科 ┌ 話すこと・聞くことの指導（取り立て）A
話す・聞く ┤        └ 読むことなどその他の指導（融合）B
          └ 他教科・学校生活（融合）B
```

　A・Bいずれも柔軟に考えることが重要である。例えば，1時間の間に全員

| 実践への視点

が話す必要がない場合もある。スピーチなどは同じテーマの話を聞き続ければ飽きてしまうし，後に控えた発表者は緊張して他者の話をじっくり聞けないこともある。毎日数人ずつ帯単元にするなどがあってよい。またグループ編成も話題，能力，人間関係等に応じてそのつど変えてもよいだろう。

このように他教科や学校生活全体の中でも適切な話題を見つけ，話す・聞くことの特性に応じたカリキュラムを構想する必要がある。ただし，全員の能力や意欲の向上を目ざすことがAの存在意義であることを忘れてはならない。

(3) 「教材研究」のポイント

単に話す・聞くのでなく，話すこと・聞くことの力を向上させるにはどうすればよいのだろうか。これが特にAの教材研究のポイントとなる。教材研究は話題の分析だけでなく，学習者がどうやって話したり，聞いたりするのかといった学習活動全般を想定する中で行われる。以下，「スピーチ」と「話し合い」の二つを取り上げて見てみたい。

①スピーチの教材研究

学習者が話す内容をもてそうかどうかを教室の一人一人を思い浮かべながら検討してみるところから始めてみるとよい。例えば，低学年で「夏休みの思い出」というテーマなら多くの子どもが話せそうであるが，難しそうな子は誰で，どんな支援が必要そうなのかなどを考えてみる。

高学年の「地域のことを調べて発表しよう」といったテーマなら，地域のどんなことを具体的に調べられるのか，資料はどの程度あるのか，子どもたちだけで調査できそうかなどを考える必要がある。話す内容に関することだけでなく，子どもたちが身につける言葉の力や，話すために必要な話型（例：理由を説明するのであれば「なぜなら，……」）などをあわせて考えておく。

教材研究のためには，教師自身が事前にスピーチ原稿を作成してみるのがいちばんである。地域のことを実際に調べてみると，学校図書館にはほとんど資料がなくスピーチの材料が集めにくいなど，学習過程でつまずきやすい点や苦

労する点がわかり、どういう支援をすればよいのかを想定しやすい。

　このように作成したスピーチ原稿を、単元の導入として実際に子どもたちに話せば、教材としてスピーチのモデルを示すことができる。教科書教材を読みあげるだけではなかなかリアルなイメージは伝わりにくいが、教師のスピーチを聞けば具体的なイメージがわいたり、自分たちもやってみたいという意欲が生まれたりする。教師の原稿はそのあとで配付し、作成のポイントやスピーチのコツを指導する教材としても使うことができる。このように実際に教師がやってみることは教材研究や教材作成にとって非常に役に立つ。

　一方で話し手だけでなく、聞き手の側からの教材研究も必要である。スピーチでは評価するためのワークシートが聞き手によく配付される。「声の大きさや速さ」「内容のわかりやすさ」「話し手へのアドバイス」などの観点が示されて、5段階で判定したり、コメントを書き込んだりする。ただし、聞き手が評価シートを書くことで手いっぱいとなり、次の発表者のスピーチをほとんど聞いていないといったことがよく見られる。作成したワークシートで子どもたちが意味ある活動や振り返りができるのか、かえって活動の邪魔にならないかなどをよく吟味する必要がある。

②話し合いの教材研究

　話し合いは、「音声」によって媒介され複数の人間が「共同」で「思考」するものである（長田 2016）。しかし「音声」はすぐに消えてしまうため、それまでどんな発言や論点があったのかがわかりづらく、論理的な思考を積み重ねにくい。さらに作文のように一人ではなく「共同」で行うため、教室内の人間関係にも影響されやすい。話したくない、話すのが恥ずかしいといった児童もいる。また、そもそも「思考」とは新たな考えを生み出すことである。スピーチであれば事前に考えたことを本番で繰り返せばよいが、話し合いはそうではない。それまでに出た意見を踏まえ、その場で思考し発言しなければならないのである。どのようなアイデアがでるのかは事前にはわからないため、練習や準備がなかなか難しい。

| 実践への視点

　こういった点が話し合い指導の難しい理由であるが，次のような点から教材の工夫を考えてみるとよい。

　話し合いにおける「音声」の困難さに対しては，音声面を強化するトレーニングはもちろん大切であるが，文字や映像教材も活用するとよい。例えば，モデルとなる話し合いや，話し合いで使われる話型（質問の仕方，意見の述べ方，司会の話し方）が書かれた「話し合いの手引き」は事前の指導に有効である。映像教材の話し合いビデオは，例えばシンポジウムやディベートなどふだんあまり目にしない話し合いの様子を学ぶのにふさわしい。またタブレットやビデオ機材などで撮影し振り返れば，自分たちの話し合いを教材にできる。

　「共同」で何かをすることも児童にとってはなかなか難しい。他者を認め，お互いに尊重しあえる雰囲気づくりが重要である。これは国語の授業だけでなく日常の学級生活全般での指導がとても大切となる。発言のルールや，他者への気遣いをふだんから少しずつ指導しておく必要がある。時には，これまでの自分たちの話し方や話し合い方を振り返り，よりよくするための工夫を考えるといったことも大切だろう。つまり，日常の学校生活における話し合いの全てが教材になるといってもよいのである。話し合いの指導では論理性ばかりが注目されがちであるが，話し合いは共同で行うため子どもたちが互いに関わり合うことがとても大切になる。こういった教材にも視野を広げておきたい（國分・岡田弘（1996）などは学級づくりの教材として便利である）。

　「思考」のもっとも難しい点は，今までに直面したことのない新規の問題解決に取り組まなければならないことである。このような力を身につけるためには，物事の考え方を明示的に教えたり，多くの思考活動に従事させたりすることが考えられる。ただし，話し合いは発言がその場ですぐに消えてしまうため，それまで出た発言の全体を眺めて思考を積み重ねることがなかなか難しい。そこで近年では，話し合いの論点や発言をみんなに見えるように書きながら進行していく，「視覚ツール」や「ファシリテーショングラフィック」と呼ばれる方法が注目されている（藤原（2011），関西大学初等部（2014））。このような方法では，話し合いを書くホワイトボードや紙やペンなどが教具や教材となる。

上記いずれの教材も音声・共同・思考の困難さをフォローする方法であるが，多くを一度の学習に盛り込む必要はない。教材研究にあたっては話し合いの形態，目標，カリキュラム，話題，学習者の実態に応じて考えるべきである。

また実際の授業では，事前に想定しなかった発言が学習者や指導者自身からも発せられる。「即時的な教材の発生」である。ただし，スピーチや話し合いの途中にやたらとこういった発言を取り上げてしまうと，子どもたちの活動が止まり言語活動が十分に成立しないことがある。事中で生まれる発言をいつ，どのように教材として取り上げるかといった判断も教師には求められる。発言の教材としての機能を見きわめ，話の流れを妨げないか，学習効果はどの程度かを勘案するとよい。

近年では関連書籍も多く出版され，教材研究は格段に行いやすくなっている。高橋俊三（1999）は参考文献も豊富に掲載されており手元にあると便利である。学ぶ教師の姿を児童に見せ続けることもまた大切である。

文献
大村はま（1983）『大村はま国語教室　第2巻』筑摩書房
長田友紀（2016）『国語教育における話し合い指導の研究——視覚情報化ツールによるコミュニケーション能力の拡張——』風間書房
関西大学初等部（2014）『思考ツールを使う授業——関大初等部式 思考力育成法〈教科活用編〉——』さくら社
國分康孝・岡田弘（1996）『エンカウンターで学級が変わる 小学校編——グループ体験を生かした楽しい学級づくり——』図書文化社
高橋俊三（1999）『音声言語指導大事典』明治図書出版
西尾実（1947）『言葉とその文化』岩波書店（西尾実（1975）『西尾実国語教育全集第4巻』教育出版所収）
藤原友和（2011）『教師が変わる！授業が変わる！「ファシリテーション・グラフィック」入門』明治図書出版
山田敏弘（2007）『国語教師が知っておきたい日本語音声・音声言語』くろしお出版

［長田友紀］

| 実践への視点

2　教材研究の視点——書くこと

(1) 「書くこと」の教材とは何か

　教材とは，教授者が設定した指導目標や指導計画に基づいて用意されるものである。しかも，そこには，その目標や計画に沿った指導内容が明確に盛りこまれていなければならない。もちろん，この場合の教材は本来，児童・生徒の学習活動を十分に組織しうるだけの機能をもつものでなければならない。しかし，現在の教科書教材の場合，必ずしも児童・生徒の学習活動を十分に組織しうるだけの機能を有しているとは言いがたい。これは，教科書の有するさまざまな制約，とりわけ紙幅の制限などの理由によるところが大きい。「書くこと（作文）」の教材の場合，教科書では，学期に一つないし二つの単元・教材しか設定されていないのでこの問題は更に深刻である。

　この問題を克服する手立ては粗くいって二つある。一つは，教科書教材の再教材化である。これによって足りない部分を補う。もう一つは，新たに教材を開発することである。「書くこと（作文）」の教材研究のあり方を考える際には，この二つの視野からの検討を行っていく必要がある。

　さて，「書くこと」の教材について考えていく手がかりの一つとして，かつて田近洵一氏が示した「作文教材の分類」の一端を取り上げてみよう。[1]

```
(1)　表現活動の触媒としての教材
　　①ものの見方・考え方を広げる教材　　②書く生活を広げる教材
(2)　表現のしかたの手引きとしての教材
　　①表現技法を学ばせる教材　　②表現過程を学ばせる教材
(3)　表現活動の材料としての教材
　　①理解にもとづいて表現させる教材　　②情報再生産をさせる教材
```

---

1)　田近洵一「表現指導のための教材論」（全国大学国語教育学会編『講座国語科教育の探究2』p.197〜198，明治図書出版，1981）

ここには、従来の作文教材の一通りのタイプがそろっていると見て差し支えないであろう。問題は、1学年1種類の教科書では、これだけの教材を網羅することなどとうていかなわないというところにある。やはり、「書くこと（作文）」の教材研究は、この教材不足という事態への対応が必須の課題となっている。この問題への対応に関しては、次節で詳しく見ていくことにしたい。

ところで、筆者はかつて、教科書の作文単元や教育現場で開発されてきた多くの作文教材について検討を加えたことがある。その結果、「作文教材」と呼ばれてきたものには、以下のような要素が含まれていることを確認した。[2]

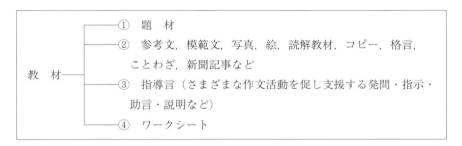

もちろん、個々の教材が全て上記の要素を網羅しているわけではない。指導のねらいや計画にそって、適宜各種の要素に解体され組み合わされて単一の教材として出現している。これらの要素が、はたして児童・生徒の学習活動を十分に組織しうるような形で工夫され提示されているかどうかを検討していくことが「書くこと（作文）」の教材研究といえる。そこで、以下、先に示した①教科書教材の再教材化、②新たな教材の開発という二つの立場から考察を加えていってみよう。

(2) 教科書教材の再教材化

先にも述べたように、教科書教材にはさまざまな制約がある。それらの制約を補っていくことが再教材化の作業となる。

まず、「書くこと（作文）」の年間指導計画を作成しておき、これに準じて中

---

2) 拙著『思考を鍛える作文授業づくり』(p.204, 明治図書出版, 1994)

| 実践への視点

心的指導事項をおさえて活用すること。教科書教材は，基本的に一つのまとまった構造を有している。指導の中心的ねらいに照らして扱うべき部分の軽重を考えていかなければならない。

次に，当該教材が文章制作ないし学習のどの過程に重点をおいた構成となっているかを確認すること。「書くこと」の単元の配置は，教科書全体の中で系統づけられている。そうした系統の中で，その当該単元・教材がどんな機能を与えられているかをしっかりと把握しておかなければならない。

また，当該単元に扱われている参考文例の表現形態・文種（ジャンル）を確認しておくことも大切なことである。参考文例の表現形態・文種によっても指導方法や書く活動の重点が異なってくるからである。

その参考文例が，指導する児童・生徒の実態に即したものであるかどうかも確認しておくことである。もしも，その参考文例が著しく児童・生徒の実態からかけ離れていると判断される場合には，文例の差し替えなど，相応の工夫が求められることになる。

なお，教科書を使用した指導では，当該単元・教材だけで10時間以上にわたる指導を展開せざるをえない場合がほとんどである。これでは，児童・生徒の書く活動への意欲を持続させることは難しい。

そこで，子どもの書く活動への意欲を毎時間持続させ，思考の集中を促していくためにも，目下進行しつつある授業の中から教材を開発していくことが必須の課題となる。教科書教材やあらかじめ教師側から与える教材に対して，当該学習の中から生み出された子どもたちの作品を，次の時間に活用するための教材に替えていくのである。

前者を一次的教材とすれば，後者を二次的教材と呼ぶことができる。この二次的教材の開発が，教科書教材の再教材化の作業の最も重要な課題となろう。目下指導している子どもたちの書いた文章をよく読んでやれば，二次的教材の開発はそれほど難しいことではない。

教師が自らの目で子どもたちの書いた文章をしっかりと読んでやること。そうすることで，目の前の子どもたちの書く力の実態もより正確に捉えることが

できる。その時期の児童・生徒に対する指導の系統もみえてくるはずである。子どもの書いた文章をじっくり読むことは、教師自身の指導の自己評価にも通じている。

　目の前の子どもたちの書いた文章から教材を開発していくことは、指導者自身の「書くこと」の指導の力量を高めていくことに通じているのである。

(3) 新たな教材の開発研究

　筆者はかつて、学習者の思考の集中を促し思考を鍛える作文授業づくりの提案を行ったことがある。[3]

　学習者の思考を鍛えるためには、まず子どもたちが喜んで楽しく書くことのできる授業づくりを目ざさなければならない。そのためには、子どもが本来もっている豊かな発想を生かすこと、またその発想の源泉にあるのが子どもの遊び心や空想癖にあることも指摘した。そこで、言葉を想像力豊かに駆使する技能を育成するための教材づくりを提案した。

　一方、子どもたちは、自分が書くことの必要性を実感できること、つまり、書く目的が意識できて、読んでもらう相手が意識しやすくなれば意欲をもって書くことも明らかにした。ここでは、こちらの意図するところを相手に明確に伝達しようとして、言葉を選び、文を整えて、簡にして要を得た文章にしようとする意識がはたらく。その結果、論理的思考が鍛えられることになる。そのため、言葉を論理的に駆使する技能を育成するための教材づくりを提案した。

　以下、これら二つのうち、「言葉を想像力豊かに駆使する技能を育成するための教材」の開発の手順と方法について述べていくことにする。

　この方面の教材としては、「言葉遊び」「表現遊び」作文などにみられるゲーム的要素を備えた教材、「変身作文」や「お話づくり」作文などに見られる空想・創造的要素を備えた教材がある。

　これらの教材を検討してみると、その中心に位置する要素が《題材》であるということになる。題材には、子どもの書く活動を自発的に発動せしめ、これ

3）　注2）同書

| 実践への視点

を一定時間持続させることのできる〈楽しさ〉〈面白さ〉という要素が不可欠となっている。例えば,「友だち当てクイズ」作文,「ねがいごと(まほうの服)」作文といったように,題材自体が子どもの興味・関心をそそるようなネーミングとなっている場合が多い。

　この種の教材では,教科書教材には必ずといってよいほど備えられている《参考文》や《模範文》などの文例がほとんど見られない。そのかわり,例えば,「カルタ遊び」作文では,言葉遊び歌の〈枠組み〉,「友だち当てクイズ」作文では,「あの子はだあれ」の歌の〈枠組み〉,「変身作文」では読解教材が示されるといったことが多い。また,《絵》や《写真》などの素材を使用して,子どもの想像力に訴え映像から言葉を取り出させる形で活用している場合もある。

　先に示したが,「書くこと」の教材に不可欠な要素として《指導言》がある。かつて「短作文」がブームを呼んだ時期に,その教材の一種としてワークやドリルが出現した。こうした技能練習を目的とするワークやドリルにつけられる《指導言》の場合は,単に練習活動を指示するだけでその役割は全うされる。

　しかし,本来《指導言》は,単なる指示ですむものではない。単なる指示の言葉だけでは,多くの場合,子どもが書く活動を行う際にはたらかす思考の筋道にはそぐわない。子どもの書く活動を促し助けていく言葉としては,言葉の網の目が粗いのである。それは,教材の紙の上に書かれている教師の指示の言葉よりも,実際の授業場面での教師の生の声のほうが,子どもの書く活動を促し助けていくうえでははるかに効果的だからである。教材には,指導者の肉声はない。しかし,例えば,次のような書き方で《指導言》を書いたとしよう。[4]

―――― 主な発問・指示 ――――
・「あの子はだあれ」の歌,知ってるね。(板書)
・空いている部分に,紹介する子のことを書くんだけど,どんなことを書いたらいいかな。
・先に,「かわいい,みよちゃん」のところを考えましょう。「△△な○○ちゃ

4)　吉永幸司編著『作文の基礎力を育てる短作文のネタ』(p.37,明治図書出版,1991)

> ん」を考えて，この「△△な」に関係のあることを集めましょう。
> ・少しくらいながくなってもいいことにします。

　この事例は，「友だち当てクイズ」作文の教材として使用されている「この子はだあれ」という実践の中で紹介されている《指導言》である。この「発問，指示」は，ワークやドリルなどについている「指示」とは根本的に異なる。指導者の肉声はないが，あたかも肉声が聞こえてくるような文体で書かれている。

　このように，《指導言》には，指導の手順や書く活動の手順がリアルに再現できるような記述が求められているのである。しかも，この《指導言》の部分に関しては，当該学級の実態を考慮しつつ指導者の肉声にかえて使用することが望ましい。

　最後に，教材におけるもう一つの要素である《ワークシート》について見ておこう。ワークシートは，本来，子どもの書く活動を助け推進する媒材としての役割を担っている。しかし，従来使用されてきたものに「構想表」とか「構成表」と名づけられたプリント類がある。これらはかなり入念に作られている。入念すぎてそれがかえって子どもの作業能力を超えていたりすると，ワークシート自体が子どもの表現意欲を阻害する場合もある。あまり煩雑な形式・内容を備えたものは避けて，短時間で使用できるシンプルな形式のものとしたい。

〔大内善一〕

実践への視点

3　教材研究の視点——読むこと

(1)　「読むこと」の教材研究

　「読むこと」の教材には，文学的文章（詩・物語）と説明的文章がある。「読むこと」の教材研究では，それらのジャンルの特徴を踏まえて，授業の構想を練っていく。ここでは，各ジャンルの教材を使って，教材の特質を踏まえた教材研究について考える。

(2)　詩の教材研究

　国語の教科書に，「いろいろな詩」という詩の単元がある（教育出版「ひろがる言葉」平成27年版・4下）。教材の特徴を考えて，詩の題名を伏せて引用するので，読者の皆さんも「題名」を考えてみてほしい。

```
（　　　　　）                    （　　　　　）
おふろあがり                      さんぱつは　きらい

（　　　　　）
シャツは　ちきゅうです
ようふくは　うちゅうです
――どちらも
　　一まいきりですが
```

　この詩の本文は，1行〜4行と短い。長文の物語文と違い，詩は短くて表現形式は自由である。このような詩は，題名に注目して，「グループで題名当てクイズをしよう」という学習ができる。子どもたちは「見えない題名」を探して考える。そして，各自の「題名」を伝え合う，交流学習が成立する。
　こういう授業は，一見，軽い遊びのように見えるかもしれない。しかし，見

えない題名を探して「熟考」する，また，自分たちの考えた題名で本文を「解釈」する。そして自分の考えを「表現」する。そうなると，PISA 型の学力をめざした学習でもある。PISA 型学力では，「情報の取り出し」だけでなく，「熟考・評価」「解釈」「表現」を課題としている。^(注)

ちなみに，上の詩の題名は，「ニンジン」「ケムシ」「ミミズ」である。ニンジンのさわやかな赤い色から「おふろあがり」。毛におおわれたケムシが「さんぱつは　きらい」とつぶやく。小さなミミズが「シャツは　ちきゅう」で「ようふくは　うちゅう」と，さりげなく言う。詩とは，子どもたちのみていて，みえていない世界を，斬新なイメージで表現する文学である。

同じ詩人の作品で，更に，「題名当て」クイズを楽しむことができる。

（ぞう） しっぽが しっぽで しんぼう している	（えんとつ） けむりの　はたなど たてている だれも あそびに　こないから
（テニスコート） そらと じべたの いたばさみ	（いびき） ねじを　まく ねじを　まく ゆめが　とぎれないように

題名をみると，子どもたちの身近にあって，よく知っているモノ・コトばかりである。が，子どもたちは，このように見たり，感じたりしたことはないだろう。「ああ，そうなのか」「そうだったのか」と，子どもたちに新鮮な感動を与えてくれる。これらの詩にみられるのは，身のまわりの，ささいなものに対する，やさしく，あたたかい「まなざし」である。詩は子どもたちの感受性を豊かにしてくれる文学である。

ここでは，まど・みちおの詩を取り上げたが，詩のジャンルは多彩であり，詩人は固有の「ものの見方・考え方」をもっている。詩を「読むこと」の教材

| 実践への視点

研究は、その固有の「ものの見方・考え方」の特徴を明らかにしていくことである。

(3) 物語文の教材研究

物語文では、現実の世界では起こりえない、虚構の物語を楽しむことができる。ここでは、全ての教科書（2年生）に載っている「かさこじぞう」（岩崎京子）を取り上げる。

物語文には、人物、場面、ストーリーという特徴がある。人物が登場し、各場面において、人物どうしの葛藤によってストーリーが展開する。そして物語文は、そのストーリーの展開に多くの「謎」を秘めている。物語文の学習では、その謎を「問い」（学習目標）として、子どもたちの読みを深めていく。

「かさこじぞう」は、「たいそうびんぼう」な老夫婦の物語である。「お正月」の「もちこ」を買うために、二人して菅笠を編んで、大晦日の日に、じいさまが町に売りにいく。しかし笠は一つも売れなくて、「とんぼりとんぼり」と村の外れにさしかかった。そこには、ひどい吹雪で「かたがわだけ雪にうもれている」六地蔵が立っていた。じいさまは、どうするだろうか。

> 「おお、お気のどくにな。さぞつめたかろうのう。」
> 　じいさまは、じぞうさまのおつむの雪をかきおとしました。
> 「こっちのじぞうさまは、ほおべたにしみをこさえて。それから、このじぞうさまはどうじゃ。はなからつららを下げてござらっしゃる。」
> 　じいさまは、ぬれてつめたいじぞうさまの、かたやらせなやらをなでました。
> 「そうじゃ。このかさこをかぶってくだされ。」
> 　じいさまは、売りもののかさをじぞうさまにかぶせると、風でとばぬよう、しっかりあごのところでむすんであげました。
> 　ところが、じぞうさまの数は六人、かさこは五つ。どうしても足りません。
> 「おらのでわりいが、こらえてくだされ。」
> 　じいさまは、自分のつぎはぎの手ぬぐいをとると、いちばんしまいのじぞうさまにかぶせました。

> 「これでええ，これでええ。」
>   そこで，やっと安心して，うちに帰りました。

　物語文は，この文章のように，人物の言動（会話と行動）によってストーリーを作り上げていく。この場面では，じいさまの独白と行動が描かれている。

　さて，この場面には，どのような「謎」が隠されているのだろうか。謎とは，子どもたちの常識では理解できない「ふしぎなこと」である。その「ふしぎなこと」を問いとして追究していくと，物語を豊かに読み味わうことができる。この場面にも，いくつかの謎が隠されている。

　地蔵は普通六体と数えるのだが，じいさまは人間のように「六人」と呼んでいるのは，なぜか。「お気のどくにな」「……ござらっしゃる」「……かぶってくだされ」「……こらえてくだされ」と，くりかえし敬語を使って呼びかけているのは，なぜであろうか。冒頭の場面で二人は，「お正月さんがござらっしゃるというに」と，正月に対しても敬語を使用していた。最後の場面では，動けないはずの六地蔵が，そりを引いて，「米のもち」などを届けにくる。なぜであろうか。このような「問い」を追究していくと，昔の人たちの「正月」を迎えるときの特別な思いや，敬虔な地蔵信仰のことがわかってくる。

　こういった場面は全て，現代の子どもたちの見方，考え方からすると「ふしぎなこと」である。「ふしぎなこと」であるから，二人の言動や地蔵さまの言動に，子どもたちの興味・関心が生まれてくる。

　また，この場面においては，次のような謎もある。「じいさまは笠をすぐにかぶせただろうか」という謎である。子どもたちは，売れ残りの笠だったから，すぐかぶせた，という読み方をしていることが多い。はたしてそうだろうか。文章を正確に読んでいくと，そうではないことがわかってくる。

　じいさまは，一体一体の地蔵に手をそえ，声をかけながら，時間をかけて「なでて」いる。しかも，風でとばぬようにアゴのところで紐を結んであげている。だけど，笠は五つしかなくて，六体目の地蔵には手ぬぐいをかぶせてあげた。しかも，「おらのでわりいが，こらえてくだされ」と，謝りながら結ん

| 実践への視点

でいる。

　このように，文章を手がかりに注意深く読んでいくと，売れ残りの笠だからかぶせた，ということではなくて，声をかけながら一体一体をなでているうちに，「そうじゃ。このかさこをかぶってくだされ」と決意したことがわかる。この場面は，笠一つ売れず，途方にくれたじいさまが，吹雪の中を「とんぼりとんぼり」帰るところであった。その失意の思いもあって，雪に埋もれた地蔵を他人ごとに思えなかった。自分の「つらさ」があって初めて，他人の「つらさ」がみえてくる，という場面である。

　また，「やっと安心して」とあるが，何を安心したのだろうか。六体目の地蔵に「てぬぐい」をかぶせたことであるが，六体の地蔵を「六人」と人間のように数える，昔の人の信仰心とはどういうものか，よくわかる場面である。じいさまは地蔵を人間のようにみている。そして，物語の結末においては，六地蔵も人間のように行動する，という「ふしぎ」が起こる。

　最後の場面では，六体の地蔵はそりをひいて，次のような歌をうたいながら，じいさまの家にやってくる。

>　六人のじぞうさ
>　かさことってかぶせた
>　じさまのうちはどこだ
>　ばさまのうちはどこだ

　ここにも謎がある。六地蔵は，なぜ，「じさまのうちはどこだ」だけでなく，「ばさまのうちはどこだ」と言ったのだろうか。この謎を追究していくと，六地蔵にとって，「じさま」の行為は，「じさま」と「ばさま」二人の行為とみていたことがわかる。なぜであろうか。このような「ふしぎなこと」に「なぜか」という問いを見いだし，子どもたちとともに問いを追究していく。物語文を「問い」によって読み深めるという学習である。

　物語文の学習には，他にもいろいろな方法がある。「かさこじぞう」を例にすると，例えば，「かさこじぞう」の物語を一枚の地図に表してみる。「じいさ

ま」「ばあさま」や「じぞうさま」にインタビューしてみる。あるいは，「じぞうさま」のその日の日記を書く。一年後の「かさこじぞう」の物語を創作する，といった学習も展開できる。物語文は「読むこと」の教材であるが，このように，「書くこと」「話すこと・聞くこと」などの表現教材としても活用できる。

(4) 説明文の教材研究

説明文とは，科学的な知識について，筆者が子どもたちに「筋道たてて，わかりやすく」説明する文章である。ここでは，「花を見つける手がかり」（吉原順平）（教育出版「ひろがる言葉」平成27年版・4上）という説明文を取り上げてみる。

この説明文は，読者に，一つの「問い」を投げかけて始まる。「いったい，もんしろちょうは，何を手がかりにして，花を見つけるのでしょう」「花の色でしょうか。形でしょうか。それとも，においでしょうか」，と。問いかけられた読者は，ここで，自分で予想せざるをえない。ここでは，読み手（読者）を説明文の世界に引き入れる，表現の工夫を学習する。

説明文は，接続語を使って，文章を論理的に展開していく。この教材でも，文章を論理的に展開するときには接続語が使われている。

- 実験は，まず，……
- そこで，今度は，……
- 次の実験では，……
- このような実験から，……ことがわかりました。

このように，「まず」「そこで」「次の」「このような」という接続語によって，「花を見つける手がかり」を探る実験が次々に行われていった様子が，手にとるようにわかる。ここからは，接続語による文章構成の仕方を学習する。

また，説明文は「文末」表現にも特徴がある。この教材でも，次のような文末表現がみられる。

- いったい，もんしろちょうは，何を手がかりにして，花を見つけるのでしょう。

|実践への視点|

- もんしろちょうは，色で花を見つけているのでしょうか。
- もんしろちょうは，色紙を花だと思ってくれるでしょうか。
- 赤い花のまん中に，黄色のおしべ・めしべがありませんでしたか。

　文末の特徴は，読者に問いかけていることである。「問いかけ」の文末は，実験者の疑問であるとともに，読み手の疑問を引き出す役割を果たしている。このような文末の表現効果は，説明文の大事な学習である。

　また，この教材には，次のような「文末」も使われている。

- もんしろちょうは，生まれながらに，花を見つける力を身につけているようです。
- 赤い花には，あまり来ていないようです。
- においではなく，花の色か形にひかれていると考えられるでしょう。
- もんしろちょうは，色紙を花だと思っているようです。
- もんしろちょうは，……赤は見えないらしいのです。
- もんしろちょうは，その黄色を目あてにやってきたのでしょう。

　推量の文末である。筆者はこの説明文で断定の文末をほとんど使用していないのは，なぜであろうか。文末表現の興味深い問題である。この説明文の結論は，次のように結ばれている。

> 　こん虫は，何も語ってくれません。しかし，考え方のすじ道を立てて，実験と観察を重ねていけば，その生活の仕組みをさぐることができます。

　結論部分では「……くれません。」「……できます。」と断定表現で締めくくられている。何度も何度も実験を繰り返し，やっと到達した結論であった。科学者は決定的な確信を得るまでは断定はしないので，実験のプロセスでは推量の文末であったことから，科学者として厳格な姿勢を読み取ることができる。

　また，この説明文でも，副詞などの修飾語が効果的に使用されている。

- もんしろちょうは，いっせいに，花だんに向かって……。
- 花だんは，たちまち，ちょうでいっぱいになって……。
- もんしろちょうを放すと，やはり，まっすぐに造花に向かって……。

- いよいよ，二百ぴきほどのもんしろちょうを……。
- ただの紙なのに，やはり，ちょうは集まって……。

「いっせいに」「たちまち」「やはり」「いよいよ」「ただの」などの語彙は，仮になくても説明内容が変わることはない。しかし，これらの語彙があることで，実験の場に臨場感が生まれてくる。実験者のそのときの思い（不安・期待など）が伝わってくる。と同時に，読み手もまた，その場にいるかのような臨場感を味わえる。そのような実験者と読み手の一体感を生み出すような効果がある。小さな語彙の大きな表現力といえる。

このように，説明文の表現には，題名・文章の構造（はじめ・なか・おわり），接続語，文末，語彙などに特徴がある。また，文章だけでなく，挿絵・写真などの非言語テキストを「読む」こともできる。「非言語テキストを読む力」を育成することは，PISA型学力の課題でもある。(注)

(注) PISA型学力：OECD（経済協力開発機構）が2000年から3年ごとに実施している，学習到達度調査のこと。日本の「読解力」は，一時期，8位，14位，15位と低下し，学力問題となったことで知られる。PISAの読解力調査では非言語テキストを「読む」力も求められた。

[足 立 悦 男]

実践への視点

4　学習指導の計画と評価

(1) 学習指導の計画と評価の必要性

　学習指導の計画は，学習指導の目標を実現し，教育内容を意図的・計画的に指導するために立てる，一定期間の計画のことで，カリキュラムはこれにあたる。学習指導の評価は，学習指導の目標に照らして児童の学習の状態を把握して学習の改善に活かすとともに，指導者の指導やカリキュラムを振り返り，その改善に活かすために行われる。

　児童の学力を保証するためには，学習者の実態を捉え，それに応じた学習指導を意図的・計画的に実施しなければならない。目標や内容を具体化し，計画を立てて，これを実施し評価して，次の学習指導の工夫や改善に活かすという，PDCAサイクル（目標（Plan）－実行（Do）－評価（Check）－改善（Action））に基づく，学習指導や教育課程の改善に不断の取り組みが望まれる。

(2) 国語科の学習指導計画を作成するために

a　国語科の学習指導計画の種類

　国語科の学習指導計画を作成するにあたっては，国語科の目標や内容について，小学校学習指導要領やその解説書に基づいて十分に理解しておくことが大切である。また，一方で学校における学力向上などの重点目標や地域の種々の要請を考慮し，他方で児童の実態や学級の実態を勘案し，更に育てたい教師のねらいや願いも加味して，学習指導計画を具体化することが大切である。

　国語科の学習指導計画の主なものには，①学年の年間指導計画，②「A話すこと・聞くこと」「B書くこと」「C読むこと」の領域別の年間指導計画，③単元の学習指導計画，④1単位時間の学習指導計画がある。また，これに加えて，本来は学習指導法に関わるが，児童自らが学習に際して立てる学習計画も主体的な学びを実現するためにも重要である。

b 小学校学習指導要領・国語における資質・能力と学習指導における資質・能力の具体化

中央教育審議会答申（2016年12月21日，以下「答申」と略す）では，育成すべき資質・能力として「知識及び技能」，「思考力，判断力，表現力等」，「学びに向かう力，人間性等」の三つの柱が示され，小学校学習指導要領では国語科の目標と内容もこれらの柱で整理された。国語科では，実生活に生きて働くように効果的に言語運用する能力を育成することが大切であり，「思考力，判断力，表現力等」の言語活動を中核にしながら「知識及び技能」が習得され，「学びに向かう力，人間性等」が養われるように，学習指導が設計されなければならない。

〔思考力，判断力，表現力等〕は，「A話すこと・聞くこと」「B書くこと」「C読むこと」の3領域で構成され，内容の(1)指導事項は，各領域に固有の基礎的基本的な知識・技能が示され，(2)言語活動例には汎用性の高い言語活動が示されている。(1)指導事項の知識・技能は，(2)言語活動例に示される言語活動の活用を通して具体化され，具体化された能力を身に付けさせることが学習指導における「思考力，判断力，表現力等」に関わる指導目標となる。また，〔知識及び技能〕の(1)言葉の特徴や使い方に関する事項，(2)情報の扱い方に関する事項，(3)我が国の言語文化に関する事項の各事項も，各領域の言語活動を通して指導することになり，言語活動と組み合わせて具体的な能力として明確化され，それが「知識及び技能」の指導目標となる。

「学びに向かう力，人間性等」は，解説書では言葉のもつよさについての感じ方，読書しようとする態度，国語を大切にして能力を高めようとする態度に関わるものとされている。答申では，「社会や世界との関わりの中で，学んだことの意義を実感できるような学習活動を充実させていくことが重要となる。」（p.30）とあり，単に態度に止めず，学習したことを毎日の言語生活に活かし役立てるように，学習指導を設計することが大切である。

c 学年・領域における国語科の年間指導計画

国語科の年間指導計画は，小学校6年間の国語科の教育内容を系統的に構造化して，各学年の国語科の目標を実現するために，指導すべき事項や内容，言

| 実践への視点

語活動，学習材などを，年間を通して配列したものである。また，領域の年間指導計画とは，「A話すこと・聞くこと」「B書くこと」「C読むこと」の各領域ごとに，指導すべき事項や内容，言語活動，学習材などを，年間を通して配列したものである。これらの年間指導計画には，特に汎用性の高い説明，記録，報告，紹介，意見などの言語活動に加えて，「情報の扱い方」に挙げられる比較，順序，分類，原因・結果，理由づけ，関係づけなどの思考や情報の操作に関わる能力も配置する。学年・領域における年間指導計画は，カリキュラム・マネジメントの視点からも重要であり，能力・態度を系統的に配置することで，各領域の学年間の系統化や関連づけ，弾力的な指導が容易となる。

　国語科の年間指導計画は，およそ次のような項目，内容，順序で作成される。①**学年目標**…学習指導要領に示された国語科の目標，各学校の各学年で設定した国語科の目標などが示される。②**配当される時期**（月）…単元が配当される時期を月などで表す。③**単元名や教材名**…単元の名前や取り扱う教材の名前を示す。④**領域や時数**…単元が該当する領域や単元全体にかかる時間数を示す。⑤**単元の目標や学習活動の概要**…単元の目標やその単元で行う学習活動の概要を示す。⑥**学習指導要領の指導事項，言語活動**…単元で取り上げる学習指導要領の主な指導事項と言語活動を示す。その他，他領域や他教科等との関連，評価規準，学習材，学習指導法などの概要を適宜示すことがある。領域別の年間指導計画は，国語科の年間指導計画を領域ごとにまとめたものである。

　年間指導計画の作成にあたっては，教科書などに予め想定されている年間指導計画などを参考にしつつ，児童の実態や学校・地域の行事などとの関連を考えて順序の入れ替えや取捨選択などを適宜行い，各領域の時間数を考慮しながら指導時期や時間配当を考え，また他教科や他学年などとの関連を図りながら新たな単元や教材を開発して，学校や学年の実態にある指導計画を作成する。実施にあたっては，児童の実態に応じ，また学力調査などの結果に応じて，適宜見直したり弾力的に運用したりすることが望まれる。

d　国語科における単元・1単位時間の学習指導計画

　単元とは，児童の能力・態度にかかわって，ある目標を達成するために営ま

れる一まとまりの学習活動をいう。単元の学習指導計画を作成するためには，年間指導計画に基づき，児童の能力・態度の実態や学習の履歴などを踏まえ，教材や指導方法を工夫し，言語活動を組織して，身に付けさせるべき能力・態度を目標として明確にする必要がある。また，1単位時間の学習指導計画とは，単元中のある1時間の学習指導計画のことで，その時間（「本時」という）に行う学習活動の展開案，支援や指導の計画を具体的に示したものである。

　学習指導案は，通常単元の学習指導計画と1単位時間の学習指導計画を組み合わせて構成する。また，1単位時間の学習指導案を本時案と呼ぶ。学習指導案の内容は，一般に次のような項目，内容，順序で構成されている。

①**単元名**…活動名として，「本の紹介をしよう」など言語活動の主体的な取り組みを表すもの，「情景から登場人物の心情を読み取る」など身に付けさせたい知識や技能を表すもの，他に作品名などを表す場合もある。

②**単元目標**…単元で身に付けさせる能力や態度についての目標を示す。「知識及び技能」，「思考力，判断力，表現力等」，「学びに向かう力，人間性等」の3項目で示し，指導事項と言語活動と組み合わせて，具体化，明確化する。

③**単元設定の理由**…「単元設定の趣旨」「単元観」「単元について」などとすることもある。次のような観点から，単元に関する指導者の考えを示す。

　ア　本単元で取り上げる領域や言語活動，話題や内容，教材や資料などについて説明する。学習指導要領のどの言語活動に対応するかを明示し，言語活動をどのように組織し，どのような言語体験を積ませようとするか説明する。また，話題や教材の特質についても具体的に説明する。

　イ　本単元で身に付けさせようとする能力・態度を，指導事項を言語活動と組み合わせて具体化，明確化する。また，能力・態度の学年内・学年間の系統，各領域や各教科等との関連などについて説明する。

　ウ　本単元で学習したことと言語生活の関わりや活かし方，関連して行う事前学習，並行学習，事後学習など，継続的に取り組む学習を説明する。

④**単元の計画**…単元の概要を示す。いくつかの局面に分けて「次」とし，次ごとに時数，学習活動，指導上の留意点や評価規準を示す。主体的な学び

の実現のために，第1次に見通し，最後の次に振り返りを示す。

⑤ **単元の評価**…学習指導の効果をみるために，単元の目標に照らした観点別の評価規準や評価の方法について示す。

⑥ **本時について**

　ア　**本時の目標**（ねらい）…本時の学習指導の目標を，本時の学習に即して具体的に示す。1〜2にしぼる。

　イ　**本時の概要や前時との関連**…本時に行う学習活動，言語活動の概要や支援・指導のポイント，前時の既習内容などについて簡単に説明する。

　ウ　**本時の展開案**…次のような表にするのが一般的である。（○／○時）で全体の第何時かを示す。時間の欄は，学習活動にかける時間を分で示す。学習活動の欄は，児童の思考や行動として具体的に示す。指導上の留意点・評価の欄は，教師の発問，板書事項，指導形態，資料など留意すべき支援や指導を示す。評価は，目標に対応させ評価方法も明記する。

時間	学　習　活　動	指導上の留意点（○）・評価（※）
5分	1　前時を振り返り，本時のめあてを確認する。	○　ワークシートを使い，本時の学習の見通しをもたせる。
15分	2　登場人物の関係をノートに図解する。	○　登場人物の叙述に注目させ傍線や書き込みを行わせるようにする。
5分	5　学習を振り返り，人物像や人物の関係づけ方についてまとめる。	※　人物相関図を書いて，他の登場人物との関係から主人公の人物像について説明している。（ワークシート）

これら以外に，発問や板書の計画，ワークシートなどを添付することもある。

　e　**児童の学習計画**

主体的な学びを実現するには，単元が課題解決の学習過程であることが大切で，学習者が自らの学習の計画を立てて見通しをもち，学習が完了すれば学習全体を振り返ることが重要である。児童が学習計画を立てるためには，単元の冒頭が大切で，例えば学習のゴールとなる活動の見本（言語活動の教材研究に

よって教師が作成したものなど）を例示し，学習の目的や過程を具体的にイメージ化させる。どのように勉強するかの計画を立て，学習すべきことを確認しながら，見通しをもって学習を意識的に営む経験を積ませていきたい。

(3) 学習指導の評価

a 指導と評価の一体化

　新小学校学習指導要領・総則の「第3　教育課程の実施と学習評価」の「2　学習評価の充実」に「(1)　児童のよい点や進歩の状況などを積極的に評価し，学習したことの意義や価値を実感できるようにすること。また，各教科等の目標の実現に向けた学習の状況を把握する観点から，単元や題材など内容や時間のまとまりを見通しながら評価の場面や方法を工夫して，学習の過程や成果を評価し，指導の改善や学習意欲の向上を図り，資質・能力の育成に生かすようにすること。」(p.9)とある。前段は目標準拠評価（絶対評価）のことで，学習者の「わかった」「できた」のある授業を前提にして，一人一人の到達状況を評価することが重視されている。中段では，学習者の状態を的確に把握し，その状態を改善する評価の在り方が示されている。学習過程に即して行う評価には，診断的評価（指導に先立って児童の実態を診断的に把握するための事前評価），形成的評価（指導過程で目標の達成状況や能力の形成状況を捉えるための事中評価），総括的評価（指導を終えた後で，その成果を総括する事後評価）がある。更に，後段は，児童の状況に応じて，学習指導の手順や支援・指導の在り方，教材を見直して軌道修正したり，その後の指導改善に活かしたりすることが示されている。

　評価は，評点をつける評定や学習指導のまとめと誤解されがちだが，評価のための評価ではなく，学ぶ意義や喜びが実感できるように，児童の学習の状況を把握し，それに応じて細やかに支援や指導を行い，評価を指導と一体化させるようにしていきたい。指導の手順や発問，学習材の変更などの指導計画の修正ばかりではなく，児童の学びの状況に応じて，助言や賞賛，問いかけや注意，うなずきや微笑みなどを通して，常に児童を見守り励ましていくことが，指導

| 実践への視点

と一体化した評価を行う基本的な姿勢であろう。

　評価の方法には，観察法（児童の学習活動や言語活動を観察する），作品法（書いた文章，作成した表現物などを学習の成果として評価する），自己評価法・相互評価法（自己教育力の観点から児童が自己評価したり相互に評価したりする），テスト法（目標に準拠した問題でテストする），ポートフォリオ評価（学習活動において収集したさまざまな資料をファイルなどに綴じておき，学習者自らが学習の足跡を振り返り，自らの学びを内省したり新たな課題を自覚したりする）などがある。多様な評価方法を活用し，学習過程の場面を的確にとらえながら評価を効果的に行うことが必要である。

b　学習指導で身に付けさせたい能力や態度の明確化と評価

　目標準拠評価を行うためには，児童の学習状況や言語活動の状態を判断する規準と考えれば，目標をできるだけ具体的なものにする必要がある。学習指導要領では，各領域で言語活動を通して指導事項の知識・技能を指導することになっている。取り上げる言語活動の学習過程を明確化し，学習過程の各局面でどのような知識や技能の学びが成立するかを十分に理解しておかなければ，児童の学習状況を的確に評価し，適切な指導や支援を行うことはできない。

　そこで，必要となるのが言語活動の教材研究である。単元で取り上げる言語活動について，目的や相手，意図，話題などを具体化して，指導者がその言語活動を実際に行うことが大切である。例えば，これこれの情報や資料を使うことでこれこれの情報活用能力を使う，これこれの内容を表すためにはこれこれの読み方や思考操作が必要になる，これこれの表現を行うことでこれこれの説明や説得の方法を使えるようになるなど，具体的に言語活動を教材研究することが必要である。教材研究で作成したものは，児童に示す見本ともなるが，一方で学習者の学習の状態を具体的に評価する評価規準としても役立つ。抽象的表現による評価規準も必要だが，学習者の具体的な表現や活動の姿を評価し指導に直結させるには，見本を評価規準として活用することが有効である。

　評価規準の作成では，指導目標として掲げた能力がおおむね満足（B基準）の状態で発動されていることを捉えられるように，文末を「〜ている」と表現

する。例えば，読む領域では，「登場人物を紹介するために，人物や人物の関係にかかわる心情，行動や会話を表す表現に傍線を引きながら読んでいる。」とする。また，学習到達状況を十分満足できる（A基準），おおむね満足できる（B基準），努力を要する（C基準）で，能力や態度の発動状態を基準として一覧にしたルーブリックを用意し，学習の状態を細やかに捉え，児童の実態に即して補充や発展の学習，支援や指導を提供する評価法もある。

c　児童の学習評価

先の「児童の学習計画」に呼応させる形で，「学習したことを振り返ったりする活動」を単元の終末に取り入れる。単元で身につけた知識・技能をメタ認知させて，例えば「話し合い十カ条」のように効果的に話し合う智恵として蓄えさせるとともに，次の単元の学習に活かすようにする。今回の学びを次回の学びにつなぐことがカリキュラム・マネジメントの視点からも大切である。

また，「A話すこと・聞くこと」「B書くこと」の学習指導では，予行練習や推敲場面で児童の相互評価を行うことが多いが，話し手や書き手の意図や考えを無視したような一方的な評価や助言を行っていることが多い。話し手や書き手の立場を尊重し，共感や承認をして，質問によって相手の意図や考えを十分把握したうえで評価し，助言の意見を述べるようにしていきたい。

d　学力調査による学校全体の国語力育成に関する評価

平成19年度より全国学力・学習状況調査が実施されている。国語と算数・数学では，主として知識に関する問題（A問題）と主として活用に関する問題（B問題）が実施されている。学校全体の国語力育成について評価するためには，全国学力・学習状況調査をはじめとして都道府県で実施される学力調査などの結果を受けて，これを教育課程や年間指導計画などの改善に活かしていきたい。平均点で漠然と良い悪いを言うのではなく，どのような問題ができず，そこにどのような能力や態度が不足しているかを具体的に分析して，学習，学習指導，教育課程の改善に活かすことが重要である。

［寺井　正憲］

| 実践への視点

5　授業と指導法

(1)　望ましい授業像・望ましい指導法

　どのような授業が望まれているか。授業づくり，授業研究が行われる中で言われてきたことは，豊かな学びのある授業，確かな学びのある授業，学ぶ喜びのある授業などである。2017（平成29）年告示学習指導要領（以下「平成29年改訂」というように記す）では，「主体的・対話的で深い学び」と表現され，深い学びのある授業像が提示された。

　学習指導要領の改訂時期をめやすに，望ましい授業というものがどのように表現されてきたか，少しさかのぼってみる。平成20年改訂の時期では「思考力を高める授業」など，平成10年改訂の時期では「自ら学び，自ら考える子供を育てる授業」など，平成元年改訂の時期では「自ら学ぶ意欲を育てる授業」などの授業像が表明されてきた。

　望ましい授業像は，このようにさまざまに表現されてきたが，根本のところは不変のようである。教室は自ら学び学び合う場であることが願われてきた。「主体的・対話的で深い学び」については，「総則」の解説に「我が国の優れた教育実践に見られる普遍的な視点である」とある。新説，新思想というわけではない。

　次に，どのような指導法が望まれているか。望ましい授業の実現を目ざして，授業づくり，授業研究で主な研究対象としてきたのは学習指導法である。授業改善の主対象として学習指導法の創意工夫，充実改善の試みが続けられている。

　平成29年改訂では，「『主体的・対話的で深い学び』の実現に向けた授業改善（アクティブ・ラーニングの視点に立った授業改善）を推進することが求められる。」（「総則」の解説）というように学習のあり方が示された。この学習のあり方についても「義務教育段階はこれまで地道に取り組まれ蓄積されてきた実践を否定し，全く異なる指導方法を導入しなければならないと捉える必要はない

こと」(「総則」の解説)とされている。

「対話的で」ということについていえば，小学校国語の授業で，指導者が一方的に話し続ける場面はほとんどない。個別学習，ペア学習，グループ学習，全体での話し合い学習は日常的に行われている。児童どうしや児童と指導者との対話的な学びは日常的に行われていることである。しかし問題はその質である。充実した対話が展開されているかが問われる。

国語科の授業でどのような授業を目ざしその実現に向けてどのような学習指導を展開するか。本稿では，質の高い授業を実現するための基本的事項を取り上げて説明する。

(2) 学習環境の整備

快適に学習ができるよう環境を整える。

a 教室内の整理整頓，気温，湿度，明るさ，換気，音，臭い

これらについて最も適切な環境を整える。

b 机・椅子の適合

大体のめやすとして，椅子の高さは身長×4分の1，机の高さは身長×5分の2である。身長160cmであれば，椅子の高さ40cm，机の高さ64cmである。高さの調整は，下学年では指導者が，上学年では児童に測らせてやらせるとよい。

c 座席の配置

共学（少人数および全体での学習）での学習活動は対話活動である。対話活動にふさわしい座席配置をとらせる。基本は対面できる座席配置である。7種類くらいのレパートリーをもっていて，15秒くらいで指示した座席配置がとれるよう訓練しておく。

d 机上の整理

学習活動に必要なものだけを机上に置かせる。教科書，ノート，黒鉛筆1本，赤・青鉛筆1本，定規（20cmほど）などとする。大きな筆入れを机上に置かせる必要はない。あとは机の中にしまわせ，必要に応じて取り出させる。

| 実践への視点

e　学習道具の整備

　国語辞典，漢和辞（字）典は箱から取り出しカバーをはずして，机の中か所定の場所に置き，いつでも使えるようにしておく。のり，はさみ，ステープラー，大小の付せん紙，カラーペンなどは，個人またはグループごとの道具箱にまとめておいて，いつでも手軽に使用できるようにしておく。

(3) 基本的な言語能力・学習技能

　望ましい学習指導法を実践しても，基本的な言語能力・学習技能が習得されていないとその効果を十分発揮できない。基本的な言語能力・学習技能は学習全般の基盤である。

a　話をきちんと聞くことができる

　指導者の話，学友の話をきちんと聞ける児童に育てておく。話し手に正対して聞く，話し手に好感を与える聞き方をするなどの聞き方を育てておく。

b　学友全員に届く声量で話すことができる

　学友の目，顔を見ながら，学友全員に届く声量で話すことができるようにしておく。大きな声でではなく，学友全員に届く声でよい。

c　文の形をとった話ができる

　教室内の伝え合いでは原則として文の形を取らせる。文の形を取らない一語文や省略した文でも意味が通じることがある。しかし，それを許容したり，不用意に言葉を補ったりしないことである。

d　質問ができる

　話を聞いて，わからないことがあれば質問できる力を育てておく。ただし，何かを行うことの指示や説明をしたあとの質問はよいが，よく聞いていなかったため，行う段になってからの質問は許さない姿勢をもちたい。

　以上，a〜dは，「主体的・対話的で，深い学び」を実現するうえで不可欠な言語能力である。この言語能力は国語科が担う低学年からの学習技能でもある。

e　標準的な速さで視写できる

　標準的な書字数は，1分間におおむね入門期（7月末まで）10字，1・2年生15〜20字，3・4年生20〜25字，5・6年生25〜30字。書字力を育成するためには，既習の文章を1〜5分程度の時間制限をして文節・連文節単位，句読点単位で丁寧に速く視写することを繰り返させる。

f　題材，主題・要旨，構成，言葉づかいを考えて文章を書くことができる

　体験を書く場合では，こんなふうに書くといいと書いてみせ，視写させる。思ったことを書く場合では，「筆者の○○という考えに賛成である。なぜなら，△△だからである。」というような文章構成の型を教える。

g　標準的な速さで読むことができる

　1分間に読むことのできる標準的な字数は，音読・朗読の場合280字前後。黙読の場合，1〜3年生280字前後，4〜6年生280〜500字前後。読速力を育成するためには，1〜5分間程度の時間をとって，句読点単位でできるだけ速く正確に読み取る練習を繰り返させる。

h　適切な座位・立位をとることができる

〈座位〉①足裏を床にぴたり着ける。②足は少し開く。③膝裏と椅子の間を5cmほど空ける。④膝を直角にする。⑤手はももの上に置く。⑥腰を直角にする。⑦背筋を伸ばす。⑧顎を引く。⑨視線を話し手に向ける。

〈立位〉①足を少し開いて立つ。②背筋，腰を伸ばし，耳とくるぶしが一直線となるように立つ。前かがみにならない。③顎を引く。

　姿勢が崩れたり足をぶらぶらしたりしている状態は，集中力がなくなり頭がはたらいていない徴候である。

i　筆記具の正しい持ち方ができる（3章5「書写」参照）

j　ノートを適切に取ることができる

　ノートの取り方をいくつか具体的に教え，それをもとに工夫させる。例えば，板書の視写はここに，学習課題はここに四角に囲んで，自分の考えや疑問はここに，学友の考えはここに，私（先生）からの話はここに，というように。他に，文字の大きさやカラーペンの使い方なども具体例を示して教える。

実践への視点

k　決められた時間内で活動を終わらせることができる

既定時間内に活動を成し遂げる仕事力を育てておく。そのためには，初めに指示した時間を不用意に延長しないことが大切である。

(4) 基本的な学習指導の知識・技術

a　指導者の立ち位置と話の聞かせ方及び話型

児童が着席している前列より黒板側に立ち，前後左右に動かない。指導者の口元に視線を向けさせてから話す。児童にも要求した文の形で話す。

b　板書

チョークの先に注目させてから，児童全員に板書過程が見えるように書く。そのためには，腕を伸ばして書く，しゃがんで書く，チョークの先端を持ち黒板に刻みこむように書く，板書の言葉が楽に見える文字の大きさで書く。速さは児童の書字力に合わせて，標準的な書字力よりややゆっくり書く。こうすることで，語句・文を書く実際，平仮名・片仮名・漢字・ローマ字の字形，筆順の実際，丁寧に書くことの具体を示すことができる。

c　学習指導過程と学習形態

基本型は，自学から少人数での共学へ，そして学級全体での共学となる。まずは学習課題に個々に取り組ませる。この過程がないとそのあとの共学が充実しない。少人数の共学を踏むのは，個々の自学の検討の機会を全員にもたせるためである。この過程を踏まないで全体の共学にすると，個々の自学の全体での発表が一部の児童のみとなるからである。全体での共学では，少人数での共学の成果を代表者に報告させればよい。

d　個に応じた指導

学習過程では活動の遅速が生じる。また，どんなに丁寧に繰り返し指導したとしても，終了時には習得度の違いが生じる。その違いは無視することはできないので，その違いに対応した指導を行う。

活動の遅速への対応は，その差が小さければ，学友の終わるのを待たせておくか相談にのらせるかなどの指導を行う。その差が大きい場合にはどうするか。

適切な学習指導は難しい。なぜか。例えば、読解力の育成を学習内容とした「ごんぎつね」の初読の通読時間をどうするか。学習内容からすれば全員が読み終わるのを待ちたい。しかし、20分以上かかる学習者の読み終わるのを待つことになる事態もあるからである。その解決策の一つは、10分経過したら、そこまで読んだことをほめ、一層努力することを鼓舞したのち、一番遅い学習者が読み終わったあとを指導者が読むなどの指導を行う。そして、標準的な読速力のない学習者には別途、個別の指導を行う。一例をあげたが、このように、遅速の差が大きくなると予想される活動での遅速の対応は容易ではない。

　終了時の習得度の違いにどう対応するか。習得が不十分な児童には特別の配慮を要する。「総則」の解説には、授業改善の際の留意点の一つとして「基礎的・基本的な知識及び技能の習得に課題がある場合には、その確実な習得を図ることを重視すること。」とある。先に述べた基本的な言語能力・学習技能は学習全般の基盤となる能力である。その育成の要となるのは国語科である。低学年で基本的な言語能力を習得させることを徹底するとともに、「それは低学年（下学年）の学習内容だ」というのではなく、習得されていなければ全学年を通じて、その徹底を図る個別の指導が必要である。とはいうものの、現状（個別指導の時間の余裕がないなど）では、学習内容の習得の達成度に対応した学習指導は容易なことではない。

e　繰り返しの学習指導

　一度限りの学習では習得が難しい学習内容がある。例えば、「読むこと」の「考えの形成」に関する指導事項「文章を読んで理解したことに基づいて、自分の考えをまとめること。」などである。この指導事項の学習では、文章を正確に読み取ること、述べられている説明や意見について感想や意見を形成すること、感想や意見を文章で表現することの活動が組まれる。このようなやや複雑で高度な学習は、繰り返し学習を行わせなければ習得させることは難しい。繰り返しにあたっては、前に行った活動を振り返らせ、今回の学習課題をもたせてから取り組ませる。

〔常木　正則〕

| 実践への視点

6　主体的・対話的で深い学び
　　（いわゆる「アクティブ・ラーニング」）

(1)　大学の授業改善の方法としての「アクティブ・ラーニング」

　「主体的・対話的で深い学び」とは，平成29年3月告示の学習指導要領において，各教科等の学習過程を質的に改善することを目的に示されたものである。ここでは，学習指導要領のもととなった中央教育審議会（以下「中教審」）の答申などを手がかりとしながら，その意味するところや国語授業づくりへの示唆を得てみよう。

　「主体的・対話的で深い学び」という用語は，中教審の議論で，当初，「アクティブ・ラーニング」という用語で呼ばれていた。その後，平成28年12月の答申にまとめられるにあたって「『主体的・対話的で深い学び』（いわゆるアクティブ・ラーニング）」と併記されるようになり，29年版の学習指導要領においては，全て「主体的・対話的で深い学び」という用語で統一された。

　当初の「アクティブ・ラーニング」という用語は，中教審において大学における学びの質的改善のための用語として用いられていた。その段階で，「アクティブ・ラーニング」は次のように定義された。

> 　　教員による一方向的な講義形式の教育とは異なり，学修者（引用者注：大学段階での学びは，「学習」ではなく「学修」と表記される）の能動的な学修への参加を取り入れた教授・学習法の総称。学修者が能動的に学修することによって，認知的，倫理的，社会的能力，教養，知識，経験を含めた汎用的能力の育成を図る。発見学習，問題解決学習，体験学習，調査学習等が含まれるが，教室内でのグループ・ディスカッション，ディベート，グループ・ワーク等も有効なアクティブ・ラーニングの方法である。
> 　　（「新たな未来を築くための大学教育の質的転換に向けて～生涯学び続け，主体的に考える力を育成する大学へ～（答申）」「用語集」（平成24年8月28日　中央教育審議会）

6 主体的・対話的で深い学び

ここからわかるのは，「一方向的な講義形式」と対置される形で「学修者の能動的な学修への参加を取り入れた教授・学習法」として「アクティブ・ラーニング」が定義されていることである。そして，この定義では，「能動的な」という，いわば「態度」面を中心的な概念とする一方で，「発見学習，問題解決学習，体験学習，調査学習等」，「教室内でのグループ・ディスカッション，ディベート，グループ・ワーク等」さまざまな「方法」が例示されていた。

その後，この用語が次の学習指導要領において小中高の学習指導の改善の視点となることに議論が及ぶや，全国的に「アクティブ・ラーニング」をめぐるさまざまな理念や方法が，学習指導要領の告示に先んじて提案されるようになっていった。しかし，こうした状況は，「アクティブ・ラーニング」の本来の理解にとって混乱をもたらすことにもなった。例えば，全国的にさまざまな方法が提案されながらも，それが「アクティブ・ラーニング」という指導法の「型（定番）」として示されたり，学習活動が「アクティブ（能動的）」でさえあれば学習の質が問われなかったり，などがそれである。

他方，大学におけるもともとの「アクティブ・ラーニング」研究においても，海外では既にさまざまな問題が指摘されていた。そうした点について，松下佳代は次のように指摘している。

■アクティブ・ラーニングは，一方的な知識伝達型講義に対するアンチテーゼとして登場してきたが，「網羅的に焦点を合わせた指導」への批判のあまり，今度は「活動に焦点を合わせた指導」の問題を抱えることになってしまっている。[1]

松下のいう「網羅的に焦点を合わせた指導」というのは，一方的な伝達型講義において，学ぶべき全ての学習内容を教師が網羅的に教えようとすることを指している。その一方で「活動に焦点を合わせた指導」は，そうした指導の反動として，学習者の能動的な「活動」だけに焦点を合わせようとするあまり，いくつもの問題を抱えることになってしまった指導をさしている。

---

[1] 松下佳代『ディープ・アクティブラーニング 大学授業を深化させるために』（p.24, 勁草書房, 2015）

| 実践への視点

　そうした問題とは，例えば，「アクティブラーニングが必ずしも期待されているような効果をあげていない[2]」，「アクティブラーニング型の授業が増えるほど，学習や学生生活に対して学生の受け身の姿勢が強まる[3]」などの調査結果があること，である。その他にも「アクティブだけれど気が散りやすい騒がしい教室より，熟練の教員に指導を受けてアイディアを展開してもらいながら，自分で静かに思慮にふけることのできる環境の方が学びやすい[4]」といった学生の声があることも指摘されている。更には，「フリーライダー（引用者注：グループ学習の場面で努力もせずにグループでの学習成果にただ乗りするメンバー）の出現や，グループワークの非活性化，思考と活動に乖離があるアクティブラーニング[5]」が存在すること，といった問題も指摘されている。

　このように，中教審の議論の過程における国内の反響から見ても，海外における「アクティブ・ラーニング」研究から見ても，「アクティブ・ラーニング」に関する問題は既に存在し指摘されていた。そこで，こうした状況を踏まえ，平成28年12月の中教審答申において文部科学省は，「主体的・対話的で深い学び」という新しい用語を示して，「アクティブ・ラーニング」の意味するところの明確化と方向づけを図った。

(2) 「中教審答申（平成28年12月）」における「主体的・対話的で深い学び」

　では，「主体的・対話的で深い学び」の意味は，どのように明確化され方向づけられたのだろうか。答申では「主体的な学び」，「対話的な学び」，「深い学び」に分けてその成立要件を説明している。一つずつ確認してみよう。

　a　主体的な学び
　答申では，「主体的な学び」の成立要件を次のように説明している。
　　　学ぶことに興味や関心を持ち，自己のキャリア形成の方向性と関連付け
　　　ながら，見通しを持って粘り強く取り組み，自己の学習活動を振り返って
　　　次につなげる「主体的な学び」が実現できているか[6]。

---

2)～5)　1)に同じ。(p.3・4)
6)　「幼稚園，小学校，中学校，高等学校及び特別支援学校の学習指導要領等の改善及び必要な方策等について」(p.49・50,　平成28年12月21日,　中央教育審議会)

もともと「主体的」という用語は，教育界でよく使われてきた用語である。手もとにある学習指導案や授業実践記録などを少し手に取るだけでも，あちらこちらにこの用語を目にすることができる。中でも，教育の理想や授業の目標を語るうえでは必須の用語といえる。ただ，そうした一般的な使われ方から見ると，答申に示された「主体的」という語の意味の理解には注意が必要である。

　答申における「主体的」の意味を理解するためのキーワードは，「興味や関心」，および「見通し・振り返り」である。最初の「興味や関心」は，「主体的」の意味を情意面・態度面から捉え，それを「積極的・自発的」などといった意味合いで理解したり表現したりすることである。これは，これまでもよくみられた一般的な使われ方である。

　しかし，そもそも「主体」とは「客体」との関係において成立・生成するというのが意味的に正しい理解であり，「興味や関心」を表す語という理解は不適切である。その点で，本来の「主体（的）」とは，学習者が自らを他者との関係的な存在として相対的に捉え，その関係性の中で自らを位置づけるという意味合いで使われるべきものである。答申では，そうした本来的な意味を学習過程全体における学習者のあり方（立ち位置や振る舞い）において具体化するために，「見通し・振り返り」という視点から説明している。

　このように，「主体的な学び」は，こうした「積極的・自発的」といった情意面・態度面としての意味合いと，「他者との関係（学習過程）における自己（学習者）の立ち位置や振る舞い」といった「主体的」がもつ本来的な意味合いとの，いわば二つの意味合いをもつ用語として示されている。

b　対話的な学び

　答申では，「対話的な学び」の成立要件を次のように説明している。

> 　子供同士の協働，教職員や地域の人との対話，先哲の考え方を手掛かりに考えること等を通じ，自己の考えを広げ深める「対話的な学び」が実現できているか。[7]

　先の「主体的」のもつ意味合いと同じく，この「対話的」も一般的な広く用

---

[7]　6）に同じ。(p.50)

| 実践への視点

いられている意味との共通点や違いがみられる。一般的に「対話」といえば，人と人とが一緒にいる場面で音声によって言葉をやりとりするという意味で理解することが多い。したがって，授業における「対話」は，「学習者」と「学習者」とが同じ教室の中で，音声で直接やりとりすることがイメージされる。

しかし，答申における「対話」は，「学習者」と「学習者」だけが対話するのではない。「子供同士」は「学習者」と「学習者」であるが，それ以外にも「教職員や地域の人」，つまり「学習者」と「身近な大人」と対話することが想定されている。更には，「先哲の考え」，つまり「学習者」が「過去の優れた人々（具体的には図書など）」と対話することも想定されている。こうして「対話」の概念を，子どもどうしだけのやりとりや音声による直接的なやりとりといった意味だけに限定することなく，大人とのやりとりや文字文化を通したやりとりをも含めている点に特徴がある。

また，「子供同士」の「対話的な学び」に「協働」という語句を用いて説明しいる点にも注意が必要である。「共同」，「協同」，「協働」など，同音類義の漢字の組み合わせがいくつもあるなかで，「協働」という語句が「対話的な学び」の意味を支える語句として選択されている。この語句が用いられることによって，「ただ単に一緒に物事を行う」といった意味合いだけではなく，「共通の目的・目標のもとに学習者がそれぞれに個別の役割を担って物事を行う」という意味合いになってくる。英語の「コラボレーション（collaboration）」がこの「協働」とは同義的関係となる語である。

このように，「対話的な学び」は，単に子どもどうしの直接的な会話のやりとりを意味するのではなく，子どもと大人，子どもと図書（言語文化）とのやりとりなどを含む，広がりのある概念をもつ点に特徴がある。更に子どもどうしの「対話的な学び」においては，同じ目的に向かってそれぞれの子どもが役割をもって取り組むような，集団による課題解決的な学習活動が期待されているともいえる。

　　c　深い学び

答申では，「深い学び」の成立要件を次のように説明している。

習得・活用・探究という学びの過程の中で，各教科等の特質に応じた「見方・考え方」を働かせながら，知識を相互に関連付けてより深く理解したり，情報を精査して考えを形成したり，問題を見いだして解決策を考えたり，思いや考えを基に創造したりすることに向かう「深い学び」が実現できているか。[8]

　この説明におけるキーワードは「見方・考え方」である。そして，「見方・考え方」には「各教科等の特質に応じた」という修飾がなされている。つまり，「主体的・対話的で深い学び」そのものは，各教科等に共通する授業改善の視点であるものの，この「深い学び」の内実である「見方・考え方」は，各教科等の特質といった個別性に基づくものであることが示されている。

　では，この「見方・考え方」は，各教科等においてどのように個別化，具体化されているのだろうか。国語科における「見方・考え方」は，「言葉による見方・考え方」と名づけられ，次のように定義された。

　　自分の思いや考えを深めるため，対象と言葉，言葉と言葉の関係を，言葉の意味，働き，使い方等に着目して捉え，その関係性を問い直して意味付けること。[9]

　これは，学習指導要領において，国語科ならではの教科内容の特性を端的に示したものと理解できる。しかし，同時に具体性を欠いた難解な記述になっている。そこで，国語科の説明文指導を例に具体的に考えてみよう。

　小中学校における国語科の読むことの教材に「説明的文章」があるが，そうした文章に取り上げられる題材には，自然・環境などの理科的な題材，歴史・文化などの社会科的な題材などがある。けれども，その学習指導において，学習者の学びが自然・環境や歴史・文化の理解だけにとどまったとしたら，それは国語科の学習としては不十分である。国語科にとってそうした題材や内容の学びを通して学習者に身につけさせたいのは，言葉の力だからである。

　そのためには，例えば，本文とタイトルとの関係はどうか，本文はどんな組

---

[8]　6)に同じ。(p.50)
[9]　6)に同じ。(p.126)

| 実践への視点

み立てになっているか，どんな事例がなぜ取り上げられているのか，筆者が根拠としている事柄は筆者の主張をしっかり支えているのか，などの学習が必要となってくる。そして，それらが教材文で取り上げられた題材（内容）の学習とうまく関連し合ったとき，初めて国語科の説明文指導になるのである。

このように，学習者が言葉そのものに立ち止まって，その意味，はたらき，使い方等を捉え，対象と言葉，言葉と言葉の関係性を問い直して意味づけることが，国語科の学びの特質である。換言すれば，ふだんは水や空気のようにその存在を意識していない言葉というものの存在について，学習者がそれをメタ認知しながら意味づけたり問い直したりするところに国語科の特質がある。

なお，今述べたように，国語科では教科の特質である「言葉による見方・考え方」をはたらかせることが「深い学び」の成立要件であるものの，この「深い」という概念は，「浅い」との関係でその内容が規定される相対的な概念であることにも注意が必要である。このことは，学習過程において何をもって「深い学び」と認定するかは，指導者から見ていくつもの観点や基準が想定されることをも同時に意味する。その意味で，「〇〇ができるようになれば『深い学び』である」と単純に判断したり性急に一般化したりできない点に，この視点を指導改善に取り上げるにあたっての難しさがある。

また，この「深い学び」は，指導者の授業改善の視点として示されたものであって，学習者の評価の観点として示されたものではない点にも留意が必要である。学習者の評価は，あくまでも学習指導要領で育成すべき「資質・能力」として示された「知識及び技能」，「思考力，判断力，表現力等」に示されたそれぞれの指導事項に基づいて行われる。

その意味で，「深い学び」の視点とは，指導者に対して不断に授業改善を促し続ける「正解のない（多様な解をもつ）問い」のような視点である。

(3) 国語科の「言語活動」と「主体的・対話的で深い学び」との関係

ところで，国語科はこれまで「言語活動の充実」の旗の下，三領域（A話すこと・聞くこと，B書くこと，C読むこと）にわたって「言語活動」を位置づけ

た授業を展開してきた。振り返れば，平成10年度版，平成20年度版，それぞれの学習指導要領において三領域それぞれに「言語活動」が例示され，平成14年度に改訂された検定教科書を皮切りに全国でその具体化が図られてきた。そして，平成29年度版においても引き続き「言語活動」が例示されている。

　では，これまでその充実を図ってきた国語科における「言語活動」と，「主体的・対話的で深い学び」とはどのような関係にあるのだろうか。そこで，まず前提として確認しておきたいことは，「主体的・対話的で深い学び」はそもそも各教科等の学習過程の質的改善を目的として示されたものであることである。つまり，全ての教科，および道徳，特別活動・総合的な学習の時間など，学校教育における教育活動全てにおいて横断的に取り入れられるべき共通の視点として位置づけられていることである。

　したがって，国語科の「言語活動」が今後「主体的・対話的で深い学び」に取って代わるということはない。国語科の「言語活動」はあくまで，国語科にとって学習指導を三領域にわたって成立させるための固有で必須の要素である。そして，そうした国語科の「言語活動」を位置づけた学習過程を質的に改善していくための指導の視点として「主体的・対話的で深い学び」があるという関係である。それは，平成29年版の学習指導要領（国語）の目標をみれば明らかである。以下がその目標の前文である。

　　言葉による見方・考え方を働かせ，言語活動を通して，国語で正確に理解し適切に表現する資質・能力を次のとおり育成することを目指す。

　ここには，「深い学び」を教科の特質の点から支える「言葉による見方・考え方」，そして，資質・能力を育成する方法としての「言語活動」が明確に位置づけられている。このように，国語科にとっての「主体的・対話的で深い学び」は，「言語活動」を通して資質・能力を育成する指導を質的に高めるための視点として機能するものであるといえる。

［児玉　忠］

| 実践への視点

7　国語科とカリキュラム・マネジメント

(1)　カリキュラム・マネジメントの提唱

a　カリキュラム・マネジメントの推進

　平成29年3月に告示された「小学校学習指導要領・総則」に「各学校におけるカリキュラム・マネジメントの推進」という項目が新しく設けられた。そこでは、「主体的・対話的で深い学び」の実現に向けて、各学校で「カリキュラム・マネジメント」に努めることが求められている。ここで言われるカリキュラム・マネジメントとは「児童や学校、地域の実態を適切に把握し、教育の目的や目標の実現に必要な教育の内容等を教科等横断的な視点で組み立てていくこと、教育課程の実施状況を評価してその改善を図っていくこと、教育課程の実施に必要な人的又は物的な体制を確保するとともにその改善を図っていくことなどを通して、教育課程に基づき組織的かつ計画的に各学校の教育活動の質の向上を図っていくこと」である。

　つまり、それぞれの学校で作成した教育課程を学校を取り巻く諸環境との関係の中で不断に見直し、よりよいものにしていく必要性が述べられているのである。教育的な営為という観点からは、きわめて重要な提言であると同時に、地域に根ざした柔軟で実効性のある教育課程を普及させる指針の一つであると考えることができる。それを、単に多くの教育内容を効率的に指導したり、限られた時程をやりくりしたり、あるいは人員を有効に配置したりするといった物理的配慮にとどめるだけではなく、教科内容や指導方法の見直しという点にまで及ぼす必要がある。

　本稿では、「教育の内容等を教科等横断的な視点で組み立てていくこと」という一点に注目する。そのうえで、国語科教育の内容と方法とをこれまで以上に創造的に進展させていくという立場から、従来国語科において論議されてきた論議にも言及しつつ、新しい「学習指導要領」で新設された教科やその内容

7　国語科とカリキュラム・マネジメント

などとの関連も視野に入れ，国語科教育の内容と方法における「カリキュラム・マネジメント（教科等横断的な視点）」という問題について考えてみたい。

b　言葉による総合知の必要性

国語科教育の内容と方法にとって，なぜカリキュラム・マネジメントが重要なのか，言いかえれば，カリキュラム・マネジメントを導入することによって国語科の教科内容や指導方法はどのように整理され，より充実するのか。その答えは，国語科が「言葉による総合知の形成」を目的とする教科であることと密接な関係がある。すなわち，カリキュラム・マネジメントという観点に立って言葉の教育を見直すことによって，言葉の教育が本来もっている豊かさを再発見し，それをより生き生きとした言語活動として組織する可能性が開けるのである。またそれは同時に，国語科が言葉による総合的な「知」の形成を目的とする教科目であることを再確認することにもなるだろう。

まず，近年の国語教育界の動向を振り返ってみたい。平成10年の学習指導要領の国語科の目標に「伝え合う力」が登場して以降，国語教育実践においては言語活動を前面に押したてた授業が展開されてきた。そこでは，一つの単元内に複数の言語活動を組み合わせた実践が全国各地で行われた。確かに教室の中に学習者の興味をかき立てるような言語活動を持ち込めば，それだけで子どもたちの関心は高まり，授業は活性化する。だが，そこで用意した言語活動によって，子どもたちにどのような質の言語能力や言語技能が身につくのか，そこが最も大事なポイントである。

こうした言語活動中心の国語学習が，学習者の認識を深め，言語感覚を鋭くするのは確かだとしても，それが明確な目的をもたないままに何度も繰り返されると，活動自体が散漫になり，言語表現の質も落ちてくる。活動を多彩に用意しさえすれば，子どもたちの学習が広がり，深まるというわけではない。教材文のもつ特色や，学習者の興味関心とテキストとの交流の中にこそ新しい言葉の発見は生まれる。それは，学習者に多様な言語活動を経験させさえすれば自然に生じるわけではなく，教師のほうが意図的に仕組んだり，また子どもの反応の中から見つけ出していかなければならないものなのだ。

| 実践への視点

　つまりは，言語活動と言語能力や言語技能との相互関係を常に念頭におきながら，「言葉による総合知の形成」の問題を考える必要がある，ということである。このことはまた，指導する側が，言語学習の本質を把握しておくことが不可欠であるということをも意味する。これは，新しい学習指導要領において「深い学び」の重要性が指摘されていることとも通底する。

(2) **言語活動を横断するカリキュラム・マネジメント**

　a 「総合的学習の時間」との関係

　最初に，国語科と「総合的な学習の時間」とのカリキュラム・マネジメントについて考えてみよう。「総合的な学習の時間」は，平成10年の「学習指導要領」によって初めて実施されることになった。そこでは「各学校は，地域や学校，児童の実態等に応じて，横断的・総合的な学習や児童の興味・関心等に基づく学習など創意工夫を生かした教育活動を行う」という趣旨のもとに活動が展開された。また，平成29年の学習指導要領でも「(1) 探究的な学習の過程において，課題の解決に必要な知識及び技能を身に付け，課題に関わる概念を形成し，探究的な学習のよさを理解するようにする。(2) 実社会や実生活の中から問いを見いだし，自分で課題を立て，情報を集め，整理・分析して，まとめ・表現することができるようにする。(3) 探究的な学習に主体的・協働的に取り組むとともに，互いのよさを生かしながら，積極的に社会に参画しようとする態度を養う。」とされ，「総合的学習」が設定されている。

　こうした方向のもとに，全国各地でこれまでにさまざまな実践が展開されてきた。例えば，地域のお年寄りから伝統の遊びを教えてもらう，遠方の学校どうしでインターネットを介して情報交換をする，環境問題を調べて発表する，などである。とりわけ地域の抱えるさまざまな課題を取り上げて，それを調査して報告集にまとめたり，問題点を改善する提言をしたりすることによって，地域の中に新たな関係を構築していくような実践が数多く積み重ねられた。「総合的な学習の時間」が学校独自のカリキュラム開発の中核として機能したことは見逃せない成果である。

「総合的な学習の時間」は，平成20年と平成29年の「学習指導要領」にも引き継がれ，ますますの充実が期待されている。だが，充当する時間数は従前よりも減らされ，また「総合的な学習の時間」を「特別活動の学校行事」に振り替えることも行われている。表面的にみれば明らかに「総合的な学習の時間」を設置した理念の後退である。その背景には，「学力低下」の声を受けて，資質・能力に焦点があたり，学力向上に力点が移ったことがあるだろう。また，多忙な学校現場の中では，こうした学習を綿密に計画し実行することに対して，十分な時間的な余裕がないという声も聞かれる。しかし，子どもたちの体験を重視する総合的な学習の中で，学習者である子どもたちの言語活動が生き生きと展開していることはまちがいない。

b　必然性・生活性を持つ「言語活動」

というのも「総合的な学習の時間」の中で展開される言語活動は，国語科の言語活動とは対照的に，学習者の課題解決の要求と実感をもった生きた状況の中で交流されることが多いからだ。逆にいえば，国語科の時間の中で組まれる言語活動は，国語科学習の目標を達成するための表層的で形式的なものになりやすく，子どもたちの学習の必然性に基づいていない場合もあるということである。こうした批判はこれまでも多く提出されてきた。

端的な例として，「敬語」の指導をあげてみよう。「敬語」の学習を教室内の学習だけに限定した場合には，「尊敬語，謙譲語，丁寧語」などの区別を機械的に記憶するだけの無味乾燥なものになりやすい。もちろん「尊敬語，謙譲語，丁寧語」の機能の違いやその使い分けについて理解することは重要な指導内容である。が，そもそも同学年で組織されたふだんから顔見知りの学級集団内で，実践的な敬語の使い分けを体験させようとすることにはかなりの無理がある。これに対して「総合的な学習の時間」では，学校外の他者とふれ合う機会と場とが豊富に設定されることが多い。つまり「総合的な学習の時間」では，生きた社会的な言語活動の経験を通して実際の「敬語」による使用を体験することが可能なのである。また事後に，そこで行ったさまざまな実践的言語活動を改めて振り返ることを目的として国語科の学習場面を組織することもできる。こ

| 実践への視点

れは，社会科学習におけるインタビューや理科学習における観察記録やレポート作成などの言語活動においても同様である。すなわち，「総合的な学習の時間」や他教科などで行われる言語活動を，国語科の学習としてピックアップして，言語活動を行う事前のモデル的・予備的学習をしたり，あるいは事後に反省的・省察的に振り返ったりする学習を組織したりすることによって，言葉のカリキュラム・マネジメントの構築への道筋がみえてくるのである。

(3) 言語内容を横断するカリキュラム・マネジメント

a 特別な教科「道徳」との関係

　新しく「道徳」が教科化された。教科としての評価をどうするかという問題を含めて，これからの教育実践の中で解決していかなければならない課題も少なくないが，国語科との関係でいうなら，既に十分に論議されてきた話題も多い。その一つは国語科の文学教材の指導と道徳教育との関係という問題である。
　学校教育の目ざすところが，「個人の尊厳を重んじ，真理と正義を希求し，公共の精神を尊び，豊かな人間性と創造性を備えた人間の育成を期するとともに，伝統を継承し，新しい文化の創造を目指す（教育基本法）」ことだとするならば，全ての教育活動はこの目的に向かって組織される必要がある。実際各教科の設定とその編成も，更には各学校のカリキュラムも，この目標の実現を目ざして設定されている。「道徳」という教科目は，こうした人間性に関わる理念やモラルを直接教科内容とする。具体的には，「A　主として自分自身に関すること（善悪，正直，節度など）」「B　主として人との関わりに関すること（親切，感謝，友情など）」「C　主として集団や社会との関わりに関すること（公正，社会正義，家族愛など）」「D　主として生命や自然，崇高なものとの関わりに関すること（生命の尊さ，自然愛護など）」があげられている。しかしある意味でこうした抽象的・観念的なこのような「徳目」はそのままでは，子どもたちの内奥に浸透していかない。したがって，ひとまとまりのストーリーを教材として活用し，道徳の内容を考えさせようとする方途が採用されてきた。
　一方，国語科においても，寓話や物語，あるいは近代小説などのひとまとま

りのストーリーをもった文芸作品を言語教材として採用している。それらの多くは，人類共通の優れた言語文化遺産として，また今を生きる私たちの心情や感覚を言語表現として現前化したテキストとして，取り扱われてきた。こうした文芸作品が人間のもつさまざまな側面に光をあて，多彩な表現をとおして人間の多様な姿を描いていることはいうまでもない。とはいえ，ともすれば教材にふさわしいと判断された文芸作品は，成長物語や理想を追求する人間を取り上げた向上的な内容のものになりやすい。それらの文学教材を言語内容中心の授業として展開した場合に，国語科の授業がかぎりなく「道徳の授業」に近似してしまうことが，これまでしばしば問題にされてきた。

　ここで考えるべきことは，「道徳」にとって言語形式（言語表現）は言語内容を伝えるための手段であるということであり，国語科は言語内容も言語形式もともに教科内容であるということである。道徳の学習で大事なのは，最終的に「徳目」を実践できる人間の育成であり，それを達成するための媒材（メディア）は，図像でも言葉でもあるいはモデルとする人間の具体的行動でもいい。それに対して，国語科はあくまでも言語表現のさまざまな可能性に着目する。したがって，言語表現の検討を抜きにした文学教材の指導はありえない。「道徳」と「国語科」とが，似たようなストーリーを教材として使用するとしても，その力点の置き方は大きく異なるのである。

b 「社会科」や「理科」等との関係

　このように，教材価値を言語形式（表現形式）に置くのか言語内容に置くのかということから出来（しゅったい）する問題は，なにも文学教材と「道徳」の場合だけでない。例えば，説明文教材と「社会科」や「理科」との関係でも同様な問題が起きる。つまり，国語科の学習であるにもかかわらず，説明文に書かれた事象や現象のみが学習の対象になるという傾向も生まれかねない。

　これらの点に関して考えるときには，言葉という記号の本質に戻ってみる必要がある。改めていうまでもなく，「言葉」は「表現形式＝音や単語・文など」とそれによって指し示される「言語内容＝指示対象」とによって成り立っている。言葉という記号は，どちらか片方だけでは社会的な存在意義は生じない。

| 実践への視点

「道徳」あるいは「社会科」や「理科」などの教科は，もっぱら「言語内容」を学習の対象にしており，「言語形式」をそれほど大きく扱うことはない。というより，言語形式（表現形式）を正面から取り扱う教科は，国語科しか存在しないのである。したがって，国語科では，言語形式そのものを取り立てて分析したり，言語形式と言語内容との関係を考えたりすることが，きわめて重要な役割となる。

その中でも文学作品は，一般に「言葉の芸術」と呼ばれるだけあって，さまざまな言語技巧や修辞によって構築されており，その様態はその言語を使用してきた言語集団の言語文化と深く結びついている。文学教材の指導においては，そのような多様な言語表現形式にふれ，自らの言語文化の基盤を拡充していくことが求められる。また一方，説明文や論説文の指導では，客観的で明晰な思考活動に支えられた文章の読み書き能力が求められる。というのは，現代のグローバル社会の進展により，言語による透明で着実な論理的な思考やそれに基づく正確で説得力のある表現の要求がこれまで以上に高まっているからだ。そのことにともなって，言語形式自体の「概念化」「抽象化」の機能を最大限に発揮したり，あるいは「微細化」「迫真化」の機能を拡充する作文や話し言葉の学習も必要になってくる。

(4) 言語形式を横断するカリキュラム・マネジメント

a 「外国語」とのカリキュラム・マネジメント

新しい学習指導要領の「外国語」の目標の(1)には，「外国語の音声や文字，語彙，表現，文構造，言語の働きなどについて，日本語と外国語との違いに気付き，これらの知識を理解するとともに，読むこと，書くことに慣れ親しみ，聞くこと，読むこと，話すこと，書くことによる実際のコミュニケーションにおいて活用できる基礎的な技能を身に付けるようにする。」と記されている。従来までの教育に比べて外国語学習にかなりの力が入れられており，小学校高学年のみならず中学年から外国語による言語学習が開始される。また，円滑なコミュニケーション活動を目的とするだけではなく，日本語と比較対照して両

者の違いを考えさせるような学習活動も想定されている。

「外国語」とのカリキュラム・マネジメントでは，明らかに言語形式の検討がメインになる。それも，まずは「日本語と外国語との音声の違い等に気付」かせることから出発する。私たちは日常の母語による音声言語コミュニケーションの中では，そこで使用する音韻，イントネーション，発声，あるいは語彙などの言語形式に関して，ほとんど意識せずもっぱら言語内容を伝えることに懸命になっていることが多い。発話者にとって，自分の使用している言語形式はまるで水や空気のように感じられており，ほとんど意識にのぼらない。

だが外国語学習においては，日常使用している母語とは異なる言語形式に直面する。初歩の学習者は，外国語が母語とは異なる言語形式であることを常に意識させられる。そうした外国語の言語形式という「鏡」を通して，私たちは自ら使用している言葉を振り返ることができる。発音・発声の比較検討，文法の違い，あるいは言語形式が抱えもつ言語文化の問題。こうしたことを意識的に俎上にあげることが，国語科教育にとっての外国語学習の意義となる。おそらくその学習で獲得する言葉を客観的に見直す視点と態度とは，外国語それ自体への興味関心へと広がるとともに，日本語の地域差，階層差，あるいは年齢差などにも及ぶだろう。更には言葉そのもののもつ多層性や異文化への理解にもつながっていく。というより，そうした理解を促す点にこそ，国語と外国語とのカリキュラム・マネジメントの有効性がある。

b　古典や漢文，あるいは他分野・他領域とのカリキュラム・マネジメント

こう考えてくると，国語科の教科内容相互の間でも，カリキュラム・マネジメントという発想を持ち込むことができることに気がつくだろう。

例えば，古典や漢文の学習などに関してはどうだろうか。文字の存在しなかった日本語の歴史に，ある時圧倒的な文化水準の高さを伴って言語体系の異なる文章や文字（漢文や漢字）が導入された。その後日本語は，話し言葉を漢字のみで書き表す試行を経て，片仮名や平仮名を交えた漢字仮名交じり文を生み出し，それが今日まで継続している。一方，正式の書き言葉には「漢文」が採用されていた時代が長く続き，それを理解するために「訓読」という翻訳法も

| 実践への視点

開発された。参考にしたいのは，外部からもたらされた異物である漢字という表語文字から，仮名という日本語に適した表音文字を作り上げた認識方法と創意工夫の過程である。両者の異質性をどのように把握し，そこにどのような共通性を発見していったのか，その探求過程を取り上げれば，きわめて刺激的な言葉の教育の「教材」として組織することができるはずだ。

　同じことは，口頭によらない言語である「手話」，立体的な書記記号である「点字」，簡便で効率的な書記体系を目ざした「速記文字」，あるいはローマ字やモールス信号などの記号体系と，日常話し言葉との関係に関してもいえる。

　更にまた視野を隣接分野・隣接領域にまで拡大すれば，演劇と言葉，音楽と言葉，身体と言葉，化学式・数式やコンピューター言語と日常言語，絵画と文字，アニメーションの中の言葉，なども検討材料に入ってくる。つまり「教科等横断的な視点で組み立て」るというカリキュラム・マネジメントの観点に立つなら，さまざまな他分野・他領域の記号体系や存在様式と私たちが日常使っている日本語との異同や共通性を，比較して考えることができるのである。繰り返すまでもないが，その立脚点は，国語科が言葉による総合的な「知」の形成を目的とする教科であるという点である。言葉の固有性と独自性とは，それと異なる他分野・他領域とふれ合うことによって，より明らかになる。言葉の教育におけるカリキュラム・マネジメントを推進するということは，そうした可能性を追究することと同義なのではないか。

　このほか教師は日常的に，教科書教材の指導順序を変更したり，補助教材を持ち込んだり，あるいは児童の書いた作文を学習材料にしたりしている。学習者の実態に合わせたこうしたささいな指導の工夫も，カリキュラム・マネジメントという視点から考え直してみることも重要なことだろう。なぜならカリキュラム・マネジメント（教科等横断的な視点）が必要なのは，なによりも学習者に深く広い言葉の学びを成立させるためにほかならないからであり，またそれは教師自身が言葉のカリキュラムの創造に自主的に関わっていくためでもあるからだ。

［府川源一郎］

3章
実践の研究

| 実践の研究

1　国語科における知識・技能

(1)　国語科における知識・技能

　平成29年版の学習指導要領では，国語科の内容は，〔知識及び技能〕と〔思考力，判断力，表現力等〕から構成されている。
　この〔知識及び技能〕の内容は，次のとおりである。

> (1)　言葉の特徴や使い方に関する事項
> 　　○言葉の働き　　○話し言葉と書き言葉　　○漢字　　○語彙
> 　　○文や文章　　○言葉遣い　　○表現の技法　　○音読・朗読
> (2)　情報の扱い方に関する事項
> 　　○情報と情報との関係　　○情報の整理
> (3)　我が国の言語文化に関する事項
> 　　○伝統的な言語文化　　○言葉の由来や変化　　○書写　　○読書

　ここに位置づけられている内容は，話すこと・聞くこと，書くこと，読むことのどの領域の活動にあたっても，必要となる知識であり技能である。

(2)　言葉の特徴や使い方に関する事項

　この事項では，読んだり書いたりする言語活動の基盤となる知識・技能について示されている。文字や文章，言葉づかい，音読・朗読など，内容は幅広く，どの内容も実際に言葉を使用するにあたっては大切な要素となるものであるが，「言葉の働き」「漢字」「語彙」の事項について，詳しく述べていく。
①言葉の働きに関する事項
　国語科の学習では，漢字や文法の指導は盛んに行われるが，かんじんな「言葉とはどのようなものか」を学ぶことはあまり多くない。「言葉による見方・考え方」を働かせながら国語科の学習活動に取り組むうえで，言葉とはどのよ

うなものかについて,興味をもって理解し考えることはたいへん重要なことである。

内容は,以下のように系統化されている。

> 低学年　言葉には,事物の内容を表す働きや,経験したことを伝える働きがあることに気付くこと
> 中学年　言葉には,考えたことや思ったことを表す働きがあることに気付くこと
> 高学年　言葉には,相手とのつながりをつくる働きがあることに気付くこと

また,中学校になると,「言葉には,相手の行動を促す働きがあることに気付くこと」(中学2年)と発展する。

学習として学ぶことを通して,ふだんは意識することのない言葉の役割にあらためて気がついたり,自分の言葉の使い方を客観的に捉えたりすることができるようになる。外国語科・外国語活動の学習とも連携して,言葉そのものについて学習する機会を設けていくことが求められる。

②漢字に関する事項

小学校の各学年で学ぶ漢字は,学年別漢字配当表に示されている。

平成29年版学習指導要領では,この漢字配当表が変更され,都道県名を表す次の漢字20字が追加されている。

> 茨,媛,岡,潟,岐,熊,香,佐,埼,崎,滋,鹿,縄,井,沖,栃,奈,梨,阪,阜

これらの漢字は,社会科の学習内容とも関連して第4学年に配当されており,また,これまで5年と6年で学んでいた5字(賀,群,城,徳,富)も,都道府県名で使うことから4年の配当へと移されている。合わせて,これまで4年で習っていた漢字を5年,6年に移すなど,4年生以上の学年で漢字配当が見直され,小学校で学ぶ漢字は1026字となっている。

学習指導にあたっては,国語科で読み書きを学ぶとともに,例えば,社会科でも意識しながら使えるようにするなど,教科どうしを関連させながら扱うこ

| 実践の研究

とが必要となる。

　また，字体については，「学年別漢字配当表に示す漢字の字体を標準とすること」とされている。漢字の正誤については，文化審議会国語分科会による「常用漢字表の字体・字形に関する指針（報告）」において，「骨組みが過不足なく読み取れ，その文字であると判断できれば，誤りとしない」という指針が示されている。これらの考え方を参考に，指導の目的に応じて，柔軟で多様な評価をしていくことが求められてくる。

③語彙に関する事項

　語彙は，全ての教科学習の基盤となるものであり，また，日常生活の中でも，語彙が少ないと自分の気持ちを表現できなかったり，相手の考えをうまく捉えることができなかったりする。平成29年版の学習指導要領では，この語彙指導の改善・充実が求められており，小学校の低学年から中学校まで，次のような語句をそれぞれ重点的に増やし使えるよう，内容の系統化が図られている。

低学年　身近なことを表す語句
中学年　様子や行動，気持ちや性格を表す語句
高学年　思考に関わる語句
中学1年　事象や行為，心情を表す語句
中学2年　抽象的な概念を表す語句
中学3年　理解したり表現したりするために必要な語句

　指導にあたっては，一つ一つの語句を練習的に覚えさせるのではなく，文学的な文章を読む学習の中で，気持ちや性格を表す語句に着目させたり，また，似た意味の語句を集めて分類整理しながら，意味の差を考えて話し合わせたりするなど，主体的・対話的な活動を通して学ぶことができるように工夫していくことが大切である。

(3) 情報の扱い方に関する事項

　平成29年版学習指導要領から，新たに設けられた事項である。ここでいう

「情報」とは、文章や会話に含まれているさまざまな情報のことで、複数の情報がどのような関係にあるのかを理解したり、また、情報をどのように整理して捉えたりすればよいのかについて、この事項では示している。（3章の3節で詳しく触れる。）

(4) 我が国の言語文化に関する事項

　平成29年版の学習指導要領では、言語文化が指し示すものを、「文化としての言語」「文化的な言語生活」「言語芸術や芸能」と幅広く定めている。そのうえで、これまで扱ってきた伝統的な言語文化の内容だけでなく、言葉の由来や変化、書写、読書を含んだかたちで、我が国の言語文化に関する事項を整理し、内容の充実を図っている。

　「伝統的な言語文化」「書写」「読書」については、別のページで詳しく説明されているので、「言葉の由来や変化」の事項についてのみ触れる。

　「言葉の由来や変化」の事項は、低学年では設定がされておらず、中学年で「漢字が、へんやつくりなどから構成されていることについて理解すること」、高学年で「語句の由来などに関心をもつとともに、時間の経過による言葉の変化や世代による言葉の違いに気付き、共通語と方言との違いを理解すること。また、仮名及び漢字の由来、特質などについて理解すること」が、それぞれ示されている。

　平成20年版の学習指導要領で別々に位置づけられていた事項を、「文化としての言語」という視点から、平成29年版の学習指導要領ではまとめて示されることとなった。学習指導にあたっては、ただ教えて理解させるのではなく、自分たちで興味をもって調べたり考えたりしたくなるような課題設定の工夫が必要である。言葉についての気づきを大切にしながら学ぶことを通して、言葉そのものへの関心も高めていくことができる。

〔中村 和弘〕

| 実践の研究

2　言葉の特徴や使い方

(1)　「言葉の特徴やきまりに関する事項」から「言葉の特徴や使い方に関する事項」へ

　　a　〔知識及び技能〕(1)「言葉の特徴や使い方に関する事項」の内容
　「話すこと・聞くこと」「書くこと」「読むこと」の３領域に加えて〔言語事項〕として位置づけられてきた国語の特質やきまりに関する事項が，平成20年３月改訂の学習指導要領で〔伝統的な言語文化と国語の特質に関する事項〕として新たに位置づけ直された。これが今回の平成29年３月の改訂で更に〔知識及び技能〕の内容として，「(1)言葉の特徴や使い方」「(2)情報の扱い方」「(3)我が国の言語文化」に分けて記載された。本節ではこのうち「言葉の特徴や使い方」を取り上げる。記載された具体的な指導事項は，ほぼこれまで「言葉の特徴やきまり」として取り扱われてきたものを踏襲している。（なお，本書では，(2)については３章―３で，(3)については３章―４と３章―５で解説している。）

　ところで，従前の言葉の特徴やきまりに関する事項の内容は，日本語の言語要素の体系に即して一つ一つ列記されてきたこともあり，どちらかといえば，それらの特定の言語要素を個々に「取り立て」て指導するものと受け止められ，しばしば学習者の動機や学習の脈絡からは切り離されて，練習による学習が行われる傾向にあった。今回の改訂でも名称の変更や事項の整理・統合はあったが，指導内容の記載の仕方はおおむね従前のままである。このため，引き続き，機械的な取り立て指導に陥らないようにする必要がある。この点について平成20年の改訂では，次のようにより踏み込んだ解説がなされた。「認識や思考及び伝え合いなどにおいて果たす言語の役割や，相手に合わせた言葉の使い方や方言など，言語の多様な働きについての理解を重視する。なお，発音・発声，文字，表記，語彙，文及び文章の構成，言葉遣い，書写などについては，実際の言語活動において有機的にはたらくよう，関連する領域の内容に位置付ける

とともに，必要に応じてまとめて取り上げるようにする。」

b　言語意識を高める授業

「言葉の特徴や使い方に関する事項」の指導は，さまざまな言語活動を通して行われる場合も，結果的に国語そのものについての意識を高めることが目的となる。平成29年版学習指導要領の目標(3)にある「言葉がもつよさを認識するとともに，言語感覚を養い，国語の大切さを自覚し，国語を尊重してその能力の向上を図る態度を養う。」に対応しているとみることができる。もともと国語の学習は，国語科以外の教科においても，また学校外での実生活でもさまざまなかたちで行われている。このことを前提にすると，国語科という教科の指導では，「言語（国語）それ自体に意識的に関わること」が重要になる。その意味で国語科は「言語に意識的に関わりながら豊かな言語活動を推進する教科」といえる。この言語への意識的な関わりには「言語による認識活動を推進する側面」と「言語についての認識を深める側面」とがある。国語の特質に関する事項の指導は，後者により深く関わることになる。ただし，その場合，小学校段階では，「言語意識を高めること」に重点があるのであって，「日本語の体系や規則についての知識を習得すること」が眼目ではない。

　これからの授業改革の焦点も，規範や教養として体系化された知識を一律に学習者が習得するという受容型の授業からの脱却である。そのためには，生きた社会的状況の中で，学習者が目的をもった行為として自らの言語活動を位置づけ，進んで一人一人が自らの言語経験を生み出していく発信型の授業へと転換を図る必要がある。言葉の特徴や使い方に関する事項の指導においても，この学習者の側からの意欲的な学びの姿を実現することを最優先の課題としたい。

　以下，本稿では，言葉の特徴や使い方に関する事項のうち，「文字・表記指導」「語彙指導」「文法指導」「方言・敬語指導」を事例として取り上げて，指導上の要点や工夫について解説する。

| 実践の研究

(2) 表記の指導

a　入門期の文字習得の状況

　国語の入門期は，文字や表記，単語のつづり方など，基礎的指導事項が山積している。しかし，小学校入学時点で8～9割近くの児童がおおよその平仮名を読むことができる状況にある。このため，教科書での文字提出の実際はともかくも，文字の読み書きの指導が一から順次積み立て方式で時間をかけて行われることは少ないのが現状である。平仮名も片仮名も文字と音がほぼ完全に一致する音節文字であることが幸いしているが，これに対して，漢字については習得に多くの困難がともなう。このため，小学校での文字指導は，もっぱら漢字指導が中心となる。しかし，仮名文字を書くことは入学時点ではまだ多分に混乱の中にあることが予想され，また，特殊音節（長音・促音・拗音・拗長音）の読み書きには一定の困難がともなうことを考えると，この点での意図的で適切な指導が求められる。

b　特殊音節の表記に注意

　文字つづりの習得は，平仮名つづりが未習得の段階から，平仮名の清音・濁音・半濁音を習得し，更に特殊音節の習得へと展開する。片仮名・漢字の習得も，これと雁行的にいくらか遅れて進んでいく。特殊音節の未習得段階では，次の例のような，習得前段階の表記上の工夫などもみられる。

　　すこっぷ → すこぷ　　きんぎょ → きん□□　　おねえさん → おね□さん（以上　特殊音節の省略や空白による代用）
　　ひこうき → ひこおき（長音の誤記）

　このような発達段階で使用された方略（省略や空白による代用）とみられる児童の工夫も見逃すことなく，つづる意欲を支えていくことが重要である。

(3) 語彙の指導

a　語彙の諸相

　文字表記の習得がひととおり完了すると，語彙力をどう育てるかが大きな課

題となる。文法力も重要であることに変わりはないが，なによりも，語彙力は知識体系そのものであり，読み書きの基盤的要素であることから，その欠如は豊かな言語活動にとって決定的な欠陥となる。平成29年版学習指導要領ではこれまでになく「語彙指導」が強調されている。語彙力の育成は国語指導のどの段階でも継続的に配慮すべきことである。

　語彙指導は，特定の語彙を取り立て指導する場合と，読解指導や作文指導の中で適宜行う場合とに分けることができる。

　語彙（語の集合）はさまざまな位相として（性差，職業別，世代別などによって）区別されるため，これら位相ごとに取り立てて語彙学習の単元を構成したり，また，学習基本語彙を決めて一定の展望をもって系統的に指導することも可能である。一方，読解指導の中で，作品の語彙や語彙構造に着目した指導を行ったり，書くことの指導の一環として使用語彙の選択活動を意識化し，言語感覚を磨くことも重要である。

　なお，語彙習得とは，児童一人一人がもっている既有の語彙知識のネットワークが拡充していくことである。この点に十分配慮して，児童各自の既習の語彙知識を想起させたりしながら，新たな語彙と結びつけていく工夫が求められる。

　　b　**自由読書のすすめ**

　ところで，語彙は日常の言語生活（特に自由な読書）を通して獲得される。データは米国での英語の習得の場合であるが，小学生の間は年間平均約3000語ずつ，語彙量が増加する。また，一日25分間多く読書するだけで，年間約1000語が更に増えるという研究もある。国語科での語彙の取り立て指導に加えて，こうした読書などによる自然な語彙習得の事実にも配慮した指導が行われることが望ましい。

(4)　**文法の指導**

　　a　**文法学習を支援する**

　文法は語がいくつか結合して文を作るときの規則の体系である。文法研究は

|実践の研究

形態論と統語論からなるが，主語・述語や文節といった文法研究の術語はこの規則を体系的に記述するための道具である。しかし小学校段階の指導ではこれら専門的な文法用語はできるだけ使用しないのが一般的である。教科書によって異同はあるものの，品詞名では名詞や動詞，形容詞は提示されても，副詞や助動詞などは用語としては示されない傾向にある。こうしたことからも，文法の指導についても「文法知識」を提示するというよりも「文法意識」を高める言語活動を行う方向で実践が工夫されることが望ましい。できれば，書くことや読むことの学習での自然な自覚を促す過程で文法意識が洗練されるような工夫をすべきである。

「書く」とは実際に文法を一文一文で実現していく過程でもある。学習者は書こうとする内容や意欲に促されつつ，表現意識の中核にある文法意識を改めて確認する機会にたびたび遭遇する。どうして「ぼくは」でなく「ぼくが」のほうがいいのか。この判断の根拠を客観的に説明することは，文法研究の専門家でなければ容易なことではない。しかし，既に日本語の母語話者として獲得している文法力が改めて喚起されるこうした「言語についての認識を深める機会」（具体的な文章の修正・推敲作業）を通して，「文法意識」は高められる。この「意識を高めるレベルでの判断」を適宜繰り返すことによって，単なる文法体系の暗記から開放された生きた文法の学習が推進されることになる。ただ，この「意識化」はより学年が上になるにつれて体系的・構造的な確認へと進展する。いうまでもなく，この自覚的な学習を支援するものとして文法用語は位置づけられる。小学校段階でも主語・述語や修飾語といった基本的な術語はその「メタ言語」としての役割を期待され，基本文型意識の定着をはかるために導入されている。

　b　学年を考慮した指導内容

小学校段階では，文法系列の内容は２つに分けてみることができる。「文」を基本単位とするその構成規則の学習と「文章」を基本単位とするその構成規則の学習とである。

ちなみに平成29年版学習指導要領では次の事項が対応する。

《第1・2学年》〔知識及び技能〕(1)カ　文の中における主語と述語との関係に気付くこと。
《第3・4学年》〔知識及び技能〕(1)カ　主語と述語との関係，修飾と被修飾との関係，指示する語句と接続する語句の役割，段落の役割について理解すること。
《第5・6学年》〔知識及び技能〕(1)カ　文の中での語句の係り方や語順，文と文との接続の関係，話や文章の構成や展開，話や文章の種類とその特徴について理解すること。

　文法研究は今日，文（sentence）を最大の研究単位としたかつての枠組みを拡大して，文を超える単位（談話・文章 discourse・text）でも研究を進めている。後者は文章が成り立つための規則の研究ということになるが，この領域でも，小学校段階では文と文を繋ぐ指示語や接続語についての学習や段落の学習が必須事項となっている。
　次に，具体的に，指導事項「修飾語」の取り扱い方を例示する。
《**教材文**》　あんなに大きい旗をふり回すなんて，すごいね。
　　　　　　あんなに大きく旗をふり回すなんて，すごいね。
　　二人の感心しているところは，少しちがっているようです。
　　大きいは，どんな旗かを表します。大きくは，どのようにふり回すかを表します。
　　大きいも大きくも，文の内容をくわしくする修飾語ですが，大きいはどんな旗かという「ものの様子」を表すのに対して，大きくはどのようにふり回すかという「動きの様子」を表します。（以下省略）

（教育出版　平成27年度版国語教科書『ひろがる言葉』4上）

　この教科書では「修飾語」についての教材化は3年「文の組み立て」で主述の違いや文の組み立てについて，4年「修飾語」で「どんな」「どのように」などの文の内容をくわしくする言葉について，5年「言葉の種類」で名詞・動詞・様子を表す言葉の違いについて学んで，文中での適切な言葉の使い方についての理解を深める流れになっている。

| 実践の研究

　このように，文法事項は発達段階を考慮して基本的な様相について親しみやすい視点から扱っていくことが大切である。

(5) 方言・敬語の指導

a　方言を学ぶ視点と方法——言葉の多様性についての自覚——

　方言を理解するためには，言語変異（language variation）という概念が重要になる。言語変異とは，「ある言語の発音・文法・語彙選択における違い。言語変異は地域に関連したり（dialect, regional variation 参照），社会階層および教育程度に関連したり（sociolect 参照），言語の使用状況がどの程度あらたまったものであるかに関連したり（style 参照）する。」（『ロングマン応用言語学用語辞典』南雲堂，1988年，395ページ）。

　方言の研究は，これまでは地域差を強調する「地理的方言」の研究が中心になってきたが，性差や階層差，年代差，更には使用場面による差異を強調する「社会的方言」についても研究が拡大されてきている。方言の指導にあたっても，言語変異の観点にたつことによって，方言を単なる地理的差異に限定して取り扱うのではなく，さまざまな社会的特質と深く結びついた言語表現の多様性として扱う視点が重要になる。

　例えば，「親族語彙」について次のような扱いをすることによって，言語の多様性への意識を喚起することができる。

　父・母，伯父・叔母，姉兄等を自分の家族ではどう呼んでいるか調べて発表する。この学習では，祖父母のいる家庭では世代差が見つかるかもしれないし，状況に応じて使い分けをしている事実に気づくこともあろう。テレビの時代劇を見て，昔はどう呼んでいたかを記録したり，他の地方での呼び方の違いを図書館で調べてみたりすることもできる。

　方言差は語彙のレベルにかぎらず，アクセントや文法のレベルでも生じているので，高学年ではこれらの差異についても同時に取り扱うことによって，より広範な話題での学習が可能になる。

　方言にかぎらず，言語というものはこのようにさまざまな社会的特質と深く

重なり合っているが，そのもう一つの典型が敬語である。

　b　敬語を学ぶ視点と方法──場面意識を中心に──

　敬語は尊敬語・謙譲語Ⅰ・謙譲語Ⅱ（丁重語）・丁寧語・美化語に類別され，高学年ではこれらの専門用語を提示して「敬語の種類」を学ぶ。

　そこで，こうした敬語のまとめが行われる前の段階で「敬語についての意識」を豊かにする学習が重要になる。その場合の要点は，話題や相手に対する意識などを含む「場面意識」の喚起である。

　言語はいかなる表現であっても一定の場面（コンテクスト）を前提にしているため，「言語表現意識」は基本的に「場面意識」に支えられているものである。中でも「敬語表現」はこの場面意識を顕在化させたものの代表である。このため「敬語表現をともなった例文」はより顕著に「場面意識」を喚起する。そこで，敬語の種類や規則の体系を学ぶ前に，「例文から場面意識を喚起する活動」が十分実感をともなったかたちで行われる必要がある。

　具体的には，例えば「今，母は外出しています。」や「こっちへこいよ。」といった例文をあげて，どんな場面で話しているかを考えたり話しあったりする活動が有効である。この活動は更に学習者どうしが組になってロールプレーを行うことで実感を伴った実践的アプローチになる。

　今日，人間関係がうまく構築できない児童が増えていることが話題になっている。言語がその社会的機能によって豊かな人間関係を構築し維持している様子を端的に理解するのに，敬語指導は欠かせないものである。ただその場合，若い世代の敬語意識の低下を嘆いたり，使用上の誤りをいちいち指摘したりすることは望ましい対応とは言えないであろう。敬語に限らず言語意識というものはその時代や世代によって共有され定着し変容していくものである。小学校段階の児童の日常の言語感覚に基づかないお仕着せの敬語指導は過剰な敬語表現の原因にもなりかねない。この点でも，児童の言語生活の実態を踏まえながら，特に児童の言語意識を児童どうしが確認しつつこれを共有する姿勢を育てていくことがこれからの国語教室には求められる。

〔塚田　泰彦〕

| 実践の研究

3　情報の扱い方

(1)　「情報の扱い方」とは

　平成29年版学習指導要領では，〔知識及び技能〕として「情報の扱い方に関する事項」が新たに設けられた。ここでいう「情報」とは，いわゆるICTなどの情報機器の活用やデジタル教科書の使用などを意味するわけではない。文章や会話など，さまざまな媒体の中に含まれる情報といった意味合いである。

　文章にしろ，会話にしろ，私たちは言葉を使って，自分の考えや思いを相手に伝えようとする。書き言葉による文章も話し言葉による会話も，こうした考えや思いを媒介するものであり，書き手と読み手，話し手と聞き手は，この言葉による媒介を通して，互いの考えや思いを交わし合っている。

　逆にいえば，文章の中には，書き手から読み手に伝えるためのさまざまな情報がさまざまな形で埋め込まれている。また，会話の中には，話し手が聞き手に伝えたい情報が埋め込まれている。読んだり聞いたりする行為は，文章や会話の中の情報を，どのように受容するかということである。

　その際に，文章を読む場合であれば，書いてある事柄の要点を書き出して，関係ありそうなことを線で結んだりしながら情報を整理していくと，漫然と読んでいたときには気がつかなかったことが見えてきたりする。あるいは，文章を書くときに，自分の考えを説明するためにどのような根拠や事例を使うとよいか慎重に検討することで，説得力のある文章を書くことができる。

　このように，文章や会話を通して効果的に情報をやりとりする際には，情報どうしの関係に着目したり，それらを整理したりしながら受容することが必要である。「情報の扱い方」で示されている内容は，話すこと・聞くこと，書くこと，読むことのいずれの領域の活動にあたっても，必要となる知識であり技能である。

(2)「情報の扱い方」の内容

「情報の扱い方」の事項は，ア「情報と情報との関係」とイ「情報の整理」の二つの内容から構成されている。

① 「情報と情報との関係」に関する事項について

文章や話に含まれる情報の関係を整理しながら理解したり，また，自分が伝えようとしている事柄について関係を明らかにしながら表現したりする際に，必要となってくる事項である。

> 第1学年及び第2学年
> 　共通，相違，事柄の順序など情報と情報との関係について理解すること。
> 第3学年及び第4学年
> 　考えとそれを支える理由や事例，全体と中心など情報と情報との関係について理解すること。
> 第5学年及び第6学年
> 　原因と結果など情報と情報との関係について理解すること。

第1学年及び第2学年では，現行の学習指導要領と同様に事柄の順序が示されるほか，共通と相違という情報の関係の理解が位置づけられている。文章を読みながら共通点と相違点を考えたり，事柄の順序に気をつけながら話を聞いたりするなど，これらの関係を捉えながら，理解したり表現したりすることが大切となる。

第3学年及び第4学年では，考えとそれを支える理由や事例が示されている。具体的な事例をあげたり理由を述べたりすることによって，自分の意見や主張などは相手に伝わりやすいものとなる。逆に，文章を読んだり話を聞いたりする際には，考えの部分とそれを支える理由や事例の部分に気をつけて読んだり聞いたりすることで，相手の主張を深く理解したり，逆に慎重に検討したりすることができる。

第5学年及び第6学年では，原因と結果の関係が示されている。文章を読む

際に，原因と結果の部分について注意深く読んで内容を捉えたり，また，文章を書く際に，原因と結果が明確に伝わるような構成を工夫したりするなど，理解したり表現したりする際の基本的な思考の枠組みとして重要である。

情報と情報との関係は，中学校になると，「意見と根拠」（第1学年）や「具体と抽象」（第2学年）などの内容へと発展していく。

②「情報の整理」の事項について

文章などの情報を，整理しながら理解したり表現したりするための方法や手段について示している。

> 第1学年及び第2学年
>   なし
> 第3学年及び第4学年
>   比較や分類の仕方，必要な語句などの書き留め方，引用の仕方や出典の示し方，辞書や事典の使い方を理解し使うこと。
> 第5学年及び第6学年
>   情報と情報との関係付けの仕方，図などによる語句と語句との関係の表し方を理解し使うこと。

第1学年及び第2学年には，この事項は位置づけられていない。

第3学年及び第4学年では，複数の情報を比較したり分類したりすることが示されている。また，必要な語句などの書き留め方では，例えば，メモの取り方などが考えられる。引用の仕方や出典の示し方は，調べたことや他者の意見を元に自分の考えを表現する際に，欠かすことのできない知識・技能である。引用元に立ち返って情報の真偽を確かめたり，著作権を尊重したりするなど，今日的にも大切な課題を含んでいる。

第5学年及び第6学年では，情報の関係付けの仕方と，その関係の表し方について示されている。例えば，文章中からキーワードを抜き出し，Aの話題に関すること，Bの話題に関することなど，情報どうしを複数の要素から抜き出して，分類整理をしたり組み合わせを検討したりすることが考えられる。その

際，マッピングやチャート図などのように，語句どうしを線で結んだりまとめたりして視覚的に情報を整理しながら，考えを広げたり深めたりしていくことが大切となってくる。

中学校になると，「情報と情報との関係の様々な表し方」（第2学年），「情報の信頼性の確かめ方」（第3学年）などに内容が広がっていく。

(3)「情報の扱い方に関する事項」の扱いについて

実際の授業を考えた際に，次の二つのことがポイントになるだろう。

まず，第一に，「情報と情報との関係」の事項も「情報の整理」の事項も，〔思考力，判断力，表現力等〕の「話すこと・聞くこと」「書くこと」「読むこと」の指導事項と組み合わせて扱うことが基本である。

例えば，共通と相違という関係を理解しながら，二つの文章を読み比べて，どこが共通でどこが異なるかを具体的に考えてみる。あるいは，考えとそれを支える理由や事例という関係に気をつけながら意見文を書き，理由がうまく説明できているか，用いた事例が妥当であるかなどを検討してみる。

情報と情報の関係のみを単独で教えて練習させるということではなく，実際に読んだり書いたりする際に，その情報の関係を活用させながら理解を深めていくことが大切である。

第二は，情報と情報との関係の捉え方に関する学びが，学年が上がるごとに蓄積されていくように工夫する必要があるということである。

例えば，6年生になれば，ある一つの文章を読む際に，共通点や相違点に着目して読むか，考えとそれを支える理由や事例に着目して読むか，それとも原因と結果に着目して読むかなど，文章の中の情報をさまざまな関係から読み解いていくことができるよう，着実に指導を積み重ねていくことが求められる。情報の扱い方に関する知識や技能が身につくことによって，学習の目的や課題に応じて，どの情報の関係性に着目して読めばいいのか，どのように整理しながら読めばいいのかなど，子どもたちが主体的に選択していくことができるようになるからである。

〔中村 和弘〕

| 実践の研究

4 我が国の言語文化
——学習内容と学習活動の系統化をはかるために——

(1) 「伝統的な言語文化」の意味

a 学習指導要領での位置付けと定義

　小学校及び中学校の学習指導要領では，新しい時代に必要となる「資質・能力」の育成を目ざして編成されている。そうした中で現行の学習指導要領の〔伝統的な言語文化と国語の特質に関する事項〕は，生きて働く「知識・技能」の習得におおよそ位置づけられている。今回の改訂で「伝統的な言語文化」は，3区分されている〔知識及び技能〕((1)言葉の特徴や使い方に関する事項，(2)情報の扱い方に関する事項，(3)我が国の言語文化に関する事項）の(3)の中に位置づけられ，更にこの事項は伝統的な言語文化，言葉の由来や変化，書写，読書の4要素からなる。このうち「伝統的な言語文化」の学習対象として，各校種学年では以下のような内容が示されている。

- ［小学校第1～2学年］：ア 昔話や神話・伝承，イ 言葉遊び
- ［小学校第3～4学年］：ア 文語調の短歌や俳句，イ ことわざや慣用句，故事成語など
- ［小学校第5～6学年］：ア 古文や漢文，近代以降の文語調の文章，イ 古典について解説した文章
- ［中学校全学年］：古典（古文・漢文）

　また，学習指導要領解説では「我が国の言語文化」を以下のように定義している。

> 我が国の言語文化とは，我が国の歴史の中で創造され，継承されてきた文化的に価値をもつ言語そのもの，つまり文化としての言語，また，それらを実際の生活で使用することによって形成されてきた文化的な言語生活，さらには，古代から現代までの各時代にわたって，表現し，受容されてきた多様な言語芸術や芸能などを幅広く指している。（『小学校学習指導要領

解説 国語編』pp.24)

この定義は「我が国の言語文化」の(1)にあたる「伝統的な言語文化」の学習対象を広く指示していると言えるであろう。すなわち、古代から現代にかけて創造・継承されてきた主として文語調のテキストにとどまらず、日常生活で使用する言語現象をも含み込むこととなる。これは近代以前の作品に限定されがちな従来の古典教材の枠組みを見直すうえでは、重要な契機となろう。

b 意味範囲の有効性

ここで問題なのは、学習指導要領では「伝統的な言語文化」が「読むこと」の領域ではなく、教科全体で取り扱う事項に位置づけられていることである。このような位置づけの下で当該事項の指導を構想するならば、学習材の対象を文語文に限定するだけでは対応しきれない局面が生じるのではないか。なぜなら、教科全体で取り扱うとされる事項に位置づけられたということは、「伝統的な言語文化」を「話すこと・聞くこと」や「書くこと」の学習でも取り上げることになるからである。これらの領域で「伝統的な言語文化」を扱う際に、その活動内容が文語文に親しんだり文語文を理解したりする活動に終始するとすれば、「読むこと」の活動となんら変わらないのである。

このような問題を視野に入れたとき、「伝統的な言語文化」の指導に際しては、文語文のみならず、そこに表象され、現代の言語生活に深く影響を与えている我が国の伝統的な生活様式、美意識、感受性、認識の方法等をも、学習対象とみなす視点が求められることになる。前掲の「我が国の言語文化」の定義には「文化的な言語生活」そのものが構成要素の一つとして明記されている事実は、こうした認識をもつことの必要性を示唆しているのである。

(2) 指導の内実と学習の系統性

a 学習活動の系統性

「伝統的な言語文化」で取り扱うとされる事項として、言語生活の基盤をなす日本文化を、どのような内容と系統性とでもって扱うのが適切かつ実効性を発揮しうるのか。

| 実践の研究

　前掲の各学年における指導内容については，学習指導要領解説では以下のように具体的な学習活動が示されている。

　　各学年のアは，音読するなどして言葉の響きやリズムに親しむことを系統的に示している。イは，第１学年及び第２学年では言葉そのものを楽しむことを，第３学年及び第４学年ではことわざや慣用句，故事成語などの長い間使われてきた言葉を知り，使うことを，第５学年及び第６学年では作品に表れている昔の人のものの見方や感じ方を知ることを示している。
　（『小学校学習指導要領解説 国語編』pp.24，下線は引用者）

　また資質・能力の三つの柱のうち，事項の内容を統括する〔知識及び技能〕と３領域を統括する〔思考力，判断力，表現力等〕との関係は「相互に関連し合い，一体となって働くことが重要」であり，「順序性をもって育成したりすることを示すものではない」とあることからすれば，従来どおり全ての言語活動領域で計画的な学習指導を行うように定めていると理解できるだろう。

　つまり，これまで中学校・高等学校で行われてきた古典教育のような知識偏重の学習が目ざされていないことは明らかである。前掲の解説に下線を付した学習活動の展開も「話すこと・聞くこと」を中心とした学習活動から「書くこと」「読むこと」を中心に据えた学習活動へ展開していると読み取ることができるだろう。しかも「伝統的な言語文化」に直接関わる教材から，これまでの古典学習の範囲では扱われてこなかった内容へと発展的に学習が深化するような系統化が内在しているのではあるまいか。つまり，受動的な活動から能動的な活動へ，また具体的な思考活動から抽象的な思考活動へ，さらには平面的な学習活動から立体的な学習活動に展開していると理解できる。

　b　学習内容の系統性

　一方，学習内容の系統性については，特に低・中学年で示されているア系列の内容（昔話や神話・伝承など，文語調の短歌や俳句）が文学史のジャンルに基づく概念によって学年に割りあてられている。これは「各学年において継続して指導し，古典に親しめるよう配慮する」（同解説）と述べられており，学習活動の継続性は保持されながらも，内容面や教材化における継続性・系統性に

ついては実際の学習活動で工夫が求められるであろう。

　また低学年の「昔話や神話・伝承など」と高学年の「親しみやすい古文や漢文」との関係がなお明瞭ではない。これは前者が文学史のジャンルによるのに対して後者が教材の難易度によっていることが要因としてあげられる。しかしながら、留意すべきなのは後者の内容が中学校１年の学習内容として定められている「ア　音読に必要な文語のきまりや訓読の仕方を知り、古文や漢文を音読し、古典特有のリズムを通して、古典の世界に親しむこと」と緊密な関係を有している点である。低学年の教材である「昔話や神話・伝承」は「読み聞かせを聞く」とあることから、古文の原文をさまざまな形式に翻案した教材による学習活動と位置づけられる。かたや高学年での「親しみやすい古文や漢文」では「音読するなどして、言葉の響きやリズムに親しむ」とあることから古文や漢文の原文（訓読文を含む）を手掛かりとしながら大まかに内容を理解することに重きがあり、児童・生徒の音読などの学習活動が目指されている。いずれも主に「話すこと・聞くこと」を念頭に置いた学習活動と言える。なお、高学年のイに見られる「古典について解説した文章を読」む活動を通して教材への理解を深めることにつながる。

　その反面、学習材が各学年に割り振られていることから、テーマ性のある単元学習を構想しにくくなるのが現実であろう。先に指摘したように、「伝統的な言語文化」では伝統的な生活様式、美意識、感受性、認識の仕方等の学習が目ざされなくてはならない。こうした多岐にわたる内容は文学史のジャンルを超えて存在していることは言うをまたない。

　各学年で扱うべき内容が具体的な文学ジャンルなどで示されたことによって明瞭である反面、学習内容の系統化の観点からすれば、教室でのより柔軟な対応が求められている。

(3)　教材開発の検討と課題

a　教材の内実

　「伝統的な言語文化」に関わる教材の位置づけについては、今回の改訂にお

| 実践の研究

いて「(3)我が国の言語文化に関する事項」によって括られた4つの要素（伝統的な言語文化，言葉の由来や変化，書写，読書）を組み合わせることによって，より多様な学習活動が実現することとなる。学習指導要領改訂に先立って示された中央教育審議会答申（平成28年12月）における国語科の具体的な改善事項では，「我が国の言語文化」について，次のように示されている。

> 引き続き，我が国の言語文化に親しみ，愛情を持って享受し，その担い手として言語文化を継承・発展させる態度を小・中・高等学校を通じて育成するため，伝統文化に関する学習を重視することが必要である

つまり，「親しみ，愛情を持って享受し」て「継承・発展させる態度」の育成が引き続き重要視されていると理解できる。しかも学習内容については小・中・高等学校を通じて以下のような4つ観点で示されている。

①古典に親しんだり，古典の表現を味わったりする観点
②古典についての理解を深める観点
③古典を自分の生活や生き方に生かす観点
④文字文化（書写を含む）についての理解を深める観点

これらの内容が，先掲のように各学年において文学史ジャンルによって示されているがために教材化すべき作品等についての議論が十分ではない。しかも従来の教科書教材には各社での共通教材が多く，学習指導要領に対応した教科書での教材化の工夫が求められている。

教材の内実についての指摘は，既に渡邊春美が明らかにしており[1]，さまざまな形態の古典作品群を単元主題にも配慮して柔軟に教材化する必要がある。

b 教材開発観点としての日本的美意識

そうした教材化の観点の一つに「日本的な美意識」をあげることができよう。冒頭に示した学習指導要領解説に従うならば，「文化としての言語，また，それらを実際の生活で使用することによって形成されてきた文化的な言語生活」が達成しようとしているのは，単にさまざまな形態の古典作品に触れるのみな

---

1) 渡邊春美「「伝統的な言語文化」の教育の課題―創造的価値発見の教育を求めて―」（『新学習指導要領国語科の長所・短所』教育科学／国語教育，6月号臨時増刊号 No.694，明治図書，2008）参照。

らず，それらに埋め込まれている言語文化の内実を見きわめて認識を深めていくことを求めているのである。

その具体的事例として「雪月花」があるのではないか。川端康成がノーベル文学賞の受賞記念講演「美しい日本の私」でも触れているように，日本の文化・文学・芸術は，この風土に古くから備わっていた「四季」という彩りを，我々が享受してきたことが大きいと言える。しかも今なお現代に至るまで生活様式や思考手段などのあらゆる面で継承されている。これは顕在化している部分のみならず，潜在化している部分をも含み持つ内容である。川端が示した美的要素は，その後，松岡正剛（『花鳥風月の科学』中公文庫 2004）によって総括的な考察がおこなわれ，日本文化論の一つとして重要視されている。また渡辺秀夫が『詩歌の森―日本語のイメージ』（大修館書店 1995）の中で自然や四季と結びつくモノ（自然物，天象物，動植物等）が日本文化の特質を示す要素として重要な働きをしていると捉え，それらが有機的に交渉しつつ，さまざまな文芸活動に表象していることをあきらかにしている。加えて文化的表象として教材となるのは和菓子も有効だろう。藪光生『和菓子』（角川ソフィア文庫 2015）や『NHK 美の壺 和菓子』（日本放送出版協会 2007）等は豊富な画像と解説があり，季節と和菓子とを考える種となる。また工藤力男『季語の博物誌』（和泉書院 2017）も季節と言葉との関係を考えるよい素材である。

このような成果を教材化では積極的に取り込みながら，「日本の四季」「自然と生活」「出逢いと恋」「生と死」などの単元主題を設定して勅撰和歌集の季節歌や『枕草子』の「春はあけぼの」などによる単元「日本の四季」を構成したり，『平家物語』「祇園精舎」・『方丈記』「行く河の流れは」などで単元「生と死」を構成したりすることができよう。更には自然災害を単元にすることも可能である。ここでは一例を示したに過ぎないが，これらの教材全てが原文として教材化される必要はなく，口語訳や原文と解説された文章を組み合わせた形

---

2) 川端康成著，エドワード・G・サイデンステッカー英訳『美しい日本の私―その序説』（講談社現代新書，1969）参照。
3) 作家などの日本文化などについての啓蒙的文章をあわせて単元化することが目的達成には有効な手段である（林望『古典文学に読む，日本のこころ』NHK出版，2007など）。

| 実践の研究

態でも教材として活用すべきである。高学年に示されている「古典について解説した文章」の扱いを，より柔軟に活用することが有効である。

c 教材開発の課題

教材化を進めるうえで見逃してならないのは，諸氏が指摘するように低学年の学習活動として「話すこと・聞くこと」の活動を重視した内容が設定されている点である[4]。その意味で，古典の原文（漢文の書き下し文を含む）がもつ五音七音等のリズム感を体験させる活動として音読・暗唱は有効である。それゆえに教材が原文偏重となるのではなくさまざまな翻案等の活用も有効であろう。音読・暗唱，更には読み聞かせなどの学習活動では，声によって教材を享受する活動が大切である。更に新たに設けられた「長く親しまれている言葉遊び」を活用することによって，学習活動はより多様性をもつことになる。これは原文教材への理解を推進するのではなく，児童・生徒の実体に即した学習活動が目ざされることとなる。

「伝統的な言語文化」の学習では，教材に込められている主張や教材化のあり方を重視しなければならない。ともすると，高学年では教材内容の理解を優先するあまり教材の主張等に十分迫れず，単に「古典を学習した」ことになってしまうおそれがある。これでは鳴島甫が述べるように[5]，古典嫌いに一層拍車をかけることになってしまうであろう。初等教育の段階では「我が国の言語文化」とさまざまな形で出会い，友となることが求められるではないか。

(4) 目ざされるべき「伝統的な言語文化」を支える授業

a 文学ジャンルという垣根の撤廃

〔知識及び技能〕として位置づけられ，「我が国の言語文化」に包摂されている「伝統的な言語文化」については，平成20年の学習指導要領での内容を継承しながら，小学校段階において古典世界との出会いの機会を明確に示した点に

---

4) 市毛勝雄，小田迪夫らが音読・暗唱の重要性を強く主張し，実践報告でも小学校段階では古文・漢文を問わず音読・暗唱の重要性が強調されている。
5) 鳴島甫「古典教育再考―七割もの生徒に嫌われている古典教育からの脱却―」（「日本語学」26巻2号，2007）

おいて大きな意義がある。それゆえ，出会いによる発見や楽しさ，更には古典の世界の豊かさと広がりとが求められているはずである。

　だが，学習指導要領に示された内容が十分に教材として活用できるかは，なお多くの課題を残しているように思う。学習指導要領が目ざしている「伝統的な言語文化」の内実は，これまでの教科書が示してきたような説明的文章，文学的文章などのジャンル別の文章を手がかりにした教育内容以上に豊かな学習内容を含み込んでいる。小学校での教育課程を引き継ぐ中学校での「伝統的な言語文化」の学習も，評論，小説，古典（古文・漢文）といったジャンルを超えて構想されるべきことを求めているのである。つまり，文体や内容に基づく教科書の単元構成の範疇で学習活動が実現するのではなく，さまざまな文章や絵画資料などを複合して単元や教材が構成されることが肝要である。

b　昔と今を繋ぐ「伝統的な言語文化」

　教室で行われる学習活動に生かされるべき教材に対する工夫が教師には求められ，また期待されている。その際には中央教育審議会答申の「具体的な改善事項」において引き続き強調されている「地域の言語文化に関する学習の充実」がすぐさま想起される。また，網野善彦・大西廣・佐竹昭廣が編集した『いまは昔　むかしは今』（全五巻，福音館書店）は，多くの民話や昔話，更には世界各地の伝承や現在のできごととの関係などを主題毎に整理しており有効活用できる資料である。これは読み聞かせのみならず，子ども達の調べ学習にも活用できる。

　古典は遠い昔の存在ではなく，今に連続していることを伝えて活き続けていることを証するのが「伝統的な言語文化」の指導で目ざされるべきなのである。

〔西　一夫〕

| 実践の研究

5　書写
──硬筆・毛筆をどう指導するか──

(1)　国語科書写指導

a　国語科書写指導とは

　書写とは，元来，書き写すという意味であるが，国語科の書写という領域において，文字を正しく整えて，読みやすく，（速く）書くことを目的として行う領域を指す語として用いられている。したがって，国語科の書写指導とは，発達に応じた文字の書き方の秩序についての指導であり，そのねらいは，言語記号としての文字の定着や活用を考え，伝達性を高めるための基礎的・基本的な事項を的確に押さえることである。

　また，今回の改訂において，書写は国語科全体の枠組みの中で〔知識及び技能〕の領域に位置づけられ，その具体的な内容については，(3)に「我が国の言語文化に関する事項」の中に書写に関する事項の小と中とを合わせた包括的な書写の内容が示された。〔知識及び技能〕の話し言葉と書き言葉の事項や漢字の事項の指導と密接に関連し，さらに文字から語句，文や文章となって活用されていくことを考慮すれば，「B　書くこと」の領域とも密接なつながりがあることを理解していくことが大切である。※（　　　）内は中学校に加わる。

b　書写と書道

　学校教育における小・中学校の国語科の文字の書き方の学習が「書写」であり，高等学校では芸術科の4科の科目の一つとして「書道」という科目が設けられている。

　社会教育においては，児童・生徒が通う文字のお稽古の場所を習字塾とか書道塾といい，そこでの学習を「習字」という。また，高校生が芸術選択で書道の時間に学習したり，社会人が書道塾で習ったりする活動やその作品を，「書道」とかまた我が国の伝統的な文化の呼称として「書」と呼んでいる。

　したがって小学校の国語科として指導される領域名は「書写」であり，社会

5 書写

教育等での習字や一般社会での書道とは全く目的を異にするものであり，育成すべき資質や能力も違うものであることをよく理解しておくことが重要である。

c 書写の指導内容

書写の学習要素（内容）として，一般的に次に示す十項目がある。

1．姿勢・執筆　2．用具・用材とその扱い方　3．筆使い　4．筆順
5．字形　6．書く速さ　7．文字の大きさ　8．配置・配列
9．書式（書写の形式）　10．良否・適否の弁別

以上十項目の指導には，児童の発達段階及び日常生活における必要性，国語科の他の領域との関連性や適時性等に配慮し，各学年の指導事項として段階的，系統的に示すよう工夫することが大切である。

d 書写の改訂（平成29年版学習指導要領）と書写指導の要点

平成29年版学習指導要領では，「第3　指導計画の作成と内容の取扱い」に示された事項をよく理解し，それに沿った実践を行うことが求められている。

特にその中の(1)カ(エ)に「第1学年及び第2学年の(3)のウの(イ)の指導については，適切に運筆する能力の向上につながるよう，指導を工夫すること。」と示され，低学年における従来の硬筆中心の学習に加え水書用筆等を使用した運筆指導を取り入れるなど新しい学習用具の具体的実践も求められている。

e 文字の指導と漢字の字体

書写における文字の指導は，平仮名，片仮名，漢字，ローマ字等を扱う。また，日常の日本語の表記としてそれらが混じった，漢字仮名交じり文についてもその調和された書き方について指導を行うが，それぞれの字形はもとより仮名の濁音や半濁音のてんやまるの位置をはじめとして，句読点，カギ，その他の記号や符号等の記入例の学習も書写の指導事項である。

また，特に漢字の指導においては，国語の学習指導要領の学年別漢字配当表に示された字体（教科書体活字）を特定な字形としてとらえるのではなく，指導の際の標準としてとらえ，「常用漢字表」に示されている書写の際の許容事項についても理解，熟知しておくことが大切である。

(2) 硬筆と毛筆による書写の指導

a 硬筆による書写指導

1) 姿勢・執筆と用具の扱い方

硬筆の指導において、姿勢と執筆（用具の持ち方・構え方）の指導は特に大切である。この善し悪しが直接文字の形や整え方に影響するので、入門期から高学年に至るまで、継続的な指導が求められる。

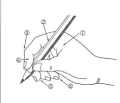

図1　鉛筆の持ち方

用具について、特に低学年の学習の際には、鉛筆は2B、3B程度の柔らかいものが適当である。

2) 筆順指導

文字は点画や線で構成されている。それらを使って文字を書き残す際の順序が筆順である。一つ一つの字形を書き上げるのに書きやすく、整えやすい、また、その字を覚えやすいという合理的な筆運びの順序としてできたものである。現在の筆順指導の基準と根拠は、『筆順指導の手引き』（昭和33年　文部省）を中心として、伝統的に通用している常識的なものを加えて考えられている。

指導にあたっては、合理的な体系の理解を根底に押さえながら、文字の部分の共通構造からの同一筆順例（馬―進―長―確など「ふるとり」的な部分が同じ）や、近似的構造にもかかわらず筆順が違う例（土―王、右―左など）、さらに個々の筆順（飛、発、卵など一般的にまちがいやすい筆順といわれているもの）まで、6年

図2　筆順の原則

間を見通した指導が求められる。また，わずかではあるが文字によって，二通り，三通りの筆順があるものがあるので指導にあたっては留意しておきたい。

b 毛筆による書写指導

1) 姿勢・執筆

毛筆による執筆（持ち方，構え方）は下の写真に示したが，姿勢については，ほぼ硬筆と同様である。ただし，入門期において，児童の身体の大きさと机の高さとの関係には，特に留意する必要がある。

写真1のような腕の構え方を懸腕法といい，写真2を一本がけ（単鉤法），写真3を二本がけ（双鉤法）という。筆の軸の太さにもよるが，入門期においては後者の二本がけが一般的である。筆の軸が人差し指の第二関節かやや後ろにかかるようにし，決して親指と人差し指のつけねで持つことのないように指導するこ

写真1　懸腕法

写真2　単鉤法

写真3　双鉤法

写真4　提腕法

写真5　枕腕法

とが大切である。さらに，小筆を使用する場合，写真4を提腕法，写真5を枕腕法という。なお，筆の各部分の名称は図3の通りである。

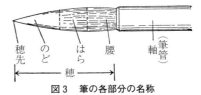

図3　筆の各部分の名称

2) 用具・用材とその扱い方

①筆

小学校の毛筆書写用の筆としては，中鋒（軸の直径1に対して穂の長さが

| 実践の研究

3.5～4倍前後）で，比較的弾力のあるものがよい。

　後始末については，大きな筆は下ろしたところまで洗い，小筆は穂先(ほさき)だけ洗う。その後，反故紙か何かでふき取っておくようにしたい。特に大きな筆はよく水をふき取り，次回に使用しやすい状態にしておくことが大切である。

②墨，墨液

　墨（固形墨）を磨(す)ることを磨墨(まぼく)という。小学校の場合1単位時間内での磨墨は難しい状況だが，時に応じて磨墨をすることも大切である。

図4　硯
（やじるし↑↓のようにする）

　また，墨液については，蓋をしっかり占めるなどの管理の仕方，授業の際に硯にあける量などさまざまな角度からの指導も大切である。

③硯

　人工石やプラスチック製のものもあるが，墨を磨ることを考えると自然石のものがよい。使用後はよく水で洗っておくようにする。

④紙とその扱い方

　半紙は，パルプ紙や手すき，日本製や中国製などさまざまなものがあるが，指導者としてどのような紙がにじみ，どのような紙がにじまないのかを把握しておき，書写の場合はあまりにじまない用紙を選定することも大切である。

　c　書写指導における技能

　1）毛筆の基本となる点画

図5　基本となる点画とその呼称

　毛筆の漢字における用筆法（始筆(しひつ)・送筆(そうひつ)・終筆(しゅうひつ)）も含んだ，いわば筆使いの見本としての点画を「基本となる点画」という。これらの「基本となる点画」を毛筆で正確に表現できることが，漢字における点画の内容や意味を理解することにつながり，硬筆において

も点画の書き方を真に理解することになるのである。

　また，それぞれの点画の名称については，中・高学年では点画名を言えるように指導し，児童どうしの話し合いや発表の際にはそれらを言いながら説明できるようにすることも重要なことである。

2）　字形指導（硬筆の場合）

　書写指導の中心となるものの一つに字形指導があり，その字形を構成する要素としては，①線の長短と方向，②点画の間のとり方，③接筆，④交わり方，⑤扁と旁など部分と部分の組み立て方，⑥文字の中心，⑦概形（外形）などがあげられる。それぞれ字形を正しく整えて書くには大切な要点であるが，ここで３例をあげるので，その指導の参考にされたい。（図６）

図６　字形を構成する要素

3）　文字の大きさ・配列と字配り

　小学校書写の中学年から始まる二文字以上の文字の整え方の学習要素で，具体的には文字の大きさ（大小），行の中心，字間，行間，字配り（毛筆），紙面の中の調和，漢字と仮名の調和，書式（縦書き，横書き，その他封筒などの一般書式）などがある。

(3)　一般的指導過程

- **試し書き（試書）**　主に導入時に行う学習目標を把握する一つの方法である。
- **批正**　学習目標の確認である。一人で行うのを自己批正，二人の場合は相互批正，クラス全体の場合は全体批正という。

| 実践の研究

```
1. 目標を把握する ┌ (1) 目標を示す
                │ (2) 目標から教
                │     材を見る
                │ (3) 試し書きを
                │     する
2. 1次練習をする └ (4) 基準を知る
3. 自己批正をする
4. 2次練習をする
5. 相互批正をする
6. 清書をする（まとめ書き）
7. まとめをする
8. 清書の提出（提出させながら口頭
   による評価）
9. 後片づけ
```

●**手本**　一般に教科書が中心となるが，教材を拡大して半紙大にするなど児童に理解しやすくする方法も効果的である。

●**練習用紙**　課題を達成するために練習用紙を教師が用意して，児童が選択する方法があるが，毛筆の場合予め手本を半紙大に拡大して配付しておき児童に自分で練習用紙を作成させる方法も行われている。

●**清書**　清書というと氏名を入れて作品を仕上げるということにもなるので，当該時間のまとめということでまとめ書きともいう。書道塾での学習と区別するうえでも「まとめ書き」と呼ぶようにしたい。その際，小筆で氏名を書くことを省き鉛筆等で記入し時間を短縮する方法もある。

(4) 書写の授業における指導上の留意点と指導技術

a　空書

学習する文字を空で手を使って書く方法で，筆順を確認したり，書くリズムを理解する方法などに効果的である。教師が児童に対面しているかいないかで右手を使うか左手を使うかを変えたり，硬筆の場合は人差し指で毛筆の場合は手のひらを使うような工夫もある。

b　示範

教師が用具を使用して文字を一つの見本として書く場合を示範という。水書板へ比較的大きな筆に水をつけて書いたり，黒板にチョークを横に使って太く書いたり（図7），籠字で示す方法などがある。

c　添削指導

添削に当たっては，「○」のつけ方，注

図　7

意の仕方に十分配慮することが大切である。標語をつけて具体的に示し，児童が次の学習に生かせるような方法で行うようにしたい。

####　d　硬筆と毛筆の関連学習

　学習指導要領の内容の取扱いにおいて「毛筆を使用する書写の指導は硬筆による書写の能力の基礎を養うよう指導すること」と示されているように，常に硬筆と毛筆の関連を重視し，毛筆の学習が硬筆に生かされるようにしなければならない。

(5)　評価

　書写指導における評価は，硬筆，毛筆に限らず，技能中心の全体の印象的評価にならないようにしなければならない。常に当該時間の学習目標と評価の観点とを照らし合わせながら，児童の発達段階等に応じ，個に即して行い，結果として次の学習につながるように十分配慮する必要がある。

　また，評価をより客観的に行うために書写カードや学習カードを活用し，学習のねらいや共通課題を記入したり，個別の課題や自己及び相互評価などを記入したりして，書写における課題解決的な学習の実践にも努めなければならない。

(6)　書写指導の今後の課題

　教師の毛筆に対する苦手意識や毛筆嫌いからの書写学習そのものの回避や，反対に毛筆が得意なあまりに書道的な学習に陥っているなど，書写指導をめぐる課題は多い。書写は言語の学習であるという視点に立って，真に国語力育成に機能するような指導になるよう，新しい実践が求められる。

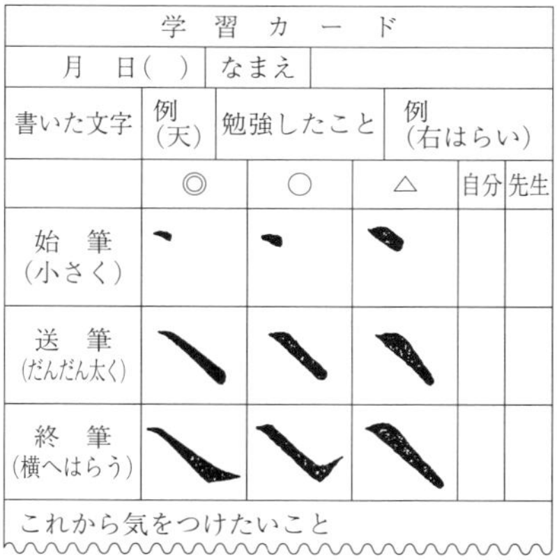

図8　書写の学習カードの例（3年毛筆）

［長野　秀章］

| 実践の研究

6　国語科における思考力・判断力・表現力

(1)　国語科における思考力・判断力・表現力

　平成29年版の学習指導要領では，国語科の内容は，〔知識及び技能〕と〔思考力，判断力，表現力等〕から構成されている。
　〔思考力，判断力，表現力等〕の内容は，次のとおりである。

```
A「話すこと・聞くこと」　(1)指導事項　(2)言語活動例
B「書くこと」　　　　　　(1)指導事項　(2)言語活動例
C「読むこと」　　　　　　(1)指導事項　(2)言語活動例
```

　領域は「話すこと・聞くこと」「書くこと」「読むこと」の三つに区分され，それぞれに指導事項と言語活動例が示されている。この構造は，平成20年版の学習指導要領が踏襲されており，言語活動を通して指導事項を扱うという点も同じである。
　一方で，平成20年版と29年版の違いは，一つには，「話すこと・聞くこと」「書くこと」「読むこと」は，国語科における〔思考力，判断力，表現力等〕の内容として位置づけられており，その観点から指導事項が見直されているということである。もう一つは，そのこととも関わるが，領域ごとの指導事項が，学習過程を重視して編成されているということである。まず，後者のほうから詳しく見ていくこととする。

(2)　学習過程を重視した内容

　平成29年版の学習指導要領では，領域ごとに学習過程を整理し，その過程ではたらく資質・能力を明らかにしたうえで，指導事項が位置づけられている。
　例えば，書くことであれば，まず，文章を書き上げていく過程を「題材の設定」「情報の収集」「内容の検討」「構成の検討」「考えの形成」「記述」「推敲」

「共有」と整理し，次に，それらを5つのグループにまとめ，それぞれにア～オの指導事項を位置づけている。例えば，低学年の場合は，次のようである。

　　題材の設定，情報の収集，内容の検討……ア
　　構成の検討……イ
　　考えの形成，記述……ウ
　　推敲……エ
　　共有……オ

　また，読むことであれば，その過程を「構造と内容の把握」「精査・解釈」「考えの形成」「共有」として整理している。さらに，文学的文章を読む場合と説明的文章を読む場合とでははたらく資質・能力が異なることから，「構造と内容の把握」と「精査・解釈」の過程では，それぞれに指導事項を配置している。その結果，過程と指導事項の対応は次のようになっている。

　　構造と内容の把握（説明的文章）……ア
　　構造と内容の把握（文学的文章）……イ
　　精査・解釈（説明的文章）……ウ
　　精査・解釈（文学的文章）……エ
　　考えの形成……オ
　　共有……カ

　このように，〔思考力，判断力，表現力等〕の指導事項は，領域ごとの学習過程に沿ったかたちで位置づけられていることを確認したい。

(3) 各領域における学習過程

　次に，それぞれの領域で過程がどのように整理され，過程ごとにどのような思考力・判断力・表現力等の育成がめざされているのかを見てみよう。
① 「話すこと・聞くこと」
　○話題の設定，情報の収集，内容の検討
　　日常生活の中から話題を決め，集めた材料から必要な事柄を選んだり，その内容を検討したりすること。

| 実践の研究

　　○構成の検討，考えの形成（話すこと）
　　　話の内容が明確になるように，構成を考えることを通して，自分の考えを形成すること。
　　○表現，共有（話すこと）
　　　適切に内容を伝えるために，音声表現を工夫したり，資料を活用したりすること。
　　○構造と内容の把握，精査・解釈，考えの形成，共有（聞くこと）
　　　話し手が伝えたいことと自分が聞く必要のあることの両面を意識しながら聞き，感想や考えを形成すること。
　　○話合いの進め方の検討，考えの形成，共有（話し合うこと）
　　　進行を意識して話し合い，互いの意見や考えなどを関わらせながら，考えをまとめたり広げたりすること。
②書くこと
　　○題材の設定，情報の収集，内容の検討
　　　書くことを見つけたり，相手や目的，意図に応じて書くことを選んだりするとともに，必要な材料を整理し，伝えたいことを明確にすること。
　　○構成の検討
　　　自分の思いや考えが明確になるように文章の構成を考えること。
　　○考えの形成，記述
　　　自分の考えを明確にし，書き表し方を工夫すること。
　　○推敲
　　　記述した文章を読み返し，構成や書き表し方などに着目して文や文章を整えること。
　　○共有
　　　文章に対する感想や意見を伝え合い，自分の文章の内容や表現のよいところを見つけること。
③読むこと
　　○構造と内容の把握

叙述に基づいて，文章がどのような構造になっているか，どのような内容が書かれているかを把握すること。

○精査・解釈

構成や叙述などに基づいて，文章の内容や形式について，精査・解釈すること。

○考えの形成

文章を読んで理解したことなどに基づいて，自分の考えを形成すること。

○共有

文章を読んで感じたことや考えたことを共有し，自分の考えを広げること。

(4) 学習指導に際して

先にも述べたが，平成29年版学習指導要領では，「話すこと・聞くこと」「書くこと」「読むこと」は，〔思考力，表現力，判断力等〕の内容として位置づけられている。

そのため，指導事項の文言も，例えば，以下のように思考力や判断力の育成という視点から記述されているので留意したい。（「書くこと」中学年の指導事項。矢印の左が平成20年版，右が平成29年版の記述）

> ・「書く上で必要な事柄を調べること」→「集めた材料を比較したり分類したりして，伝えたいことを明確にすること」
> ・「段落相互の関係などに注意して文章を構成すること」→「段落をつくったり，段落相互の関係などに注意したりして，文章の構成を考えること」
> ・「目的や必要に応じて理由や事例を挙げて書くこと」→「理由や事例との関係を明確にして，書き表し方を工夫すること」

下線を引いたように，例えば，「文章を構成すること」を指導するだけではなく，文章の構成をさまざまに考えることができるように，指導を工夫することが求められているのである。

［中村 和弘］

| 実践の研究

7　話すこと・聞くこと
―― 対人コミュニケーションの充実 ――

(1)　「話すこと・聞くこと」指導の本質

a　音声言語活動の特性

　「話すこと・聞くこと」の特性として一般に指摘されているのは，即時的で一過性であること，場の状況や文脈に依存し，人間関係に影響されることなどである。これらのうち，対人コミュニケーションとして特に重要な特性はなんであろうか。この問いについて，倉澤（1989）は次のように指摘する。

> 　わたしとあなたが話しあっているとき，わたしが存在しあなたが存在するというのではない。存在するのは「わたしとあなたの関係」である。つまり，世の中に存在するのは，個々の人間，個々の事物ではなく，人と人との関係，人と事物との関係である。（倉澤栄吉「国語科対話の指導」『倉澤栄吉国語教育全集⑩』pp.438，角川書店，1989年，初出1970年）

　例えばAがBに対して「今何時ですか？」と尋ね，Bが「すみません，寝坊しました。」と答えたとしよう。そこに存在するのは遅刻者と管理者という二人の関係である。この関係があるから，時刻を問う疑問文で遅刻をたしなめるという意味も存在するのである。

b　「話すこと・聞くこと」指導の基本認識

　「書くこと」や「読むこと」の指導は，学習者が文章を通して内なる自己と向き合う営みを重視する。これに対して「話すこと・聞くこと」の指導は，対人コミュニケーションを充実させることが，きわめて大切な営みとなる。学習者は，さまざまな音声言語活動を通して他者と関わり，異なる立場に視座転換[1]をしながら関係を形成し，自己の知識を広げたり思索を深めたりする。こうした営みに，前述した音声言語活動の特性を重ね合わせると，教師は以下の認識をもって「話すこと・聞くこと」の指導にあたる必要がある。

---

1)　岡田敬司『コミュニケーションと人間形成』（ミネルヴァ書房　1998年）

第一は,「話すこと・聞くこと」の指導には,主体間の関係が明確となるような目的と場が求められるという認識である。前述の例で示したように,私たちが日常生活で経験する対人コミュニケーションには,相手に何かを頼んだり意思決定をしたりなど,言葉を交わすことで遂行すべき具体的な目的がある。その目的が主体間で共有されて初めて,両者の関係が明確となるのである。

　第二は,適切に話したり的確に聞いたりする能力は,実際の音声言語活動を経験する中で身につくという認識である。対人コミュニケーションは,主体間の相互行為[2]として紡ぎ出されていく。筋道を立てて話したり,相手の意図を推測しながら聞いたりする力は,この相互行為を展開するうえできわめて大切な要素としてはたらくが,これらの力自体は,実際の音声言語活動を数多く経験しなければ身につけることができない。なぜなら,音声言語でやりとりすべき言葉の意味は,前例のように音声言語活動を営む場に存在するからである。

　第三は,「話すこと・聞くこと」の指導は,授業のみならず学校生活の全場面で展開すべき営みだという認識である。遅刻をたしなめる前例が示すように,学習者は学校という「実の場」[3]を通して教師や級友と関わり,社会的な人間関係による音声言語活動を経験する。とりわけ小学校にあっては,学校で経験する音声言語活動が子どもたちにとって大切な社会経験である。そこで培われる言葉の力は,自立した社会人として生きるための基礎となる。

　以上の基本認識をもって「話すこと・聞くこと」の指導を展開するにあたり,常に心がけたいのは,音声言語活動に参加する学習者が誰一人として侮られたり無視されたりすることのない環境を維持することである。

(2)　「話すこと・聞くこと」指導の目標設定と評価

a　新たな指導事項の本質

　平成29年3月告示の小学校学習指導要領(国語科)では,〔思考力,判断力,

---

[2]　西阪仰『相互行為分析という視点―文化と心の社会学的記述』(金子書房　1997年)
[3]　言語生活に根ざした具体的で必然性のある学習活動の場面をいう。「実の場」に基づく学習過程の成立を目ざす実践理論が国語科単元学習である。

| 実践の研究

表現力等〕における「話すこと・聞くこと」の活動で育てる資質・能力として，以下の指導事項が示されている。

　第1～2学年：イ 相手に伝わるように，行動したことや経験したことに基づいて，話す事柄の順序を考えること。／ウ 伝えたい事柄や相手に応じて，声の大きさや速さなどを工夫すること。／エ 話し手が知らせたいことや自分が聞きたいことを落とさないように集中して聞き，話の内容を捉えて感想をもつこと。

　第3～4学年：イ 相手に伝わるように，理由や事例などを挙げながら，話の中心が明確になるよう話の構成を考えること。／ウ 話の中心や話す場面を意識して，言葉の抑揚や強弱，間の取り方などを工夫すること。／エ 必要なことを記録したり質問したりしながら聞き，話し手が伝えたいことや自分が聞きたいことの中心を捉え，自分の考えをもつこと。

　第5～6学年：イ 話の内容が明確になるように，事実と感想，意見とを区別するなど，話の構成を考えること。／ウ 資料を活用するなどして，自分の考えが伝わるように表現を工夫すること。／エ 話し手の目的や自分が聞こうとする意図に応じて，話の内容を捉え，話し手の考えと比較しながら，自分の考えをまとめること。

　これらをみると，「話すこと・聞くこと」の活動で育てる思考力・判断力・表現力等には三種類の系統を見いだすことができる。その第一は，組み立てに注意して話す内容を構成することである。第二は，発声の仕方や間の取り方，資料の活用など，非言語伝達要素を含む表現の工夫を意識することである。第三は，話し手のメッセージを捉え，比較しながら自らの考えをまとめることである。

　指導事項における以上の系統で注意したいのは，どこにも「話すこと」「聞くこと」の文言がみられないことである。言語活動を遂行する力として言葉の力を位置づけてきた従来の学力観は見直され，仮に目にみえる言語活動がつたないものであったとしても，当該の活動を通して学習者が何を学び，認識をどのように深めたかが重要なのである。これが「資質・能力」を形成する。

b 「話すこと・聞くこと」指導の評価における課題

　このような指導事項を念頭において「話すこと・聞くこと」の指導を展開する際に、大きな課題となるのは評価の内容と方法である。小学校における「話すこと・聞くこと」の指導では、声の大きさや言葉遣いなど、話し方・聞き方の技能面を中心とした評価内容がきわめて多い。

　問題となるのは、こうした技能面を中心とする評価内容がそのまま学習目標にされ、めあてになってしまうことである。例えば、級友の前で発表をしたり学級で話し合ったりする場面で、学習者に自己評価や相互評価を求める活動はよくみられるところである。このとき、求める評価項目が技能面ばかりで構成されていると、学習者は、当面する音声言語活動の目的が、個々の話し方・聞き方の正しさ適切さにあると認識することになる。

　こうなると、先に述べた音声言語活動の特性に反する学習が展開する。個々の話し方や聞き方の上達を目的とした音声言語活動は、言語訓練としてはありうるものの、そこに「実の場」としての具体的な目的や場を見いだすことは困難である。「話すこと・聞くこと」の指導がこのような状態で続けられると、大半の学習者は自己目的化した音声言語活動に辟易するであろう。

　そのような事態に陥らないためには、評価の観点を重層化する必要がある。まず、学習指導の前面に示すべき評価項目は、思考力・判断力・表現力を駆使して解決する話題や課題に対する認識の深まりにすべきである。例えば学習指導要領（第5～6学年）の言語活動例にある「イ　インタビューなどをして必要な情報を集めたり、それらを発表したりする活動」では、必要な情報を集めて対象への理解を深めること、発表によって対象への関心や理解を深めさせることが評価項目となる。

　これに対して前述の技能的な評価項目は、自分の考えをまとめたり話の構成や資料を工夫したりする際に必要な事項であり、例えば〔知識及び技能〕における「(2)イ　情報と情報との関係付けの仕方、図などによる語句と語句との関係の表し方を理解し使うこと。」（第5～6学年）がこれにあたる。ただしこの技能は学習者に自己目的化させない配慮が求められる。

| 実践の研究

(3) 「話すこと・聞くこと」指導の具体例

該当学年：小学5年生
単元名：サイコロ・インタビューで友の知られざる魅力を紹介しよう。
学習指導の展開（2時間扱い）
1　3人で一組になり，聞き手・語り手・記録者の担当を打ち合わせる。人数が余った場合は4人で構成し，聞き手を2名とする。
2　「いつも不思議に思うこと」「今はまっていること」「思わず笑える話」などの話題を記した大型のサイコロを振り，話題を決める。
3　3分間程度で聞き手が語り手にインタビューを行う。この間，記録者は語りに参加しつつ，話の内容をメモに書き留める。
4　上の1～3を全員分繰り返す。
5　二つの班を一組にして，記録者がメモをした語り手のプロフィールと話の内容，自分の感想をまとめて紹介し合う。
6　学びを振り返り，三つの担当を通して，自分にできること，まだこれから伸ばしていきたいこととしてどのような点に気づいたかをまとめる。

　サイコロを振って話題を決め，インタビューをする設定は，テレビのトーク番組を模したものである。子どもたちは机を△の形態で合わせ，遊び感覚で活動に参加する。どんな話題が選ばれるかは転がしたサイコロしだいという点に興味関心が集まり，そこで出た話題をもとに愉快なインタビューを開始する。

　インタビュー活動の工夫点は，聞き手と記録者とを分けていることである。このねらいは，質問としての聞く活動と，記録・まとめとしての聞く活動とを，それぞれの担当で体験することにある。それによって，情報を引き出すための聞く活動と情報をまとめ・整理するための聞く活動とに求められる思考・判断・表現を経験し，省察することが重要な学びとなる。

　活動の後半では，インタビューの経過を知らない級友に，記録者が語り手とのやりとりを報告する。少なからぬ語り手は，自分の発言内容が必ずしも自分の思い通りには伝わらないことに気づくであろう。それが話す・聞くという行

為のもつ限界であり，また可能性でもあることを全体で語り合うとよい。

　学習のまとめは自己評価である。この場面では，インタビューという活動の中で，自分はどんなことができると自覚したか，また，どんなことはこれからの課題だと感じたかを言語化するように促したい。〔思考力，判断力，表現力等〕の伸びは，その言語化がどれだけできるかにかかっている。

(4)「話すこと・聞くこと」指導の展開

　「話すこと・聞くこと」の指導は，単元開始時の課題を切り口とした音声言語活動を実行するところから出発する。つたない活動であってもかまわない。重要なのは，体験・観察された活動を学習者が振り返り，新たな課題を設定する営みである。学習者は，教師の支援を得ながら自ら課題を設定し，再び音声言語活動に取り組む。授業は，与えられた時間数に応じて，この営みの繰り返しとして展開する。多くの場合，課題は完全には解明されることなく単元終了時まで残されるであろう。

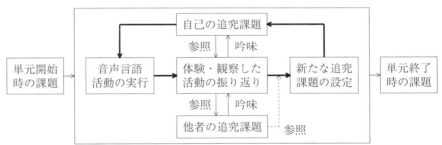

［図］「話すこと・聞くこと」指導の基本構造モデル

　「話すこと・聞くこと」の指導では，このように，できるだけ多くの音声言語活動を行い，振り返ることが重要である。その繰り返しによって当面する課題はより深いものとなり，学習者に充実感を与えるであろう。大切なのは，そうした営みが学習者の相互行為として協働的になされることを，学習者が確実に実感できるようにすることである。

［藤森　裕治］

| 実践の研究

8　書くこと

(1)　「書くこと」をめぐって

a　「書く」と「掻く」

　「書く」を辞書で引くと，「掻くと同源」とある。先のとがったもので何かを引っ掻いて傷を残すという行為が「書く」の語源であるということだろう。絵にせよ記号（文字）にせよ，「掻く」ことによってそこになんらかの跡を残すことになる。なぜそのような行為を行うのか。それは，誰かに何かを伝えるためであり，何かを残すためであったのではないか。「書くこと」とは，その場で消えてしまう表現行為ではなく，形にして残し伝えていくという行為である。
　書くための道具の進歩により，その行為に費やす労力は軽減されたとはいえ，やはり「書くこと」は体を使う表現行為であると捉えておきたい。何かを思うだけではなく，体を動かさなくては「書くこと」にならないのである。

b　「書く」から「打つ」「たたく」「触れる」へ

　道具の進歩と述べたが，生活を振り返るまでもなく書く道具（筆記用具）や書くという行為そのものは変わってきている。鉛筆やらペンやらを用いて「書く」機会よりは，キーボードを打ったりパネル画面をタッチしたりして「入力」する機会のほうが格段に多くなってきているのではないか。小学生の段階ではまだ生活全般がこのようにはなっていないだろうが，学年が上がり生活圏が広がるにつれて文章表現の道具はデジタル機器中心になっていくことは明白である。
　このように文章表現の機会や場，あるいは目的もまた時代の変容とともに変わっていくだろうことは，指導する側として視野に入れておく必要がある。

c　「書くこと」の教育的意義

　では，書くという表現行為がデジタル化しつつあるから，小学校の教室における書くことの指導もそれに対応しなければならないのだろうか。機器の操作

方法や文字の入力方法，文章の編集方法への対応である。英語学習同様にこれからの教育課題として対応を求められる分野になっていく可能性はある。しかし，デジタル的な操作を学習する前に行わなければならないことがある。

今一度書くという行為の意味を問い直してみよう。人はなぜ書くのか。

伝達のためということがまず思いつくかもしれない。何らかの情報を文字言語として他者や自分に伝え残すために書くのである。ここで単に受け取った情報をそのまま伝達するのであれば，何も考えずに書き写すことができればよい。けれども逆に自分から新たに発信する場合も当然ある。そのためには何をどのように書くのかを考えなければならない。あるいは，その考えを広げ深めまとめるために書くということもある。

つまり，文字を書いたり文章を綴ったりする行為は思考や認識と密接に結びついているのであり，そのことを前提として「書くこと」の指導は成立するのである。単なる道具操作の教育ではないということである。

d 「書くこと」の特質

「読むこと」（識字）と同様に「書くこと」（綴文）の教育は文字言語の教育である。言語といえば時間的にも空間的にもその大部分を音声言語が占めてきている。そこに文字言語が出現してきたのだが，共通の記号となる「文字」やその連なりの文章は，音声言語のように家庭環境などから自然に身につくものではない。意図的な教授行為があってこそ文字言語とその運用を社会的に継承・発展させることができるのである。

「門前の小僧習わぬ経を読む」という諺があるが，「経」を単に読むだけではなく，理解しときにそれを書くためには，学校という「場」や教師という「人」が必要なのだ。つまり，「書くこと」の指導は，文字言語の指導であり，そこには意図的計画的な教育的行為が不可欠なのである。

(2) 学習指導要領の「書くこと」

a 作文から「書くこと」へ

「書くこと」は学習指導要領に示された国語科学習の一領域である。そこに

| 実践の研究

は指導内容とともにさまざまな書くことの学習活動例が示されている。その学習指導要領において，平成10年版から学校現場ではなじみ深かった「作文」という用語が用いられなくなった。それは，これからの社会生活に生きてはたらく多様な書く能力の育成のためには，ただ漫然と「作文」という従来の狭い学習活動では不十分であるという考えの結果でもある。

　確かに，作文という作品にこだわると書く過程での指導がおろそかになる。書くという行為そのものにもっと教育的指導をあてなければならないし，評価もそれに対応して柔軟にすべきであろう。さらに「作文」にこだわらないことによって多様な書く学習活動が生み出されることにもなる。

　平成29年版の学習指導要領では，〔思考力，判断力，表現力等〕というくくりの中の一領域としてではあるが，「書くこと」が従来のような領域として位置づけられた。そして，言語活動例として，報告や記録・説明などの説明的な文章，日記や手紙・礼状などの実用的な文章，詩や物語などの文学的な文章を書く活動が示されている。一方で日々の生活や身のまわりの人，学校生活などに題材を得る「作文」はやはり掲げられていない。

b　学習内容と学習過程

　各学年（低・中・高）における書くことの学習内容（指導事項）は，学習指導要領では学習過程を意識していくつかの段階に分けて記述されている。

　この学習過程は必ずしも指導の順序性を示すものではないということであるが，ひとまとまりの文章を書こうとするときの基本的な流れではある。平成29年版の『小学校学習指導要領解説・国語編』で示されている項目に従いつつ，この各過程の大まかな内容をおさえておく。

○題材の設定，情報の収集，内容の検討

　書くための準備段階である。目的や意図，読んでくれるだろう相手によっても異なってくるが，中心的な内容（主題）を考え，それを具体的に表現するための材料（情報）の収集を行うのである。集めた材料は全て使用するのではなく，再確認したり比較したりして必要なものを選定することになる。書きたいことが漠然としていてもある程度の目的（方向性）があるならば，材料を収集

する中でそれが明確化していくこともあるだろう。
○構成の検討

　実際に記述する前の構想を構成段階にもっていく過程である。日記のような個人的な記述の場合はいきなり書き始めることもあるが，意図的なひとまとまりの文章の場合は全体の構成を見通して書くことが求められる。伝えたい内容がより明確になり，読み手にとってもわかりやすくなるはずである。より論理的に書くこともできるようになる。

　構成はメモや表などを使用してひと目でわかるようにして考えさせることが多い。低学年での事柄の順序や時間的な流れをもとにした構成から始まり，中・高学年で効果的なものや論理的な筋道を意識したものなどに広がっていく。

○考えの形成，記述

　具体的な記述の過程である。まさに書くことの行為の中心である。現実的に授業時間も多くかかることになる。

　通常の原稿用紙に書くこともあるが，場合によっては罫紙やワークシートのような用紙に書かせることもある。また，書くのではなく画面を見ながらキーボードで打つということも想定できる。

　ここでの重要な学習活動はまさに書くことそのものである。構成した内容をそのまま書き写すのではなく，実際にさまざまな言葉を思い浮かべつつそれを文章化していくのである。準備した内容をいかに書き表していくのか，書き方の工夫を意識することになる。常体か敬体かといった文体や表記の仕方，細部のレトリックや語彙の選択等々，頭と手を活用する総合的な学習場面である。

　情報伝達のための文章ならばよりよく伝わるように，意見表明のための文章ならばよりわかってもらえるように，文章の目的によってその書き表し方の工夫は多様になる。更に，自分の言葉だけではなく，他者の文章を引用したり図表等を活用したりすることも「工夫」の一つとなる。

　このように，こまごまとした学習課題は多く出てくるが，何より自分でしっかりと考えて文章を綴っていくという基本的な活動，書くことの体験が時間ともに保障されなくてはならない。

実践の研究

○推敲

　自分が表現したことに責任をもち，読み返してよりよい表現にしていく過程である。自分が書いたものに対していったん距離をおき，客観的に読み返す活動ともいえる。個人的に行うこともできるが，広義に解釈して共同で互いの文章を読み返すという活動もできる。

　また，自分の体験を題材とした文章を読み返すことは，その時の自分を振り返ることである。表面的な記述を直すのではなく，別な角度から自分を見直すという意味が見いだせる。なんのために何をどのように読み返し書き直すのかという観点の提示が重要である。

○共有

　平成20年版学習指導要領では「交流」とされていた過程である。文章として書き終えて終わりではなく，その文章を伝え合うことによって自分の文章のよいところを見つけることという内容になっている。評価できる点を交流し，かつ共有していこうというわけである。

　　c　学習指導要領の活用

　学習指導要領には題材や授業方法が具体的に示されているわけではない。それぞれの個性をもった子どもたちに対応するのは教師の仕事である。学習指導要領の内容をおさえつつその学級の状況をふまえて書くことの学習活動が計画されなければならないことはいうまでもない。

(3)　「書くこと」の指導

a　「書くこと」の授業

　学習指導要領には指導のための配当時間数が示されている。「書くこと」ならば書くことの学習が主要な目的となる時間のことである。それが年間計画の中で位置づけられることになるのだが，では具体的にどのような学習活動を授業で行うのかはその計画立案の際によく考慮されなければならない。

　いうまでもなく書くという活動は時間がかかる。簡単なワークシートを短文でうめるという活動ならばよいが，まとまった文章を続く活動はまとまった時

間が必要となる。書くことに集中している時間は表面的には静かだが，内面的にはアクティブに言葉を学んでいるわけだからこの時間は保障されるべきである。

もちろん個々に題材を考える時間，構想を発表し合ったり，構成を考えたり，共同で推敲したりする時間もまた授業として必要である。書く活動自体を中心におきつつも，幅広い言語活動がそこには求められることになる。

その一方，書くことの題材は生活面全般にあるので，書いたものを家庭や地域で読んでもらうとするならばそれは当然授業外の活動となる。

また，国語科の他の領域，すなわち「話すこと・聞くこと」「読むこと」の中でも書く活動は必ず行われている。「書くこと」の授業にかぎらないが，本来の言語活動は「話す」「聞く」「書く」「読む」の総合的な活動であることは，授業する際に考慮にいれておくべき点であろう。

b　日常的な指導

書くことは学校生活の中で日常的に行われている。各教科の授業ではもちろんのこと，特別活動などでも書く場面は多い。そういった場で「書くこと」の指導はなかなか意識されないが，子どもにとっては貴重な書くことの場であることを認識したい。もちろんそういった場面と「書くこと」の授業を関連させることも大切である。

一方，意識的に日常の場で書く活動を設定することも行いたい。その代表的な例が日記である。そもそも日記は個人的なものであり他者への公開を前提としたものではないが，「書くこと」として行われるものは，日記という表現形式を利用しての文章表現指導である。教師あるいは級友を読者と想定して，日常生活から題材を得て継続的に書いていくのである。

日記としなくても，「生活ノート」として自由に書きたいこと，引用したい言葉を書くという実践もある。また，「詩のノート」なども考えられる。

いずれにせよ，子どもたちの書くことへの抵抗を低減して書くことに慣れること，更に書くことが楽しいといえるようにしていくことが，日常的な指導の目標である。

実践の研究

c 「書くこと」の教材

　国語科の教材の多くは教科書に依拠することが多い。「書くこと」の教材も同様である。「読むこと」と異なって「書くこと」の教材は、書くことの題材であり、活動である。だが、教科書に掲載されている児童の文章はあくまでも参考的な教材である。そこから主体的な学習に移るためには、書きたくなるような題材や活動、意欲を刺激するような材料が求められる。計画されている該当単元を活性化するような「教材」を発見、開発することが「書くこと」の教材研究の一端である。

　また、教材というべきではないのかもしれないが、同じ学級や学校で生まれた作品もまた、子どもたちの書く意欲を生むことがある。作者の顔の見える作品だからである。保護者や本人の了解を得たうえで、その文章を読み合うだけでも「書くこと」の能動的な活動が生まれるのである。

　さらに、学習で生まれた文章は、学級という集団の中でしっかりと読み合われ共有されることによって、学級の文化となり財産となる。互いの表現を読み合うことは理解し合うことでもあり、学級づくりにもつながっていく。

　具体的な方法として伝統的に行われているのが、学級文集や詩集づくりであろう。その他に、綴じたものを回覧したり、教室内に展示したりすることもあるが、可能ならば印刷して読み合うことをしたい。子どもたちの励みにもなる。

d 「書くこと」の評価

　書くことの評価は数値化して評定することが難しい。ポートフォリオやパフォーマンスといった評価方法もあるのだが、「書くこと」では、共感的な指導言による評価を大切にしたい。例えば、活動途中の形成的な評価においては、的確な助言や励ましがなによりの評価となる。

　そして書かれた文章に対しては、日本の伝統的な評価言の方法である「赤ペン」を活用したい。校正や訂正のための朱ではなく、書いたことへの評価、あるいは内容に対しての感想など読者としての教師の言葉が評価言の基本である。

　先に述べたように書くことはきわめて人間的な行為である。それを育む指導の言葉も人間的でありたいものである。

(4) 「書くこと」の課題

a 「書き言葉」の存在意義

ＩＣＴ機器の普及を受けて、近年の言語の状況として捉えられるのは、書き言葉と話し言葉の接近ではないだろうか。言文一致がいわれて長くたつが、現代ほどそれがはっきりしてきた時代はないだろう。

書くことへの抵抗がなくなってきたともいえるのだし、実用の場での書き言葉の必要性も減ってきている。けれども、書き言葉の意義と特質をおさえておかないと、言語そのものが記号化、軽薄化してしまう。書くことに課せられた、時代からの大きな要請である。

b 子どもの表現をどう読むのか

子どもの表現を教師がどのように読むのか、どう受け止めるのかも課題となる。これは評価とも関わってくるのだが、評価以前の課題でもある。表記の誤りなど表面的な書き方の問題ならば誰でも指摘できるだろう。けれども、その書き手の生活を知る教師ならば、その向こう側が読めるはずである。たとえ稚拙な表現であっても、それが子どもの書いたものであるならば、教師はそこから発達課題を読み取るべきなのである。「書くこと」を単なる「書き表し方」の指導にしては、人格形成という大きな教育課題に応えることはできない。

c 「作文」の再認識～「実用」を超えて

要領よくまとめたり、状況に合った的確な語を選択したりというような実用的な言語能力が求められる一方、自己を確立して主体的に生きる力も必要とされる。そのような中で「書くこと」ができることは何か。それは、書くことによって自分を語り自己を肯定的に捉えること、自分と世界との関わりを認識していくこと、こういった主体形成に資することではないか。そのために再認識したいのが、しっかりとしたひとまとまりの文章、自分や自分を取り巻く世界を書き言葉で表現することである。すなわち「作文」への再認識もまた「書くこと」の大きな課題なのである。

［木下 ひさし］

| 実践の研究

9　読むこと——文学的な文章
——「ごんぎつね」をどう指導するか——

(1) 文学的文章指導のねらい

　国語科で文学的文章を取り上げ，教材とするねらいは，どこにあるのか。国語科は改めていうまでもなく，言語の教育の場である。そこで当然総合的（トータル）言語学習（ランゲージプログラム）の発展がねらいとなる。以下にいくつかの柱を立てて考えたい。

　a　言語の教育

　語句の意味や使い方に関心をもち，語の構成・変化などについて理解を深めるのに，文学的文章は十分その役割を果たしてくれる。が，単にこれらのことだけなら，説明的文章でも事はすむはずである。そこで文学的文章を用いての言語学習では，第一次言語としての日常言語から峻別される第二次言語である文学言語の指導を含まねばならない。このことはあとのc項で述べる想像力の育成とも関わってくるのに留意したい。

　b　虚構の真実性を読み取る

　次に虚構の真実性を読み取るという観点をあげたい。虚構は文学上の一技法であり，文学作品は虚構の方法を得て，初めてその真価を発揮する。それゆえ優れた文学作品の〈読み〉とは，イメージの自由な発展によって個々の事実を乗り越え，隠された真実を引き出すのである。リアリズムであれ，ファンタジーであれ，そこに意味づけられた世界は，科学的認識とは異なった立場で，人間のありようを追求する。文学的文章の指導では，虚構でなければ表現しえない世界や価値があることを，学習者にしっかりと認識させる必要がある。虚構を読み取る力は，文学作品享受につながる。

　c　想像力の育成

　第三に，想像力の育成という観点がある。文学的文章，いわゆる虚構テクストとしての文学教材には，総じて曖昧な部分があり，そこに用いられている言語は，多義的であることに特徴をもつ。特に近年国語の教科書に大量進出した

ファンタジー作品にその傾向が強く，作中には作者によって意図的に残された空所・空間がある。それらを想像力によって埋め，〈読み〉を創造させるところに，文学的文章指導の一つのねらいがある。教材との主体的関わりの中で，学習者は想像力を高め，〈読み〉を深化させていくのである。

d 批評意識と総合学習

第四に，批評意識の育成がある。批評意識は，批評の交換としての話し合いや，学習者の感想文の紹介によっても高まる。批評意識の育成の視点が加わるとき，文学的文章指導は，新たな視野の広がりを示す。更には作品の続きを書く，作品を絵本化する，劇化するといった形での総合学習も考えられる。文学的文章の指導は，読み・書く・話し・聞く，更には〈見る〉などの学習が効果的にかみあい，総合的言語学習が展開することで初めて意味をもつ。

新しい〈読み〉の理論に立つ指導は，教材と学習者との関わりを事物と観察者との関係とみなしてきた従来の解釈学的読解理論を批判し，乗り越える。学習者は対象とする教材の内部で，本文(テクスト)そのものを自ら加工し，充塡(じゅうてん)する。音楽でいう演奏に等しいといえようか。いかなる音色を楽譜としての教材本文によって奏でるかということに，その目標を置くのである。

(2) 「ごんぎつね」の教材研究

a 原典の問題

新美南吉の「ごんぎつね」は，小学校国語教科書（4年）の共通教材である。初出は，『赤い鳥』（第3巻第1号，昭和7年1月）掲載「ごん狐」で，のち『花のき村と盗人たち』（帝国教育会出版部　昭和18年9月）に収録された。教科書への登場は，昭和30年代初めからのことであり，当初は安定したテクストが得られず，細かな〈読み〉に堪えないところがあった。それは厳密な意味での本文批評(テクストクリテイツク)を欠いたままでの教材化に起因する。が，昭和55年度版教科書以降，各社ともほぼ初出『赤い鳥』掲載作品を原典（底本）とし，諸本の比較校合の作業を通し本文を成立させるという手続きがとられるようになって，二，三の問題を残しながらも，教材本文の問題は落着したかにみえる。

| 実践の研究

　その間，新美南吉研究は大幅に進展し，大日本図書版の『校定新美南吉全集』全12巻（別巻2巻）の刊行もあって，「ごんぎつね」研究は新たな段階を迎えている。鶴田清司『「ごんぎつね」の〈解釈〉と〈分析〉』（明治図書　平成5年9月）は，深い〈読み〉に基づいて，新しい教材研究の方向を示す。また，府川源一郎『「ごんぎつね」をめぐる謎──子ども・文学・教科書──』（教育出版，平成12年5月）は，テキストの問題から作品受容史，教科書との関わり，〈読み〉の問題など，総合的に「ごんぎつね」を論じた力作で，参考文献の第一に推すことができる。本書は国民教材としての「ごんぎつね」を考える際の必読書である。附章「国際化時代のなかの『ごんぎつね』」には，本作を国際的視野のもとに，その教材としての可能性を検討するという，新鮮で，しかも重要な問題提起があり，注目される。

b　作品の構成

　「ごんぎつね」は全6章の構成をとる。南吉が『赤い鳥』に投稿した際，ノートに書いた草稿が，今日，西郷竹彦『教師のための文芸学入門』（明治図書　昭和43年10月），巽聖歌『新美南吉十七歳の作品日記』（牧書店　昭和46年7月），『全一冊版新美南吉童話集』（実業之日本社　昭和49年7月），それに『校定新美南吉全集』第10巻（大日本図書　昭和56年2月）に活字化されているが，『赤い鳥』掲載作とは細部の点で異なっている。特に冒頭の箇所の違いが目だつ。

　つまり「ごんぎつね」は，『赤い鳥』の主宰者鈴木三重吉が大幅に手を入れ，日の目を見たことになる。ここでは本文批評を経た教材を対象に，まずその構成を確認しておきたい。本作を分析的に表示すると構成は以下のページのようになっている。

章	ストーリー
1	(1)これは私が小さい時に聞いた話。 (2)村の近くの山の中に，ごんぎつねといういたずらぎつねがいた。 (3)ある秋のこと，ごんは兵十がつかまえた魚をいたずらして逃がしてしまった。
2	(1)十日ほどのち，ごんは村に何か行事があるのに気づく。 (2)兵十のおっかあの葬式をごんは見送る。

	(3)ごんは兵十のおっかあの死は,自分のいたずらのせいだと思う。
3	(1)麦をといでいる兵十を見,自分と同じひとりぼっちかとごんは思う。 (2)ごんは償いのため,いわし売りのかごからいわしをつかみ出し,兵十のうちの中へ投げこむ。 (3)いわし屋になぐられた兵十を,かわいそうに思ったごんは,くりやまつたけを兵十の家へ運ぶ。
4	(1)月のいいばん,おしろの下の道で,ごんは兵十と加助の立ち話を聞く。 (2)兵十は加助に,おっかあが死んだ後,誰かが栗やまつたけをくれるという話をする。 (3)吉兵衛という百姓の家に入った兵十と加助を,ごんは待つ。
5	(1)吉兵衛の家から帰る兵十と加助のあとをつけるごん。 (2)加助が兵十に,栗やまつたけをくれるのは,神様のしわざだと言う。 (3)ごんは神様のせいにされたんじゃひきあわないなあと思う。
6	(1)あくる日,栗を持ってごんは兵十の家に行く。 (2)兵十はきつねが家に入ったのを見,出るところを火縄銃でうつ。 (3)兵十はごんの償いの行為を理解し,銃をとり落とす。

　ストーリーをわかりやすく捉えるために,各章をあえて三つに分けて示した。こうして表にしてみると,この作品は近代小説のもつ,なぜ(why)という問いかけがなく,どちらかというと,そして(and)で結ばれるストーリーに特徴があるといえそうだ。既に谷悦子に「プロット(因果)性よりも,ストーリー(時間的順序)性に比重がかかった作品といえる。それは,文章展開が,ごんぎつねの行動を中心に,『移動する→見る(聞く)→行動する→考える』というパターンをくり返している点からも首肯できる」(『新美南吉童話の研究』くろしお出版　昭和55年10月)との指摘がある。

　「ごんぎつね」の全体構成を,ひとまず上記のようにおさえることができたら,次にやらねばならないのは,表現に着目して作品を読み進める作業である。

c　表現に着目して読む

　「ごんぎつね」の本文は,「これは,わたしが小さい時に,村の茂平というおじいさんから聞いたお話です」で始まる。いうまでもなく民話調の語り口である。以下にこの「お話」の時代設定がなされ,場所や季節が示される。並行し

| 実践の研究

て登場人物も紹介されるのである。

　時代は1の章に,「おしろ」とか「おとの様」という語があることからして,明治以前の封建時代だとすぐわかる。場所は山村で,近くの山に住むのが主人公のごんぎつねである。そしてこのごんに対峙される人物が,貧しい農民の兵十(ひょうじゅう)である。季節は秋。「ある秋のことでした」の一文のほか,「もずの声」「すすきのほ」など,秋を示す言葉はほかにもある。2の章の「秋祭り」「ひがん花」,3の章の「栗」「まつたけ」,4の章の「まつむし」の鳴き声なども秋を示す言葉である。こうした背景を踏まえて,ごんの境遇とそのいたずらの数々が語られていく。

　主人公のごんがどのように描かれているかは,初めからしっかり読み取っていかねばならない。1の章の「ごんは,ひとりぼっちの小ぎつねで,しだのいっぱいしげった森の中に,あなをほって住んでいました」の一文から,ごんの孤独が読み取れる。この「ひとりぼっち」は,3の章の「おれと同じ,ひとりぼっちの兵十か」と響き合うことになる。この一文は,「そして」という接続詞でつながれ,「夜でも昼でも,辺りの村へ出てきて,いたずらばかりしました」として以下,いもを掘り散らす,菜種がらに火をつける,百姓家の裏手につるしてあるとんがらしをむしり取るといった事例があげられる。ごんがなぜいたずらをするのかは,書き込まれていないが,ここは学習者の想像力によって考えさせればよい。

　次にそのいたずらが,兵十という百姓との関わりで語られる。ごんは兵十がはりきり網で捕まえ,びくの中に入れておいたうなぎをはじめとする魚を,いたずらして川へ逃がしてしまう。なぜ,そんなことをしたのかは,テキストの1の章に見いだせる次のような箇所にこだわって考えたい。

　　ある秋のことでした。二,三日雨がふり続いたその間,ごんは,外へも出られなくて,あなの中にしゃがんでいました。
　　雨が上がると,ごんは,ほっとしてあなからはい出ました。空はからっと晴れていて,もずの声がきんきんひびいていました。

　季節は秋の長雨の頃である。二,三日雨が降り続き,ごんは外へ出られず,

山中の住み家の穴にしゃがんでいた。「夜でも昼でも，辺りの村へ出てきて，いたずらばかりしました」というごんが，二，三日も雨に降りこめられていたというのだから，その鬱積した状況がよくわかる。それゆえ雨があがると，ごんは「ほっとして」穴から出る。空は晴れ，もずの声がきんきん響く。何かを期待させるものが，この舞台作りに現れてくる。ごんの兵十へのいたずらは，ふだんからのいたずら好きという性格とともに，このような気象条件をふまえていることにも注意したい。

　2の章は，1の章の事件後十日ほどのこととされる。ごんが村人の様子から兵十の家の葬式に気づき，それが兵十のおっかあであることを知る。この2の章は色彩感にあふれてる。特に赤と白の対照が鮮やかだ。赤はいうまでもなく彼岸花であり，白は「白い着物」「白いかみしも」などで代表される。ほかにも色彩を示す語として「おはぐろ」や「赤いいど」なども印象に残る。ここでのごんは，好奇心旺盛，頭の回転の早いきつねとして描かれている。岩沢文雄の「教材をどう読みどう読ませるか——新美南吉作『ごんぎつね』の読みを通して——」（『季刊文学教育』Vol.20　鳩の森書房　昭和56年6月）では，この章のごんを称して「思索派ごん」と名づける。たしかに弥助の家内のおはぐろや，新兵衛の家内の髪をすくのを見て，「ふふん，村に何かあるんだな」と考え，葬式に気づくと村の墓地へ先回りするごんは，頭の回転の早いきつねである。村に何かあるのを察知してから，「死んだのは兵十のおっかあだ」に至るまでのごんの行動を，しっかりと跡づけたい。

　2の章の終わりの，ごんの長い独白は，1の章の事件と深く関わる設定となっている。ここでは後の章でのごんの償いの行為と関わる叙述を指摘しておくことが求められる。それは以下のような箇所だ。

　○いつもは，赤いさつまいもみたいな元気のいい顔が，今日はなんだかしおれていました。

　○兵十のおっかあは，とこについていて，……ああ，うなぎが食べたい，うなぎが食べたいと思いながら，死んだんだろう。ちょっ，あんないたずらをしなけりゃよかった。

| 実践の研究

　ごんの償いの行為は、3の章から始まる。それは貧しいながら、おっかあと二人で暮らしてきた兵十が、ひとりぼっちになったのを、自分のせいだとごんが感じたからである。同時に「おれと同じ、ひとりぼっちの兵十か」に見られるように、そこに心の共感が生じたためと思われる。けれども当初、ごんの償いの行為は、その意図に反してしまう。いわし売りのいわしをつかみ、兵十の家の中へ投げこんで、「まず一つ、いいことをした」と思ったごんの願いは裏切られ、兵十は盗人にされ、いわし屋にひどいめにあわされる。以後、ごんの償いの気持ちは、この失敗をも加え、心情的にいっそう深まる。それは栗やまつたけを運ぶ行為となって示される。

　4と5の章には、ごんの兵十への好意が、なかなか届かないもどかしさが描かれている。それは具体的には、兵十と加助との対話を通して語られる。対話関係をしっかり読むことも、文学的文章指導の大事なポイントである。兵十の素朴な人柄や、悲劇に至るプロセスをしっかりと読み取らねばならぬ。更にはこの対話をごんがどう受け取めたのか、特に4の章のごんの心情をくみあげておく必要がある。

　兵十が栗やまつたけをもらうのを喜んでいるのは、加助との対話の中に読み取れる。が、それを聞いていたごんが、どう思ったかは、なんら書き込まれていない。テクストの空所(ブランク)は、想像力で充塡するのである。そうすることによって、5の章の「へえ、こいつはつまらないな」以下のごんの内言語の解釈がふくらみをもつようになる。ごんは自分の償いの行為が兵十に伝わらず、神様のせいにされても、やはりうれしいのである。だからこそ6の章にみられるように、あくる日も兵十のうちへ栗を持って行くことになる。

　ラストシーンの「ごん、おまえだったのか。いつも、くりをくれたのは」という兵十の叫びに対し、「ぐったりと目をつぶったまま、うなずきました」というごんの反応は、以上の〈読み〉があって初めて奥行きを増す。

　d　時間・空間を把握する
　文学的文章を分析・総合の作業を通し読む際に、作品の時間・空間をおさえる必要が生じてくる。「ごんぎつね」では、まず各章の展開において、時間的

経過を示した叙述に注目したい。また，この作品の舞台は，山があって，その麓に村があり，小川が流れるという設定である。季節は秋，空は高く，澄んだ大気にもずの声が響く。いかにものどかな風景である。これは「ごんぎつね」一編を貫く基本トーンといえる。ごんの活発な行動と結末の悲劇性がより効果を発揮するのは，このような平和な山村風景，田園空間の設定があってのことなのである。

e 「小ぎつね」と「おっかあ」

作品「ごんぎつね」の〈読み〉において，「小ぎつね」と「おっかあ」をめぐる解釈が，それぞれ二つあることを紹介しておく。前者の「小ぎつね」をめぐっての論議は，主人公は子どもの狐なのか，それとも体の小さな狐なのかというものである。かつての教科書は，テクストを初刊本『花のき村と盗人たち』に求めており，そこでは「子ぎつね」という表記がされていたので，ごんを子どもの狐として扱ってきた。

しかし前述のように55年版からどの教科書も，初出『赤い鳥』掲載作品を底本とするようになって，表記も「小ぎつね」となるに及んで，この問題が起こったのである。鳥越信は「私の問題意識に立つと『子』と『小』の問題こそが『ごんぎつね』を新しくとらえ直す大きなキーポイントになる」（「『ごんぎつね』を考えるさいの二つの視点」『国語の授業』21号　一光社　昭和52年8月）と言い，ごんぎつねを体の小さな若者ぎつねだとする考えを打ち出している。その説を支えるのは，作者南吉が身体虚弱の生い立ちをしているという一点にある。そこから兵十をはじめとする人間への交流を求めるごんの気持ちは，孤独な青年の心情に通うというのである。

一方，この鳥越説に対して，谷悦子（前出『新美南吉童話の研究』）や鈴木敬司（「『ごん』は『子どもの狐』と考えたいのだが？」『国語教室』114号　昭和55年11月）は，新たな本文確定の作業を経た教材文を前にしても，やはりごんは子ども狐と考えたいという見解を呈している。谷悦子は南吉が「小さい」を用いる時の意識を探り，それが年齢の低い，幼いという意味に使う傾向にあることと，ごんの言葉や思考法が幼いことからして幼少年狐説をとる。一方，鈴木敬司は，

| 実践の研究

　「小」の字義に「子ども。幼い子」があることと，作品解釈上，ごんのいたずらは16，7歳の若者のものとしては分別が足らなすぎること，特にいわし事件における状況判断の甘さなどからして，子ども狐説をとっている。
　次に「おっかあ」に入りたい。これは兵十の「おっかあ」は，妻か母かという問題である。初出『赤い鳥』には，「死んだのは兵十のお母(つかあ)」と漢字ルビつきで表記されていた。作中の兵十のおっかあの葬式の場面には，「兵十が，白いかみしもを着けて，いはいをささげています」とある。作者南吉の故郷であり，作品の舞台とも考えられる知多地方の葬式では，喪主は白木綿のかみしもを着けることになっており，この点を強調するなら，「おっかあ」は母であり，もうこれ以上の議論はいらないかのように思われる。
　が，根本正義「『兵十』と『お母(つかあ)』の親族関係」(『月刊国語教育研究』No.131 東京法令出版　昭和58年4月)がテクストの新たな検討を通して，「おっかあ」は妻であるとの説を打ち出し，改めてこの問題はクローズアップされるようになった。もっとも根本の主張に対しては，既に草野明子「兵十の『お母(つかあ)』は，妻か，母か」(『月刊国語教育研究』No.144　昭和59年5月)の反論があり，「『兵十』と『お母(つかあ)』は，夫婦ではなく，親子」との考えが，新たな研究成果をも吸収しながら述べられている。
　「小ぎつね」にしても「おっかあ」にしても，その解釈は，〈読み〉の問題である。作者の意図はこうだったとして決めつけるのではなく，作品というテクストを，いかに豊かに演奏するかに目標をおきたい。学習者それぞれがテクストによってどのような音色を奏でるか，聴き分ける耳を指導者はもたなくてはならない。
　そのために日頃から十分教材研究を積み，自分なりの〈読み〉をもち，それを学習者の〈読み〉にぶつけるのである。新しい〈読み〉はそこに開けるといえよう。先人の研究や実践は，自己の〈読み〉や実践を深めるための栄養素として，また学習者の〈読み〉にも学ぶ姿勢をとりたいものである。

(3) 指導計画略案

次(時)	学 習 活 動	指 導 上 の 留 意 点
1 (1)	○作品への導入 (1)全文を読む。 (2)第一次感想を書く。	(1)自力で全文を読み通させる。 (2)二，三の感想を発表させて，以後の学習に興味をもたせる。
2 (1)	○作品の全体構成を確認する。 (1)各章の大意を書く。 (2)作品の時代・所・季節・人物をおさえる。	(1)六つにワク取りした学習作業用紙を用意し，書き込ませるようにする。 (2)いつの時代，どんな場所での話か。季節はいつか。登場人物名を全てあげさせる。
3 (2)	○表現に目をとめ，各章ごとに入念な〈読み〉方を行う。 (1)ごんの行動を読み取る。 (2)ごんと兵十の性格を読み取る。 (3)自然描写の美しさを読み取る。 (4)作品の時空を把握する。 (5)6の章を中心に，ごんと兵十の気持ちを考える。	(1)秋の長雨とごんのいたずらとの関わりを考える。 (2)川の流れの描写を，しっかり把握させる。 (3)兵十のうなぎ取りに熱中している様子を，十分に想像させる。 (4)時間の経過を示す言葉を頼りに，場面の展開をおさえる。 (5)作品の背景としての田園空間をおさえる。 (6)想像力を駆使して，ごんと兵十の気持ちを考えさせる。ただし，テクストから離れることのないよう配慮する。それぞれの気持ちには，他との関連において響き合っている点を理解させたい。
4 (3)	○まとめと発展 　　　　（総合学習）	(1)ごんや兵十に手紙を書かせ，いくつかを発表させる。想像力を生かした作文となるようにする。互いに批評し合う。 (2)作品「ごんぎつね」を絵本や紙芝居にする。

| 実践の研究

(4) 授業の具体的展開（全7時間扱いの第3時間め）

《本時の目標》

(1) 1の章を通読させる。
(2)表現に即して内容を理解させる。
(3)事件の発端となるごんのいたずらについて考える。

《展開の要点》

(1) 1の文章の通読
①クラスの実態に応じて3，4名への指名読みや，教師の範読から始める。黙読⇒指名読みという方法でもよい。
②語句のチェック。
　㋑辞書で調べさせるもの……川下，ひたる，下手，なにしろ
　㋺指導者の説明を必要とするもの……菜種がら，はりきり，へばりつく
(2) 表現に即して内容を理解させる。
①この物語の時・所・季節・主要登場人物を把握させる。
　㋑時……明治以前の封建時代。「おしろ」「おとの様」という言葉を手がかりに考える。
　㋺所……近くに山があり，小川の流れる農村。
　㋩季節……「ある秋のことでした」という一文があるのを確認する。また秋を示す語として「もずの声」（もずは秋になるとキイーキイーと鋭く鳴き，「もずの高鳴き」と呼ばれている），「すすきのほ」などがあることにも気づかせたい。
　㊁主要登場人物……ごんぎつね，兵十
②事件の背景となっている状況，小川の描写をきちんと理解させる。
　㋑秋の長雨によってあなの中に閉じこめられていたごん。⇒「二，三日雨がふり続いたその間，ごんは，外へも出られなくて，あなの中にしゃがんでいました。／雨が上がると，ごんは，ほっとしてあなからはい出

した」
　㋺小川の水が増し，魚がとれやすい状況となっている。⇒「川は，いつもは水が少ないのですが，三日もの雨で，水がどっとましていました。ただのときは水につかることのない，川べりのすすきや，はぎのかぶが，黄色くにごった水に横だおしになって，もまれています。」
③うなぎ取りに熱中している兵十の姿を想像させる。
　㋑「兵十は，ぼろぼろの黒い着物をまくし上げて，こしのところまで水にひたりながら，魚をとるはりきりというあみをゆすぶっていました。」
　㋺「はちまきをした顔の横っちょうに，円いはぎの葉が一まい，大きなほくろみたいにへばりついていました。」
　㋩「兵十は，びくの中へ，そのうなぎやきすを，ごみといっしょにぶちこみました。」
(3)　事件の発端となるごんのいたずらについて考える。
①いたずら好きのごんについての叙述を確認する。
　㋑夜でも昼でも，辺りの村へ出てきて，いたずらばかりしました。
　㋺いもをほり散らしたり，菜種がらのほしてあるのへ火をつけたり，ひゃくしょう家のうら手につるしてあるとんがらしをむしり取っていったり，いろんなことをしました。
②ごんはなぜ兵十にいたずらをしたのか？
　㋑孤独をまぎらわすため。
　㋺いたずらが習慣化していたため。
　㋩秋の長雨に閉じこめられ，二，三日外出できずにいたところ，秋晴れのよい日が訪れ，解放感に浸ったため。

〔関口　安義〕

| 実践の研究

10　読むこと——説明的な文章

(1) 説明的文章とは

a　説明的文章教材・指導の歴史

　説明的文章教材は，近代学校教育の発祥以降，新しい知識・情報を与える役割を担って多く用いられてきた。しかし，それは，文章理解という間接的な方法を通す以外に知識・情報の獲得が困難であった時代状況によるものである。

　戦後は，教育的な背景が大きくさま変わりしてきた。メディアの発達に伴い，説明的文章教材の役割は，知識・情報の授与から，知識・情報の処理・整理能力の獲得へと移行していく。情報処理的な色彩の濃い大意・順序・要点・要約・要旨という，内容の段階的な一般化の筋道がそのまま学習の系統となった。方法面では，キーワード・接続語句抽出，段落分け，小見出しつけ，文図・文章図作成，文章構成把握などが，開発・整備・定式化されていった。

　その中で，論理的思考力育成が唱えられ始め，主要な指導目標としての位置を占めるようになる。これは，先の情報処理的な学習に文章の形式論理性の要素を加味したものであり，両者は適宜組み合わされて学習内容を形成した。近年，さらに論理的認識力というやや発展した概念も導入されるようになり，形式論理が認識の方法へ，文章構成が認識の構造へと捉え直されるようになり，筆者の認識に学んで，読者の認識を形成する方向が打ち出されるようになってきた。

　最近では，いわゆる第三次を「新聞作り」や「研究発表」，「ディベート」などの活動学習へ展開する傾向も強まってきている。説明的文章に対する態度として，重点的な読解の対象とするものと，一つの資料とみなして他の活動の契機とするものとの二種類に分かれている。現状は，時間数との兼ね合いで読解を浅く行ったうえで，他の活動を広く行わせるという方法が主流を占めつつある。

　1980年前後より，西郷竹彦や小田迪夫，小松善之助などにより説明的文章の表現に着目した指導法が提唱され，レトリック読みとして一定の評価を得てい

る。論理的表現の機能を取り上げた視点であり、論理的表現力への発展的展開や、説明的文章独特のレトリック習得などを内容とする学習も試みられている。だが、十分な浸透を見せるまでには至っていない。

　2003年のPISA調査の結果公表にともない、いわゆるPISAショックが日本中を襲った。日本の児童・生徒の読解力の低下が著しいというものである。習得的な学力は十分であるが、活用的な学力に大きな問題があるとされた。中でも記述問題に対する無答率の高さはかなりであったようで、問題視されている。つまり、読み取りの段階までは特に問題はないが、そこから自分の考えを記述する段階に至ると意欲そのものを喪失するものが多いということである。これまでの日本の説明的文章に関する学力観の再構築を迫られており、さまざまな対応策が打ち出されている現状にある。これらの状況を受けて、文部科学省の「全国学力・学習状況調査」がほぼ悉皆的に行われるようになっている。習得型学力を測るA問題と活用型学力を測るB問題とで構成され、B問題の学力向上が強く唱えられている。

b　説明的文章の性格

　説明的文章教材と一口にいっても、その幅は大きい。「さけが大きくなるまで」（2下）と「きつつき」（2下）の冒頭部分を抜粋し、比較する。

　秋になるころから、大人のさけは、たくさんあつまって、たまごをうみに、海から川へやってきます。そして、いきおいよく川を上ります。三メートルぐらいのたきでものりこえて、川上へ川上へとすすんでいきます。
　やがて、水のきれいな川上にたどりつくと、さけは、おびれをふるわせて、すなや小石の川ぞこをほります。ふかさが三十センチメートルぐらいになると、そのくぼみのそこにたまごをたくさんうんで、うめてしまいます。（「さけが大きくなるまで」教育出版『ひろがることば小学国語2下』平成23年度版〈以下も教科書は平成23年度版〉）
　エナメル線をつかって、コイルばねを作りましょう。
　はじめに、上の①のしゃしん（※略）のように、エナメル線を竹ひごにまきつけます。すき間がないように、きつくまきます。この時、エナメル線のはしを、五、六センチメートルぐらいのこしておきます。こうして、②（※略）のように、一セ

> ンチメートルぐらいのコイルを作ります。
> （「きつつき」教育出版『ひろがることば小学国語 2 下』）

　両者は，ある事象・事物に関して説明を行っている点では共通点があり，順序性を中心にしていることや同一の文末など類似点が認められる。しかし，よく見ると，「さけが大きくなるまで」には，対読者的な説得意識のようなものが感じられる。それに対して，「きつつき」は，表面上，この"きつつき"のおもちゃを作ってほしいという働きかけの意識は，見受けられない。

　文体をみると，「さけが大きくなるまで」は，説明的文章ではあるが，「いきおいよく」「川上へ川上へ」というレトリカルな表現を用いていることがわかる。これは，対読者意識の強い"説得"的な表現と見ることができる。言い方を変えれば，文学的な表現を用いて読者をひきつけようとしているのであり，科学的な事実を的確に伝えようとしているのではないということになる。「きつつき」は，売薬の注意書きのような書き方をしており，正確さ重視の文体となっている。

　説明的文章イコール客観的な表現というのは，誤りであって，本質は筆者の読者に対する"説得行為"の具現化とみるべきであり，その読みという行為の意味も対筆者的な"納得行為"という主体的な行為として捉える必要がある。単に情報を受容するというのではなく，自分なりにどのように納得したかを考えることが求められる。

　渋谷孝は，特に「きつつき」のような表現を"説明書き"とし，「さけが大きくなるまで」のような説明的文章とは区別している。（渋谷孝著『説明的文章の教材研究論』明治図書出版，1980）

c　説明的文章の種類

　説明的文章の種類は，文学作品に比べて多様性や形式の相異は大きくないものの，ある程度の種別は考えられる。

　観察・記録文，説明書き，説明文，意見・評論・論説文には，筆者の説得姿勢の強さにより，傾斜が認められる。観察・記録文，説明書きは，表現の視点

というものはあるが，時間的もしくは空間的な条件の規制が強く，それを情報提示に反映させる必要があり，特に筆者の説得的な独自性は具現化しない。しかし，説明文では，着眼や説明の方法などにまず独自性が表れてくるし，読者の内容への親疎，説明方法の複雑さなどについて筆者の対読者的な意識が働けば，表現面の特色が強く表れてくる。筆者の着眼点や力点が説明的表現として具体的に示されるといってよい。

d 説明的文章の特徴

「たんぽぽの ちえ」を例に，説明的文章の特徴を考えてみる。

　　　　たんぽぽの ちえ　　　　　　　　　　　うえむら としお
　春に なると，たんぽぽの 黄色い きれいな 花が さきます。
　二，三日 たつと，その 花は しぼんで，だんだん くろっぽい 色に かわって いきます。そうして，たんぽぽの 花の じくは，ぐったりと じめんに たおれて しまいます。
　けれども，たんぽぽは，かれて しまったのでは ありません。花と じくを しずかに 休ませて，たねに，たくさんの えいようを おくって いるのです。こうして，たんぽぽは，たねを どんどん 太らせるのです。
※以下，省略。　　　　　　　　　　　　（光村図書『こくご２上たんぽぽ』）

　冒頭部分だけだが，表現面を中心に見ていくと興味深いことが見受けられる。たんぽぽの特徴的な機能（ちえ）について客観的に記述しているだけではない。

　まず，読者の発達段階に配慮して，「だんだん」や「ぐったりと」，「どんどん」のような副詞を多用した潤色的な表現方法が認められる。これらは，科学的な内容把握を導くというより，イメージ形成を誘導する働きをなす。科学的な態度の形成の不十分な読者に対して，イメージ的な世界へ誘う効果を期待したものと考えられる。

　ついで，文末表現に細心の注意を払っていることが注目される。第一文が，「……さきます」という通常的な表現となっているのに対して，最後の文は，「……太らせるのです」という使役表現，及び「のだ文」を用いている。比べると，どちらに「ちえ」を見ているか，それは何のためかということがよくわ

| 実践の研究

かる。たんぽぽは,「たね」を大事にするために「ちえ」を働かせている。その「たね」と「ちえ」との関係を明確にするために特別な表現を用いているのである。最後から二番めの文の「おくっているのです」では意志的な表現を使用して, その「ちえ」の存在を明確にしている。この文章は, 全編を通じてこのような書き分けを行っており, 筆者の〈説得者〉としての工夫が見受けられる。

また末尾は, 以下のようになっている。

> このように, たんぽぽは, いろいろな　ちえを　はたらかせて　います。そうして, あちらこちらに　たねを　ちらして, あたらしい　なかまを　ふやして　いくのです。

この末尾を見ると, 冒頭との照応関係がよくみてとれる。「たんぽぽのちえ」も目的は「たねをちら」すこと,「新しい　なかまを　ふや」すことである。この全体構造（首尾）をきちんと捉えておくと, なんでもかんでも「ちえ」とすることはできないことがわかる。

e　説明的文章の読みの特徴

説明的文章の読みの能力は, 第一義には内容の読み取り能力である。しかし, 特に説明的文章の学習で最優先されるべきことではない。日常的な言語学習の中で十分に養われることである。説明的文章の学習では, 説明的文章という表現を採って表されることの効果, 特に説得性を学ぶべきである。そのためには, その説明的文章を表現するにあたって, 筆者が読者に対してどのような説得方法を用いているか, それがどのような, どの程度の納得を生むのかという, 表現面の吟味が必要である。それは, 説明的文章の読みという間接認識の能力, つまり文章を読んで情報を捉え, その真偽や信頼性の程度を判断する能力を育成することに直結する。国語科という視点から言語能力の育成としての説明的文章の学習を構想するならば, 説明的文章の内容の真偽の検討を行う前に, 書かれ方, 説明的表現の用いられ方に着目し, 重点的に納得すべき箇所とそうではない箇所（情報の受容・整理だけを行えばよいなど）とを区別し, 的確に読

み分けることが求められる。それが言語能力としての国語力を育成する学習となるし、その先にある思考・判断・表現の能力育成の基礎に培うことにもなるのである。

f　説明的情報という考え方

近年説明的情報という概念が出されている。文章ではなく、情報というのが一つの着眼点を表しており、情報活用まで見据えた考え方であろう。要するに読みの対象だけでなく、表現にも活用する道を明確に示そうというものであろう。この説明的情報は、対話的な読みの対象とは考えにくく、ある種の情報源、情報材として措定され、処理、あるいは第二次生産のための資料として活用されるべきものである。説明的情報は情報読書の対象として捉えるとよい。その学習は、さまざまな情報に対する峻別力や整理力、さらには主体的な情報発信力の育成という視点に立って、割り切って考える必要がある。

論理的な文章を読む能力を育成するための教材としては重視せずに、内容面を活用する方向で用いる。例えば、複数の説明的情報を比較して、新たな説明的情報を生み出すために使用するとか、ある説明的情報に新たな視覚的資料を加えて、拡大的に資料として再生産するとかなどの目的で用いるのである。

(2)　説明的文章の読みの基本

a　間接認識の有力な手段

説明的文章の読みは、情報を受容し、認識を形成することである。しかし、その方法は、あくまで文字を媒介とした間接的な認識によるものである。事実・事物・事象が、読者の眼前にないことが前提で書かれた文章を読み解くという過程を経て、読者の内面にある一定の認識が形成されることが求められる。

テレビ、ビデオなどの情報伝達メディアが発達し、また簡便な使用が可能になっている現在においては、それがしばしば文章の読みの場に持ち出され、間接認識性と直接認識性が混同される状況が生まれている。つまり、文章の読みという間接認識力を育成すべき学習の場面に不用意にテレビ・ビデオなどの直接認識の機器が持ち込まれ、読者の認識を希薄、曖昧なものにする授業が行わ

| 実践の研究

れているということである。一見，高い効果が期待できる方法であるようだが，実際の言語生活を考えると，学校環境のように都合のよい機器や機会に恵まれることは少なく，多くは新聞や雑誌などのような文字情報を主要な認識の手段としながら，テレビやビデオの情報を加えて，認識を補強している場合が多い。

　いかに説明的文章の内容を詳しく理解させるかということに苦心し，さまざまな事物やメディアの使用を工夫する授業をしばしば見かける。しかし，説明的文章学習は，言語能力を育成する国語の学習であり，内容面の強化を狙う理科や社会科の学習と同一視できるものではない。間接認識性は，国語の説明的文章学習の独自性を明確に意義づける根拠となるはずである。

b　対話的読みの生産性

　説明的文章の読みは，一般的には情報受容，情報処理といわれているが，実際，その考え方では捉えきれない。説明的文章を単なる情報の集合体と捉えるにはかなりの無理がある。文章と呼ばれるものは，筆者のまとまった考えが文字言語という方法を通して具現化されたものである。一人の人間の考えの提示なのである。これを音声表現・理解の場面にあてはめて捉え直してみる。

　なんらかの題材について，考察した専門家（詳しい人）があまりよく知らない人に説いて聞かせる一対一の場面を想像するとよい。聞き手は，都合のいいところだけ聞いて，思いつきでクレームをつけたり，聞くのをやめてしまったりできるであろうか。この一対一というのは，捉え直すと信頼関係そのものといえる。わかってもらいたいために話す内容を精選し，話し方を工夫する話し手に誠実に応えるには，聞き手はまず話を全て受け止める必要がある。そのうえで，疑問が残るところ，未解明な部分について質問し，解決を図る。そして，聞き手自身でその対話がどのような生産をもたらしたかを省察する。自分なりの言葉で表現し直すことも有効な方法であろう。全ての話を自分の中に取り込んで，その妥当性を自分の責任で判断していく。納得の過程を自ら構築していくのである。これは，説明的文章の読みの関係にもあてはまる。

　この対話的な読みの方法を身につけることが，説明的文章の読みの学習の大きな目標となる。加えて，説得方法を評価する能力の育成も合わせて行いたい。

c　説得感・納得自覚という情意面の重視

　納得の自覚と満足感，達成感に基づく読みの情意的な学力を保障する必要がある。従来の読みの能力は，その目に見える成果を追うことに腐心しており，結果として導き出されたなんらかの言語（音声・文字）のみを評価の対象としてきた。情意的な学力も重視されるようになった現状においては，この捉え方はややはずれた印象を与えるかもしれないが，説明的文章の学習においては，この桎梏ともいえる枠組みはほとんど揺るぎを見せていない。つまり，どのような態度で読んだかはほとんど問われないのであり，またどのような読みの態度を追求するかといったことも学力の範疇に組み込まれていない。

　読書という観点ならば，読んだ結果だけが問われず，読むときの態度や意欲といった面も学力として認められる。生涯学習という言葉を援用するまでもなく，豊かな読書生活は国語教育の重要な目標の一つと考えられるからである。

d　論理的認識を導く表現

　説明的表現の中には，読者の論理形成を導いたり，その契機となるように働いたりする表現がある。「まず」「次に」「さらに」のように論理の順序を表す表現や，「そうすると」「したがって」「こうして」などの論理の段階性，集約を明示する表現などがそれにあたる。これらの表現は，読者の認識を誘導したり，集約を促したりする働きをもつ。しかし，読みによって形成される認識の成果や質は，これらの表現を確認するだけで無条件に保障されるものではない。むしろ，これらの表現と導かれている認識の内容との照合・吟味の過程が大事である。表現と内容との整合性や対応関係を吟味し，その妥当性を判断できる能力を育成することが読者の論理的認識力を育てることにつながる。

(3) 説明的文章学習の系統

a　入門期の学習

　文字学習に入ったばかりの入門期の学習者にとって，教材の学習全てが文字を通した読みの学習となると負担は大きい。したがって，この時期の教材は，積極的に視覚的資料（写真，挿絵，図解など）と文字表現とを複合させたもの

| 実践の研究

が用いられることが多い。学習の中心も文字表現の内容と視覚的資料との対応関係を的確に把握できるかどうかにあり，その意味で文字表現の正確な理解が求められることになる。一見単調に見えても，このような文字表現と視覚表現との対応関係を確認する読みの方法を身につけていくことは，その後の文章の着実な読みの能力の基礎に培うことになる。入門期においては，この対応関係を主軸にゲーム的な活動も取り入れて，負担の少ない学習活動を展開すべきである。

b 低学年の学習

入門期の学習の後を受けて，短い文章のひとまとまりを読み取っていく能力を養う時期である。具体的には，大意や順序，簡単な段階などを捉えることが求められる。また，説明的文章に特徴的に表れてくる説明的表現に気づかせ，その働きを吟味させることも重要である。例えば「どうぶつの赤ちゃん」(光村1下)の「だからつよいどうぶつにおそわれても，おかあさんやなかまといっしょににげることができるのです」では，「にげます」と「にげることができます」とを比べて，どうちがうのかという点を明確にし，表現の違いによって，説明の結果，効果が異なってくることを初歩的なところで理解させることなどが求められる。要は，表現の違いによって，説明の性格が異なってくることに気づく学習者が育つことが肝要なのである。

c 中学年の学習

中学年に入ると，説明的文章の教材性もかなり本格化してくる。「ありの行列」(光村図書3下)のように一部の観察・実験過程を詳述し，その後全体の結果と考察を記す文章が出てくるし，また「花を見つける手がかり」(教育出版4上)のような解明過程を順序と段階を明らかにしながら綴っていく文章も登場する。内容的な難度はもとより，表現方法や論理展開の文章的な面も成人の読む文章の性格と質とにかなり近くなってくる。ここでは，内容理解という基本線はおさえつつも，そこから論理の展開方法やその整合性の判断力，表現方法の評価力など言語生活に密着した実践的な読みの能力を養うことが求められる。もちろん，学習者の世界が児童特有の自己中心性を多分に残している段階

なので，学習者の実態に即した慎重な運び方が必要となる。

d 高学年の学習

高学年になると，文章の内容的にはほぼ成人の日常的な知識内容と同等，もしくは題材によってはそれを凌駕(りょうが)するようになる。この段階では，これまでの内容理解，表現方法の習得及びその評価，論理の整合性の判断などの学習に習熟することが重要であるが，それに加えて，情報活用力の育成が重視される必要がある。情報として読んで，そこから再生産・発展生産する能力である。複数の説明的文章（説明的情報）を比較して，情報の性格や価値を判断し自分なりの情報として組み立てたり，またそこから新情報を生産したりするのである。さらには，新たに生産した情報の効果的な提示方法の学習も重要になる。対談や討論，プレゼンテーションや研究発表，図表化，解説文・評論文作成などさまざまな方法や形態が考えられる。いずれも実際の言語生活を確かで豊かにしていく実践的な方法の習得として意味をもつものである。

(4) 終わりに

国語教育の理念自体が大きな転換点を迎えようとしている。説明的文章学習も例外ではなく，むしろその渦中にある。その中で，新たな方法や系統を模索していくことが求められている。明確に言えることは，説明的文章という日本語の文章のことばの姿や働きを正面から受け止め，その能力を育成していくことの必要性である。これまでに十分に行われてこなかったことではあるが，まずは教師自身が説明的文章の言葉のありようをきちんと分析し，その中で必要な言葉の働きを学習者に学ばせていくということである。内容に不必要に傾斜しないこともまた重要である。またこれまであまり注意が払われていなかった説明的表現の学習の蓄積にも目を向ける必要がある。説明的表現の習得，活用の系統性と言い換えてもよい。

これらのことを再編，再構築して，新たな説明的文章学習の方法を切り開いていくことが求められるのである。

[植山 俊宏]

| 実践の研究

11　メディア・リテラシー

(1) 私たちとメディア

　メディアとはなんだろう？　ざっとあげると，テレビ・新聞・雑誌などといったマスメディア，SNSやインターネットのようなニューメディア，ゲーム，ロゴ等が印刷されたTシャツ・バッグやシューズ，ポスター・チラシ・街頭広告，もちろん，音声・文字言語，イラストや絵，図表，身体表現等も含まれる。このように有形無形のメッセージを伝える媒体をメディアと呼ぶ。私たちにとって，メディアはもはや空気のようなごく自然な存在であろう。ケータイ（携帯電話）をまるで身体の一部のように感じている人もいるだろう。

(2) メディア・リテラシー

　リテラシーとは「読み書き能力」を指す。メディア・リテラシーはこれら二語が結合してできた。ところで，テレビを見るのに読み書き能力が必要なのか？　文字の読み書きには一定の学習が必須だが，テレビはスイッチさえ押せば「読める」ではないか。──そう思った人も少なくないだろう。メディア・リテラシーという用語が20世紀後半に誕生したこと自体が，私たちの認識を問い直す必要性を訴えていることに着目したい。メディア・リテラシーとは「メディアが形作る『現実』を批判的（クリティカル）に読み取るとともに，メディアを使って表現していく能力」[1]であり，高度情報化社会で求められている読み書き能力である。以下，三つの重要な点に即して説明したい。

　第一に，メディアが「現実」を形づくっている実態に目を向けている点である。私たちは人気タレントについて，その人がどういう人物か「知って」いる。だがそれは，その人と一緒に行動したり，話をしてわかったことではない。ドラマやインタビュー，ゴシップ等，メディアから得た情報に基づく。それらを

---

1) 菅谷明子『メディア・リテラシー』(p.v，岩波新書，2000)

もとに私たち自身がその人物を「構成」している。メディアの受信者をオーディエンスと呼ぶが、オーディエンスは与えられた情報を送信者の意図どおりに受信するとはかぎらない。解釈の過程において、オーディエンスそれぞれの意味づけによって、独自の「現実」を構成するからである。同じ作品を読んだにもかかわらず、人によって異なった解釈をしていることに気づいたことは誰しも経験があるだろう。それだけに、お互いがいかに「現実」を構成したか語り合い振り返ることは、私たち自身の認識を捉え直すための好機となる。

第二に、「批判的（クリティカル）に読み取る」ことが強調されている点である。メディアは外界への窓だが、ありのままを写し出す窓ではない。なぜなら、私たちは事実をそのまま伝えることができないからである。遠足という同一経験を題材としても、書いた作文の内容は人によって異なることからも明らかであろう。事実をある観点から切り取り、あるコンテクスト（文脈・脈絡）の中で意味づけ、音声・文字言語、映像、音響等を組み合わせて、メディアごとの特性に則ってメディアテクストが編制されている。その過程では政治的・経済的・社会的なバイアスも介在する。同一事件であっても報道機関によって異なった論調で報じられている実態は、上述の過程に着目する必要性を物語っている。更には、○○健康法等の根拠のない虚偽がテレビで放送された事実も忘れてはならない。メディアを批判的に読むことが不可欠なのだ。

第三の「メディアを使って表現していく能力」は今後重視すべきだという点である。従来、メディア・リテラシーでは上の二点を軸に実践が開発されてきた。だが、インターネットを介して誰でもが全世界に発信できる環境が整備された今、批判に加え、創造的表現を育む新たな挑戦が必要である。

(3) メディア・リテラシーと国語科教育

母語教育のカリキュラムにメディア・リテラシーを積極的に導入する国は増えつつある。それも部分的・断片的に導入するのではなく、幼稚園から高校にいたる系統的な位置づけが工夫されている[2]。こうした取り組みは、現代の子どもたちの言語生活に対応させた母語教育としての教科内容における「拡張」と

| 実践の研究

して評価することができる。拡張の方向性としては三点に整理できる。
　・日常的な社会生活で出会うメディアの特性等を導入する方向性。
　・静止画や動画，図表等も含めた「映像」を導入する方向性。
　・言語活動に即して，批判的・創造的な思考をともに導入する方向性。

　カリキュラムを構成する活動領域についても，従来の話すこと・聞くこと・読むこと・書くことに加え，「見ること（viewing）」を加える傾向も指摘できる。少数にとどまるが，更に「見せること（representing）」まで加えた国もある。以上の拡張の背景には次の二点の根拠がある。第一に，実生活で出会う言語の多くが，静止画・動画等の映像や音声・音響などの非言語的な媒体を含めたマルチメディアとして媒介されている点。第二に，非言語的な媒体にしても，制作段階では言語によって企画・立案・組成され，オーディエンスはそれらを印象や感想，意見等として，言語化して受け取っている点である。加えて，マルチメディアの言語と非言語的な媒体に対して，オーディエンスが解釈の過程で両者をどう関連づけ，意味づけたかも問われる。こうした言語化は，論理的・感性的側面の双方にわたる。

　平成29年版学習指導要領・国語の〔知識及び技能〕(2)として，新たに登場した「話や文章に含まれている情報の扱い方」では，小学校低学年から中学校までの系統性のもとでの記述が行われた。情報相互の関係性を検討したり，結果的に批判的（クリティカル）な思考をはたらかせたりすることができる学習内容が取り上げられている。また，「第３　指導計画の作成と内容の取扱い」には２(1)ウ「第３学年におけるローマ字の指導に当たっては，……コンピュータで文字を入力するなどの学習の基盤として必要となる情報手段の基本的な操作を習得し，児童が情報や情報手段を主体的に選択し活用できるよう配慮することとの関連が図られるようにすること」や，２(2)「児童がコンピュータや情報通信ネットワークを積極的に活用する機会を設けるなどして，指導の効果を高めるよう工夫すること」，３(3)「説明的な文章については，適宜，図表や写真な

---

2) 　中村敦雄「メディア教育，リテラシーに関する研究の概観と展望」（全国大学国語教育学会編『国語科教育学研究の成果と展望Ⅱ』p.365-368，学芸図書，2013）

11 メディア・リテラシー

どを含むものを取り上げること」といった記述がある。国語科教育においてメディア・リテラシーの重要性が評価され，学習指導要領改訂とともに浸透しつつあることが読み取れよう。

(4) メディア・リテラシーをふまえた国語科授業づくり i

　授業の実例を紹介したい。「なつさがしをして，おてがみをかこう」と題した小学1年生を対象とした魅力的な実践を中村和弘氏が報告している[3]。グループごとにデジタルカメラを使用して学校内の「夏」を探し，学級全体で撮影した写真を互いに紹介し合う。お互いの発見を共有して，それに基づいて絵と文からなる手紙を書く実践である。取材・集材の過程にしぼってデジタルカメラを活用している点に特徴がある。展開は次のとおりである。

　①春から夏への季節の変化を手紙で知らせようとする意欲をもつ。
　②手紙を書く相手を決め，季節の変化について自分の考えを伝えようとする。
　③夏探しの活動を通して，デジタルカメラを使って校内のさまざまな夏の様子を記録し，撮影した写真を説明する。
　④集めた夏の様子を，絵や字で楽しく手紙に書く。

　氏は当初，子どもたちがデジタルカメラという機材を操作すること自体に夢中になり，活動が曖昧になることを危惧したという。しかし，実際には子どもたちは自ら試行錯誤を繰り返しながら，課題意識をもって意欲的に取り組んだようだ。その理由に関して，氏はデジタルカメラを活用する長所として「ゲットする」楽しさ，「きれいに撮れる」楽しさ，「すぐ見られる」楽しさ，の三点をあげて説明している。見つけた対象をきれいな映像として「ゲット」でき，その場で直ちに確認ができる長所が子どもたちの表現意欲を高めたのである。学級で写真を見せ合い，言語化して交流する学習活動はメディア・リテラシーをふまえた国語科としての基礎的学習として有効に機能している。

　国語の授業でメディアと聞くと，何か難しいことだろうと身構える教師は少

---

3) 中村和弘「なつさがしをして，おてがみをかこう」（井上尚美・岩永正史『国語科メディア教育への挑戦　第1巻』p.19-38, 明治図書，2003)

| 実践の研究

なくない。だがこの授業で明らかになったように,小学校低学年でも十分に実践可能である。むしろここで報告された子どもたちの姿からすれば,更なる実践開発の可能性が今後とも大いに開かれていると解すべきである。

(5) メディア・リテラシーをふまえた国語科授業づくりⅱ

　平岡雅美氏は「未来は夢のニュースキャスター」と題した小学5年生を対象とした実践を報告している[4]。この実践では,テレビのニュース番組の仕組みについて分析を行い,そこで得た気づきを生かして,子どもたちがデジタルビデオ等を活用して自分たちのニュース番組を作成している。理解と表現を組み合わせた意欲的な挑戦として評価できよう。展開は次のとおりである。

　①言葉の速さ,アナウンサーの表情,視線,カメラワーク等からニュース番組を分析する。
　②身のまわりのできごとを取材し,ニュース原稿を書く。
　③アナウンサー,キャスター,録画,ディレクターの係に分かれてニュース番組を協力して制作する。
　④作り上げたニュース番組を互いに視聴し合い,相互評価する。

　ニュース番組の分析では,NHKと民放のニュース番組を比較する方法が取り入れられた。批判的に分析する場合,比較という方法は子どもたち自身が切り口を見つけることができるので,大変に有効である。最初に子どもたちはアナウンサーの話し方や口調,表情についての感想をあげたようだ。その後,教師の指示によってカメラワークにも着目し,そのはたらきに気づいたという。続いて,取材,ニュース原稿作成を経て,役割ごとのシナリオやカメラワークの確認が行われた。グループを単位とした密度の濃い学習が行われたことがうかがわれる。番組の雰囲気について,大半の子どもたちが選んだのが民放ふうであったことは興味深い。オーディエンスとしての反応が生かされたのであろう。撮影にあたって,アナウンサーとカメラマンの打ち合わせ,原稿の音読練

---

4)　平岡雅美「未来は夢のニュースキャスター」(井上尚美・中村敦雄『国語科メディア教育への挑戦　第2巻』p.92-106,明治図書,2003)

習，ディレクターによる最終チェックといった準備が行われた。撮影した番組に満足できず，撮り直しをしたグループもあった。創造への真剣さが十分にうかがえよう。最後にお互いの番組を視聴し合い，気づきの交流が行われた。

学習を振り返って，氏はあらかじめラジオニュース番組を取り入れてもよかったのではないかと述べている。最初の子どもたちの感想も，アナウンサーの話し方や口調に向いた事実からすると，氏の提案には傾聴すべきものがある。書く・読む・話す・聞くの全てにわたる充実した学習活動は，その後の子どもたちのニュース番組視聴の質を格段に高めたのではないだろうか。

(6) メディア・リテラシーの未来

テクノロジーの開発は進み，学校で使用されるメディア機器も，以前のようなパーソナルコンピュータではなく，薄型タブレット端末が主流になりつつある。軽量で持ち運びが簡単，デジタル教科書として使用できるだけでなく，動画撮影，更にはその編集までもが実現したことは，今後の授業を大きく変える画期的な進展である。こうした動向は，メディア・リテラシーそのものを更新，あるいは革新するうえでの原動力となっている。このような「メディア」に触発された創発とともに，一方で「リテラシー」に注目した，学習指導の内容論・方法論の開発も重要な課題である。児童の目線にたち，発見を促すことを重視した優れた事例として，下村健一氏が『想像力のスイッチを入れよう』で提案し実践した，児童の「他者に対する想像力」「情報に対する想像力」「未来に対する想像力」を育成する取り組みが注目される。メディアとリテラシーの双方の視点から，未来の可能性をひらくことが，私たちにとって大事な課題である。

[中 村 敦 雄]

---

5) ルネ・ホッブス（森本洋介他監訳）『デジタル時代のメディア・リテラシー教育』（東京学芸大学出版会，2015）
　　アンドリュー・バーン（奥泉香編訳）『参加型文化の時代におけるメディア・リテラシー』（くろしお出版，2017）
6) 下村健一『想像力のスイッチを入れよう』（講談社，2017）

| 実践の研究

12 読書活動

(1) 読書と人間形成

a 現代社会における子どもの発達と読書

　「読書活動の指導」は、戦後の教育において一貫して重視され取り組みがなされてきた。それは、子どもの「人間形成」を企図してのことにほかならない。知識や情報を得ることはもちろん、想像力を養う、思考力を高めるといった全人的な発達というねらいが読書指導にはこめられていた。しかも、高度情報化社会といわれる今日、読書指導の必要性・重要性が強調されている[1]。

　子どもの「活字離れ」「読書離れ」が指摘されて久しい。高度経済成長とともに、マンガがあふれテレビが普及した。高度情報化社会の到来は、ビデオ・コンピューターゲームといったように、子どもらをヴィジュアルなメディアに釘づけにしている。内閣府の「平成28年度青少年のインターネット利用環境実態調査」によると、インターネットの利用時間について、「平日に2時間以上利用する」と回答した割合は、小学生32.5％、中学生51.7％、高校生76.7％であり、前年より5.8％増加しているとのことである。メディア社会において、子どもの言語生活は急激に変化し、リテラシー（読み書き能力）への影響が懸念される。子どもを取りまく環境や状況の変化の中で、リテラシーの問題、心の教育をどうするかは現代社会にとってきわめて重要な課題である。読書は、知・情・意のバランスのとれた、子どものトータルな成長を促すものである。子どもたちは読書行為において、登場人物に感情移入し共感したり、疑問をもち理由を考えたり、他者の視点にたって世界を見たりする。そのような体験が

---

1) 読書論として以下の文献を参照した。リチャード・ホガート『読み書き能力の効用』（香内三郎訳、晶文社、1974）、ロジェ・シャルチエ『書物から読書へ』（水林章他訳、みすず書房、1992）、スヴェン・バーカーツ『グーテンベルクへの挽歌』（船木裕訳、青土社、1995）、バリー・サンダース『本が死ぬところ暴力が生まれる』（杉本卓訳、新曜社、1988）、アルベルト・マングェル『読書の歴史』（原田範行訳、柏書房、1999）

子どもの人間的な発達を促すのである。現代社会において全人的な発達という点で、読書指導の具体化と活動の充実が求められているといえよう。

b　学習指導要領における読書指導

平成29年版小学校学習指導要領では、「総則」において学校図書館の利用が「主体的・対話的で深い学びの実現に向けた授業改善」に役立つことや「自主的、自発的な学習活動や読書活動」を充実させることが示されている。国語科では〔知識及び技能〕の中で、以下のように読書活動の充実が述べられている。「読書に親しみ、いろいろな本があることを知ること」〔第1学年及び第2学年〕、「幅広く読書に親しみ、読書が、必要な知識や情報を得ることに役立つことに気付くこと」〔第3学年及び第4学年〕、「日常的に読書に親しみ、読書が、自分の考えを広げることに役立つことに気付くこと」〔第5学年及び第6学年〕。国語の授業から読書指導への展開をとおして、「人間形成」および「思考力、判断力、表現力等」に資することが求められている。また、学校図書館との連携が強調されているのも、今回の学習指導要領の特色となっている。

(2)　読書活動への視点

a　読書指導と国語科

戦後の読書指導の歴史的な変遷をみてみると、国語科が主導的な役割を果たしてきたといえる。[2] 1958（昭和33）年の学習指導要領により、それまでの経験主義的学習から学力を重視した系統学習へと転換する中で、国語科の「読むことの指導」の一環もしくは発展として、読書指導は推進されてきた。しかし、「読解」の延長といってよく、子どもの自由や楽しみという要素はあまり配慮されていなかった。「読解」か「読書」か、「課題」か「娯楽」か、「指導」か「自由」かといった問題をめぐって議論があった。1970年代に入ると読書指導は国語科という枠を超えて、学校現場で広く推進されるようになり、読書教育それ自体の理論化が図られるようになる。そして、80年代の「ゆとり教育」、

---

2)　増田信一『読書教育実践史研究』（学芸図書、1997）

| 実践の研究

90年代の「新学力観」の中で,「楽しみ」として,あるいは子どもの主体的な活動としての読書という観点が確立されていった。今日では自ら学び・生きる力育成のための自己教育力としてキャリアプランに位置づけられてもいる。

b 読書活動と発達段階

読書活動を指導するうえで,子どもの実態や発達段階に応じるということが必須である。とりわけ小学校段階の指導は,その後の生涯にわたる読書生活への影響が大きいことはいうまでもない。読書調査をみても,不読率が増加傾向を示すのは小学校高学年からとされる。発達心理学では児童期を,「想像生活期」（6歳～8歳）・「知識生活期」（8歳～10歳),「徒党期」（10歳～12歳）と区分している。読書心理学でいう「読書興味の発達段階」[3]における「寓話期」・「童話期」・「物語期」とほぼ対応したものとなっている。

低学年：文字を習得したばかりの段階であることから導入期として,興味・関心を中心に「楽しみ」としての読書を意識した指導が求められる。この時期は「よい子期」ともいわれることから,本を読むことを褒めてあげるといった配慮も心がけたい。音読に比重をおき,紙芝居・動作化・ペープサート（紙人形劇）など多彩な活動を取り入れるとよいだろう。

中学年：自己中心的な言動から少しずつ離脱して,自主的な判断ができるようになる。「知識生活期」ともいわれるように社会生活に必要な知識を多く獲得していく時期でもある。しだいに声に出して読むよりも黙読へ移行し,神話・伝記など読書の範囲を広げられる時期でもある。読書記録をつけさせる,資料を読み比べる,感想を書かせるなどの活動が考えられる。

高学年：集団的な読書から一人で読む傾向を示し,読書能力としては「多読期」の段階に入る。他者への関心をもち始め,「友情」「正義」といったテーマに興味を引かれたりもする。読書への興味を生かしつつ,読書能力を確かなものにしていく時期である。読書会を開く,報告やレポートを書く,読書週間等の行事に取り組むなどへ展開させたい。

---

3) 阪本一郎『現代の読書心理学』（金子書房,1971),秋田喜代美『読書の発達過程』（風間書房,1997)

子どもの発達段階，読書能力・読書興味の多様性に配慮しつつも，あくまで学校の実態や子どもの個人差に応じることが肝要である。

(3) 読書活動・指導の方法

a 読み聞かせ（reading-aloud）

親や教員が絵本や本を声に出して子どもに読んで聞かせることをいう。「読み聞かせ」の特色は，目で読むのではなく耳で聞くという点にある。小学校低学年で実施されることが多い。したがって，「読み聞かせ」では直ちに読書力を養うというより，子どもを楽しませることにより，読書への興味や関心をもたせることに重点がおかれる。

b ストーリーテリング（storytelling）

話し手が昔話や物語を覚えて自分のものにし，本を用いずに聞き手に語って聞かせること。19世紀末からアメリカで児童図書館サービスとして行われていたが，1960年代にアメリカで図書館学を学んだ人たちによって日本にも紹介された。ストーリーテリングを実践するうえで，第一にどんな話を選ぶかが大事である。覚える以上，価値ある作品なのか音読に堪えるものかといった観点が求められる。第二にストーリーテラーとしての話し手の技術も無視できない。

c ブックトーク（book talk）

文字通り訳せば「本について話す」ことだが，本を紹介することを主眼にしており，しかも一つのテーマについて複数の本を関連づけるという点に特色がある。聞き手に本の魅力を伝え，読みたいという気持ちを喚起するために行われる。教室や図書館でブックトークを実践する場合，まず子どもの興味を引くテーマを設定することが大事であり，時間は30分程度，5～10冊が妥当であろう。絵や写真を活用したり，紹介する本も，回数や学年に応じて伝記やノンフィクションなどバリエーションを広げるなどの工夫をするとよい。[4]

---

4) 岡山市学校図書館問題研究会編『ブックトーク入門』(教育史料出版会，1986)

| 実践の研究

d　読書へのアニマシオン

スペインのモンセラ・サルトが考案したもので，「アニマシオン」は「魂の活性化」という意味。『読書へのアニマシオン』（宇野和美訳　柏書房　2001年）によれば，「アニマドールと呼ばれる仲介役」が子どもらに，あらかじめ読んできた本に関して「作戦」として問題・課題を出していく。例えば，洋服や品物の絵を見せ，それがどの登場人物のものかを当てさせるといったことである。「遊び感覚」で読書の楽しみを広げ読んだことを内面化していくことをねらいとしている。

e　ブッククラブ（book club）

1980年代に，主にアメリカの小学校に導入された方法。教師主導型の授業や教科書中心の読み書きへの反省から，子どもに好きな本を選ばせる，少人数のグループでディスカッションをさせるなどの方法を取り入れ，学力の向上とクリティカルな思考を目ざしたものである。[5]

f　その他

その他の具体的な読書活動の例としては，ビブリオバトル（本を紹介し合い，最も読みたい本を決める），ワールド・カフェ（メンバーを入れ替えて話し合う），リテラチャーサークル（役割を分担して多角的に本について話し合う），並行読書（教科書教材を主教材として関連のある本を読む）など，多様な活動が実践されている。学校全体としては，読書週間を設定する，感想文コンクールを開催する。クラスとしては，図書新聞を発行する，感想文集を作るなどの活動もある。

［丹藤博文］

---

[5]　T. E. ラファエル他『言語力を育てるブッククラブ』（有元秀文訳，ミネルヴァ書房，2012）

4章
国語科の基礎知識

| 国語科の基礎知識

1　国語科教育の歴史
――特に小学校の国語科教育を中心に――

(1) 明治期（1868〜1912）

a　制度史及び教科書史

学制の公布　明治5（1872）年，「学制」が公布された。その「被仰出書」は，冒頭で「学」の必要を説き，功利主義的な教育の理念を明確にするとともに，封建時代の身分制度や男女差別観にとらわれない国民教育の基本的なあり方を打ち出した。更に109章からなる「学制」は，学区による小学校・中学校の設置，及び小・中学校における教科の設定を明示して，制度としての学校教育を基軸とする新しい時代の教育の基本的なあり方を明確にした。また，「学制」は，下等小学の教科として14を置いたが，そのうちの綴字（カナヅカヒ），習字（テナラヒ），単語（コトバ），会話（コトバヅカヒ），読本，書牘，文法の7教科は，現在の「国語」に相当するものであった。なお，教科書としては，「小学入門　乙号」（明治8年）のほか，米国ウィルソン・リーダーの翻訳という性格をもつ田中義廉編の「小学読本」（明治6年），及び榊原芳野編の「小学読本」（明治6年）が文部省編纂として出されている。

教育令の時代　明治12（1879）年，学制を廃止して公布された教育令（翌年改正）では，小学校を初等科（3年），中等科（3年），高等科（2年）に分け，学科として「読書」「習字」をあげている。また，その学科に関して「小学校教則綱領」（明治14年）では，「読書ヲ分テ，読方及作文トス」としている。なお，教科書としては，文部省編「読方入門」（明治17年），若林虎三郎編「小学読本」（明治17年），金港堂「小学読本」（明治15年）などが刊行された。

学校令の時代　明治19（1886）年，小学校令・中学校令公布。小学校に関しては，尋常（4年），高等（4年）に分け（義務教育の年限は4年），教科書は「文部大臣ノ検定シタモノニ限ル」として認可制から検定制になった。また，同年の「小学校ノ学科及其程度」では，国語に関する学科が，「読書」「作文」「習

字」の3学科となった。なお，文部省自身，「読書入門」（明治19年）及び「尋常小学読本」（明治20年）・「高等小学読本」（明治22年）を発行した。

教育勅語発布の時代　明治22（1889）年，「大日本帝国憲法」発布，翌明治23年「教育ニ関スル勅語」発布，同年「小学校令」改正，そして翌24年，「小学校教則大綱」発令。そこには次のような規定が見られる。

> 読書及作文ハ普通ノ言語並日常須知ノ文字，文句，文章ノ読ミ方，綴リ方及意義ヲ知ラシメ適当ナル言語及字句ヲ用ヒテ正確ニ思想ヲ表彰スルノ能ヲ養ヒ兼テ知徳ヲ啓発スルヲ以テ要旨トス。

「普通ノ言語」とは話し言葉を指していると思われる。また，「兼テ」以下は，「教育勅語」発布の時代状況を背景に，国語教育に「国民教育ノ基礎」（改正小学校令）としての役割が担わされるようになったことを示している。

国語科の成立　明治33（1900）年8月，小学校令改正。それに伴う「小学校令施行規則」において，これまでの「読書及作文」と「習字」とが統合されて「国語」という教科が成立した。既に中学校においては，明治19年の「尋常中学校ノ学科及其程度」でそれまでの「和漢文」が「国語及漢文」と改められていたが，日清戦争を経た後の国家に対する国民的な自覚の高まりの中で，小学校の教育課程に初めて「国語」という教科が成立したのであった。

検定教科書から国定教科書へ　検定教科書としては，明治20年代には「新日本読本」（文学社，明治21年）や「帝国読本」（学海指針社，明治25年）など，30年代には金港堂の「尋常国語読本」「高等国語読本」や冨山房の坪内雄蔵編「尋常国語読本」「高等国語読本」など，多くの読本が刊行された。しかし，明治35（1902）年，教科書採択をめぐる贈収賄事件（教科書疑獄事件）が起こり，明治36（1903）年4月，「小学校令」が改正されて，小学校の教科書は国定制となり，翌明治37（1904）年4月，第一期国定読本「尋常小学読本」（イエスシ読本）が使用開始となった。この読本は，発音や字形の区別からはいるなど，語学的な傾向の強い読本であった。

明治40（1907）年3月，「小学校令」が改正され，尋常小学校の修業年限（つまり義務教育年限）が6か年となった。それに伴って教科書も改訂され，明

| 国語科の基礎知識

治43（1910）年4月から第二期国定読本（ハタタコ読本，「黒読本」）が使用開始された。これは，童話・昔話，神話・伝説・歴史物語などの文学教材・国民教材が多く採られており，国民道徳の育成を意図した教科書であった。

b 教育思潮史

開発主義の教育　明治初年は，知識の注入・暗記方式の教授法が主であった。そんな時代，教育観あるいは教育実践の近代化の上で大きなはたらきをしたのが，実物教授法（オブジェクト・レッスン）と開発教授法であった。前者は，実物を指し示して教授するというものであり，N・A・カルキン『加爾均氏庶物指教』（黒澤寿任訳，明治10年）などによって紹介された。後者は，明治10年代に高嶺秀夫らによってアメリカを通してもたらされたペスタロッチの「心性開発主義」の教育学で，それに基づく実践をまとめた若林虎三郎・白井毅共著の『改正教授術』（明治16年）は，全国的に広く受け入れられた。

ヘルバルト派教授学　明治20年代にはいると，学校教育の中に国家主義的な国民教育・道徳教育が求められるようになる。ヘルバルト派教授学のE・ハウスクネヒトが東京大学に招聘されたのも，それまでの英仏米流の教育にかわって道徳的人格の陶冶を教育の目的とする国家主義的なドイツ教育学の導入がはかられたからであった。しかし，実際のところヘルバルト学説は特に「予備，提示，比較，総括，応用」の五段階教授法（分段教授法）という教授方式の学説として教育現場に受け入れられた。なお，谷本富の『実用教育学及教授法』（明治27年）は，ヘルバルト派教授学を全国に普及せしめたものであった。

統合主義　ヘルバルト派の五段階教授法は，明治30年代の半ばになると，その形式的な模倣の弊害が指摘されるようになった。樋口勘次郎は，『統合主義新教授法』（明治32年）において，五段階法を全ての教授に当てはめることを批判し，生徒の自発活動の重視，教材の性質による教授段階の活用，さらに自由発表主義作文を主張した。この樋口の提唱は，大正期の児童中心主義，あるいは自発活動主義の教育へのいざないとなったのである。

(2) 大正期 (1912〜1926)

a 時代の教育思潮

　大正期は工業生産が拡大し，世界の資本主義国家の列に参入する一方，大正デモクラシーとよばれる一連の民主主義的改革運動が起こるとともに，生活・文化の面でも大きく近代化が進んだ時代であった。しかし，大正末期には資本主義の危機が深刻化し，労働者や農民の生活が困窮をきわめ，社会主義思想が広がっていった。そのような時代背景のもと，教育界はどうだっただろうか。

　結論的に言うと，大正期は，エレン・ケイの自由主義教育，モンテッソリの自働教育，さらにはダルトン・プランやプロジェクト・メソッドなどのさまざまな欧米の新教育思想をとり入れながら，児童中心あるいは学習者本位の自由主義教育を進めた時代であった。学校教育は，制度史的には明治期においてほぼ確立していたが，思潮史的には個性的な主張が多様に展開し，大正デモクラシーのもと学習者重視の教育が提唱された。以下，思潮史的に重要な事項を取り上げていこう。

b 蘆田恵之助『綴り方教授』『読み方教授』

　東京高等師範学校附属小学校訓導であった蘆田恵之助は，大正2（1913）年，『綴り方教授』を著し，「自作は綴り方の本幹である」と言い，また大正5（1916）年の『読み方教授』では，「読み方は自己を読むもの」と言った。蘆田は，読む・書く等の言語活動を学習者自身の主体的行為として捉え，その学習を学習者の側から考えようとしたのである。ここに学習者の自由・自発を重んずる児童中心主義の大正期国語教育の出発を告げる蘆田の教育史上の意義がある。

　特に，作文領域には拠るべき国定教科書がないため，その実践は全て教師の教育観にゆだねられていた。振り返ってみると，明治期には，樋口勘次郎の活動主義あるいは自由発表主義のような提唱もあったが，教師中心の範文模倣主義の「作文」教育が中心だったと言っていいだろう。そこに登場したのが，蘆田恵之助である。樋口の影響を受けていた蘆田は，『綴り方教授』において児

| 国語科の基礎知識

童自身が自由に題材を選んで文を綴る随意課題の重要性について述べ，更にその後の論稿において，教師が与える課題のもとに文を綴らせる課題主義を排して，随意選題主義を提唱した。この児童の自発活動を重視した随意選題，あるいは自由選題の綴り方は，当時の児童中心主義の時代思潮のもとで全国的に広がっていった。ところがそれに対して課題主義を唱えて反対したのが，広島高等師範学校附属小学校訓導の友納友次郎であった。友納は，能力の習得を重視する練習目的主義の立場から，「綴方は綴る力をつけるといふことが，唯一の目的である。この目的のためには，場合によつては児童の好まない文材であつても選択して課さなければならぬ」（『綴方教授法の原理及実際』大正7年）とした。この蘆田・友納の論争は，教育ジャーナリズムでも取り上げられ，大正10年1月3日から5日間にわたる小倉での立会講演となった。

　c　第三期国定教科書と『赤い鳥』の発刊

　大正7年，第三期国定教科書『尋常小学国語読本』（「ハナハト読本」，白読本）が刊行され，使用開始となった。この読本は児童中心主義の新教育思潮を視野に入れて編集されており，児童の日常生活や地方の生活情態，更に海外に目を向けて，世界の人物や地理に関するものなどが取り上げられている。

　上記読本の発行された大正7（1918）年7月，鈴木三重吉によって『赤い鳥』が創刊された。この児童雑誌には当時の第一線で活躍している作家の童話や詩人の童謡が掲載されるとともに，投稿作品の中から鈴木三重吉によって選ばれた綴り方と北原白秋によって選ばれた童謡とが収載されていた。三重吉は創刊宣言の文章で「ただ見た儘，考へた儘を，素直に書いた文章」の寄稿を呼びかけている。この『赤い鳥』の刊行は学校教育の外のことだったが，童心主義あるいは児童中心主義の児童文化運動として全国的に大きな影響を及ぼした。

　d　大正自由主義教育

　児童中心主義に立つ西洋の教育思想の影響を受けながら，大正の新教育は，児童の自主的・主体的な学習の成立を求めてさまざまに展開した。大正6（1917）年の澤柳政太郎による成城小学校の創設は，その代表的なものである。すなわち，澤柳は，「学級王国」を提唱し，「個性尊重」や「親自然」などを教

育方針として掲げた。また，木下竹次は，大正9（1920）年に奈良女高師附属小学校において合科教授を提唱し，わが国の総合主義教育に先鞭をつけた。

大正期の自由主義教育の性格をよくあらわすものに，「八大教育主張」と呼ばれるものがある。それは，八人の教育者による教育理論だが，いずれも自由主義の立場に立ち，児童中心の教育を主張したものであった。

e　垣内松三『国語の力』

明治期以来，内容主義か形式主義かが問題となっていたが，大正11（1922）年，垣内松三はその著『国語の力』において，形式・内容一元論とも言うべき形象理論を展開した。形象理論というのは，読者が「胸中に再構成」して見た「文の形」は「想の形」であって，「文の真相を観るには文字に累はさるゝことなく，直下に作者の想形を視なければならぬ」という理論であり，そのための読みの方法が，文章全体の直観的な把握としてのセンテンス・メソッドであった。垣内は，その方法論を，蘆田恵之助『読み方教授』中の「冬景色」の授業記録に基づき，「1　文意の直観」「2　構想の理解」「3　語句の深究」「4　内容の理解」「5　解釈より創作へ」といった読みの成立過程として具体的に示した。

この『国語の力』以降，形象理論とセンテンス・メソッドに関わる研究が盛んとなり，それが昭和前期の解釈学的な読み方教育に引き継がれていく。

(3) 昭和前期

大正期の自由主義教育は，概観するなら，一つは自学重視の教育として，また一つは総合的な学習重視の教育として展開したが，その根底にあるのは児童中心主義の教育観であった。昭和前期は，そのような大正期の教育思潮を引き継いで新しい展開を見せつつも，昭和16年の太平洋戦争に向けて皇国民教育あるいは軍国主義教育への歩みを進めていった時代であった。

a　生活綴り方運動

大正末からの社会的現実への関心の高まりを背景に，昭和4（1929）年，小砂丘忠義らによる『綴方生活』が，続いて昭和5（1930）年，成田忠久らによる『北方教育』が創刊された。これらは，一言で言うなら，生活者としての児

童観に立ち，書くことによる生活現実への認識の深化を目ざすものであった。
　すなわち，文章の上手な書き方よりも，地域の生活の現状を見つめ，綴り方を通してそれに立ち向かう生活者としての児童を育てることに重点が置かれた。昭和の初年，このようないわゆる生活主義の動きは，全国各地でさまざまな形で展開し，互いに交流を深めつつ広がっていった。特に時代に世界的な不況の嵐の中にあり，生活の貧困は児童の上にも重くのしかかっていた。生活主義の綴り方において，書くことは，そのような自分たちの直面する現実の諸矛盾と向かい合って生きる生活者を育てることであった。このような生活綴方の実践・研究は，児童・生徒の生活現実を見つめる青年教師によって進められたものであり，それは教育現場から生まれたわが国初めての，現場教師による教育運動であった。しかし，昭和8（1933）年，長野県下のプロレタリア教育運動が「教員赤化事件」として弾圧されるような，教育に対する国家統制が強まる時代にあって，生活綴方運動も治安維持法被疑事件として弾圧され，活動停止を余儀なくされたのである。

　b　解釈学的読みの教育

　後に西尾實が大正初年から昭和10年頃までを「文学教育的教材研究期」と命名したように，昭和前期は，大正期の垣内松三の形象理論を受け継いで，西尾實や石山脩平らによる文学教材の読み及びその指導理論の研究が盛んになされた。西尾は，昭和4（1929）年の『国語国文の教育』において，読む作用を「素読」（行的方法による直観），「解釈」（直観に対する反省的判断），「批評」（価値判断）として理論化し，形象を成り立たせる「主題」「構想」「叙述」を読みの方法体系として構造的に取り出して示した。石山は，昭和10（1935）年，『教育的解釈学』を著し，解釈の実践過程を「通読段階」「精読段階」「味読段階」及び「批評段階」として考究したが，後に「批評段階」をはずして，いわゆる「通読」「精読」「味読」の三読法として時代をリードした。以上の西尾，石山の論述に共通するのは，ともに形象の理解を目指した解釈の学であったということ，センテンス・メソッドによる全文の直観的な把握を出発点とした三段階法であったということだが，更に注目すべきは，己れをむなしくしたとこ

ろに成り立つ読みの理論だったということであろう。すなわち、解釈学は、「言葉」から「こと」を捉え、更に「こころ」にまで達して作者の心に融合していく感化主義・教化主義の理論として、皇国民教育の中に組み込まれていったのである。

c 皇国民教育への道

　昭和8（1933）年、第四期国定教科書（サクラ読本）が刊行された。これは、「サイタ　サイタ　サクラ　ガ　サイタ」という児童の叫びから始まる読本で、センテンス・メソッドを教科書の上で具体化したものであり、また児童の心理発達を考慮するとともに、文芸性を重視した編纂になっていた。この教科書は、その他の面でも国語教科書としては画期的なものであったが、しかし、高学年になると皇国民読本の色彩を濃くしていった。

　また、昭和12（1937）年には、西尾實の「言語活動主義」の提唱（岩波『国語教育講座』所収の論文「文芸主義と言語活動主義」）があり、それは国語教育史の上から見ると戦後の言語生活主義につながっていく重要なものなのだが、しかし、日本は軍国主義への歩みを早めていた。すなわち、日本が太平洋戦争を始める昭和16（1941）年3月、明治33（1900）年以来の「小学校令」は廃止されて、「皇国の道」という文言をはっきりと法令上に示した「国民学校令」が公布され、続いて第五期国定教科書（アサヒ読本）が刊行された。この第五期は、国語読本に相当する『ヨミカタ』『よみかた』『初等科国語』と、言語練習用の『コトバノオケイコ』『ことばのおけいこ』、および『教師用書』とからなるもので、言語教育の面がおさえられている点が注目すべきものだったが、内容的には国家主義的・軍国主義的な教材で満たされており、それによる忠君愛国を柱とする皇国民教育が徹底して行われたのである。

[田近洵一]

| 国語科の基礎知識

(4) 戦　　後

a　戦後国語教育の新生

　戦後を敗戦・被占領という形で迎えたわが国は，かつて経験したことのない未曾有の状況の中で，荒廃した教育の再生を図ることになった。

　戦後教育の指針となる「教育基本法」（昭22.3）が制定され，昭和22（1947）年4月，民主主義・平和主義の下での新教育が発足した。義務教育期間が小・中学校の九年間に延長され（それまでは六年間），男女共学が導入されるなど，明治5年の「学制」以来の大改革となった。国民学校は小学校に改められ，新制中学校（昭22）・同高等学校（昭23）も誕生して，ここに戦後教育の基礎となる六・三・三制がスタートしたのである。

　国語教科書は，昭和20年度後半のいわゆる墨ぬり教科書，昭和21年度の一年間だけに使用された暫定教科書を経て，昭和22年度からやっと本格的な教科書『こくご・国語』（第六期国定国語教科書，「おはなをかざる　みんないいこ　なかよしこよし　みんないいこ」で始まる通称「みんないいこ」読本）が使用された。これにより，文字学習がそれまでの片仮名先習から平仮名先習に改められた。検定制度が整備されるにしたがい，昭和24年以降の国語教科書は，しだいに検定教科書へと移行していった。その昭和24年，新たに入門期の国語教育のあり方が大きな課題となり，GHQ/CIEの指導の下に，文部省から『まことさんはなこさん』『いなかのいちにち』『いさむさんのうち』という三冊の入門期国語教科書が発行された。これらは検定教科書の範として期待されたこともあって，続く検定教科書の多くがこれにならい，類書を多く生み出すことになった。

　戦後まもなく，国字問題が大きく取り上げられ，昭和21年11月，当用漢字1,850字が制定され，現代仮名遣いの準則が示された。そして，当用漢字表の別表881字が，教育漢字として義務教育期間中に読み書きできることが目ざされた。また，新たにローマ字の学習も始まることになり，文部省著作の国定教科書として『Taro San』『Mati』『Kuni』（昭24）がヘボン式もあわせて発行された。こうした漢字字数の減少，ローマ字学習の新設などは，まさに占領の直

接的な影響であった。

b　経験主義に基づく単元学習と学力低下

戦後国語教育の指針として出された『学習指導要領国語科編（試案）』（昭22）は，戦前までの国語教育を「きゅうくつな読解と，形式にとらわれた作文に終始した」と捉え，その反省に立って，戦後の国語教育の目標を「あらゆる環境における言葉のつかいかたに熟達させるような経験を与えること」であると規定した。豊かな言語経験を与えるということから，実践現場では，「〇〇ごっこ」など，言語活動を積極的に取り入れた総合学習や単元学習が精力的に展開された。それが経験主義に基づく新生国語教育の旗印であった。昭和26年に改訂された第二次学習指導要領においても，この傾向はますます拍車がかかり，「国語能力表」の中に，「映画をみてたのしむことができる」「電話をかけることができる」など，経験と能力とが相即する形で示され，学習者の興味・関心，経験を生かしながら言語生活力の育成・向上をねらう国語教育が継続した。一方，昭和20年代半ば頃より，活動は活発だが学力はついていないのではないかという戦後教育・国語教育に対する批判の声が出始めて，各種の学力調査（文部省・国立教育研究所・日教組等）が実施された。これらの調査においていずれも，国語科では漢字（書き取り）力と説明文の読解力が低いことが明らかになり，経験主義・単元学習に基づく国語教育に反省が求められ，しだいに能力主義・系統学習の国語教育へと関心が移っていった。

c　生活綴方の復興と文学教育の提唱，国語科本質論の究明

昭和20年代半ば，作文教育の領域では，生活綴方を中心に独自の成果が次々に生み出されていた。大関松三郎詩集『山芋』（寒川道夫），文集『山びこ学校』（無着成恭），『新しい綴方教室』（国分一太郎）が，昭和26（1951）年に相次いで出版され，その子どもを大切にし，生活を見つめた作文教育実践・理論が多くの国語教師の心を深く揺り動かした。"戦後生活綴り方の復興"といわれた。また文学教育の領域でも，言語経験，技能主義本位の国語教育にあきたりない，人間性をもっと深いところで形成する文学教育の必要性を主張する新たな動きが現れてきた。その端緒となったのが，森山重男「文学教育の動向」

国語科の基礎知識

(『文学』,昭26.3),井本農一「文学教育の提唱」(『実践国語』,昭26.4)などであった。こうした動向と平行する形で,「経験主義か能力主義か」「言語教育か文学教育か」「作文教育か生活綴方か」など,国語教育の本質を根底から揺さぶる本格的な論争が学会・研究協議会などの場で行われた。

更にこの時期,国語教育学を学問的に究明しようとする意欲も活発となり,大学で国語科教育法を担当する研究者を中心とした全国大学国語教育学会(昭和25年)が発会した。それに呼応するかのように,西尾実『国語教育学の構想』(昭26),時枝誠記『国語教育の方法』(昭29),西尾実『国語教育学序説』(昭32)など,国語教育学を対象とした研究書が相次いで刊行された。

d 能力主義による系統学習

昭和33(1958)年度版の第三次学習指導要領は,それまでの「試案」を改め,文部省告示として提示された。独立後の初めての指導要領として,「道徳教育の徹底」「基礎学力の充実」「科学技術教育の向上」を図ることを打ち出した。国語科は,基礎学力充実の観点から,指導時間数が増え,昭和22年度版で週当たり各学年5・6・6・7・6〜7・6〜8(合計36〜39)時間であったものが,昭和33年度版では同7・9・8・8・7・7(合計46)時間となり,低学年を中心に約10時間増となった。学習指導要領に学年別漢字配当表(881字)が付表として掲載され,検定国語教科書もこれに準拠して編修されることとなった。

また「言葉に関する事項」が新設されて文法指導が盛んになり,「文法指導ブーム」と言われた。こうした中から,倉澤栄吉『文法指導』(昭31),永野賢『学校文法文章論』(昭34),時枝誠記『文章研究序説』(昭35)などが刊行された。読むことの指導では,文種別(説明文・物語文など)の読解指導が展開され,その一環として説明文指導において文図の指導が積極的に取り入れられた。作文指導では,森岡健二『文章構成法』(昭38)が刊行され,コンポジション作文(取材―構成―記述―推敲)が大きく注目された。また系統指導の一環として,国語科にもスキル学習,プログラム学習が取り入れられた。

e 指導過程論の盛況

昭和30年代の後半から,読解指導過程の定式化が大きな話題となった。輿水

実の基本的指導過程の提唱（昭38）がその端緒となり，教科研（教育科学研究会）国語部会による，戦前の解釈学的指導過程（通読・精読・味読）を批判的に継承した三読法，その多層的な読みを批判する形で登場した児言研（児童言語研究会）の一読総合法，さらに文芸研（文芸教育研究協議会），文教連（文学教育連盟），文学教育の会などによって，次々に個性的な読解指導過程が世に問われた。こうした中から，「一読か三読か」「読みにおける主観主義・客観主義」など，「読み」をめぐる熱い論争が行われた。

f 情報化時代の読書指導

昭和40年前後の日本は，東京オリンピックの開催，新幹線の開通など，科学技術が長足の進歩を遂げていく時代であった。高度成長経済を背景にして，教育内容にもそれにふさわしい科学性・現代化が要求されるようになった。その中心は算数・理科など理系の科目であったが，国語科にもこの波は及んできて，第四次学習指導要領（昭43）では，学習漢字の増加（881字から備考漢字115字を加えて996字に），読書指導（情報化社会への対応という側面から，とりわけ説明文の読書指導）の推進などが強調された。こうした中から，筆者想定法，調べ読み，比べ読み，発展読書などの実践的試みが意欲的になされ，阪本一郎他『現代読書指導事典』（昭42），滑川道夫『読解読書指導論』（昭45），倉澤栄吉『これからの読解読書指導』（昭和46）などの著作が刊行された。

g 教育内容の精選，基礎・基本の重視

昭和50年前後，石油ショックを契機に，それまで経済成長を最優先にしてきたわが国のあり方全般に対して反省を求める声が出てきた。公害による環境悪化，機械化による人間疎外などをはじめとして，教育界にも，学校荒廃，落ちこぼれ，授業が成立しないなど，難題が山積してきた。昭和48（1973）年には高等学校への進学率が90％を越え，昭和55年には94％に及んだ。こうした中で，マスコミからは「教育における七五三」（教育内容を理解できるものの割合が，小学校で七割，中学校で五割，高等学校では三割）などと言われ，難しすぎる教育内容，忙しすぎる学校生活を再考する声が大きくなってきた。人間性豊かな児童，ゆとりある充実した学校生活，基礎的基本的内容の重視の観点から，第

| 国語科の基礎知識

五次学習指導要領の改訂（昭52）が行われた。国語科も「言語の教育」の立場を鮮明にする方針が打ち出され，従来の活動本位から能力本位の国語科へと転じていくことが求められた。国語科の内容が「表現」「理解」の二領域と「言語事項」とで示され，実践現場の関心は，表現と理解（その中心は読み書き）を関連させて扱う関連指導へと移っていった。「関連指導ブーム」と呼ばれた。

h　話し言葉指導の改善，読者論の盛況

一方，昭和60年前後から，学習者の「声が小さくて聞き取れない」「筋道立てて話せない」など，音声言語能力の低いことが問題にされるようになった。音読・朗読指導，話し言葉指導の改善を求める声が大きくなり，音読・朗読発表会，三分間スピーチ，ディベートなどが，校内研究会などで率先して取り組まれるようになった。

また，イーザー『行為としての読書』（昭57）などの影響も受けて，読者論が国語教育で大きく取り上げられ，教育雑誌の特集が次々に組まれた。関口安義『国語教育と読者論』（昭61）は，この領域における開拓的文献であった。

i　国際化社会への対応

平成期に入ると，国際社会に生きる日本人育成の観点から，個性重視，生涯学習，社会変化（情報化・国際化・価値観多様化）への対応が教育の基準としてうたわれた。改訂された第六次学習指導要領（平成元年）では，知識習得を主としてきた教育のあり方から学び方（学習法）の学習，自己教育力の育成を中心にした「新学力観」が提唱され，国語科でもこれに呼応して単元学習の再評価・見直しが大きな話題となった。日本国語教育学会は学会をあげてこれに取り組み，『ことばの学び手を育てる国語単元学習の新展開』（平4）に結実させた。これらは，戦後間もなく一世を風靡して学力育成面から批判された単元学習とは区別して，新単元学習と呼ばれた。

j　国語科の基礎・基本と総合的な学習の時間

平成10（1998）年，知識中心の学力観から「自ら学び自ら考える力（＝生きる力）」を育成する学力観へシフトする中で，第七次学習指導要領（平10）が告示された。学校完全週五日制の実施や，「総合的な学習の時間」の創設を受け，

国語科における基礎・基本の定着と「総合的な学習の時間」との関連が大きな話題となった。時間数削減の中で、基礎・基本学力の低下が憂慮された。

子どもたちのコミュニケーション不全、孤立化傾向が指摘され、対話能力（コミュニケーション能力）の育成が、学習指導要領に示された「伝え合う力」の育成ともあいまって実践的な課題となった。一方、国語科授業の中心を成してきた文学作品の読解指導が「詳細になりすぎている」として反省が求められ、学習指導要領から「主題・鑑賞」の語句が大幅に削減された。

k　思考力・判断力・表現力等の育成——各教科等における言語活動の充実

学力（低下）に関する話題が引き続き多く取り上げられた。「これからの時代に求められる国語力について」（文化審議会、平成16年）」が答申され、「考える力、感じる力、想像する力、表現する力」が「国語力」だと示された。PISA調査において「読解力」低下が大きな話題となり、これらを背景として、平成20（2008）年、第八次学習指導要領が改訂された。国語科をはじめ、各教科等で言語活動を充実させる中で、国語力（思考力・判断力・表現力等）を育成することになった。こうした「言葉」重視の中で、言葉の力を育む責任教科である国語科の存在意義・役割等が厳しく問われることになった。

l　「資質・能力」を育成する「主体的・対話的で深い学び」

時代の進展にともない、グローバル化、情報化は、社会生活に大きな変化をもたらした。子どもたちの世界にも、スマートフォンやＳＮＳが普及してきており、プログラミング教育とも関連させて、情報活用能力を身につけることが必要になってきている。こうした状況下、2030年の子ども社会の将来像も見据えて、平成29（2017）年、第九次学習指導要領が改訂された。言語活動の充実を引き続き活用しながら「資質・能力」を育成することが目ざされている。子どもたちが、自ら課題を発見・生成するなど主体的に学び、他者と議論したり、協働したりして対話的に学び、課題を解決したり、自己の考えを形成したりして深く学ぶ——こうした学びを通して子どもたちが生涯にわたって能動的な学び（アクティブ・ラーニング）を続けることができるように、国語科授業を改善することが求められている。

［吉田　裕久］

| 国語科の基礎知識

2　児童の言語と思考

(1)　小学校低学年の言語と思考

　スイスの心理学者ピアジェによれば，幼稚園から小学校低学年にかけての時期は，「前操作期」の段階にあたる。この段階での思考の一般的特徴としては，「自己中心性（または中心化）」という思考構造があげられる。これは，まだ物事を論理的・客観的に考えることができず，いわば天動説のように自分の立場を中心とした一つの方向からしか考えられない，つまり，考えの方向を逆にしたり，いろいろな角度から考えるということができない段階である。他人と向かい合ったとき，自分の右が相手にとっては左になるという関係の理解が困難であり，また羅列的・表面的な思考になってしまう。作文の場合でも，一度何かを表現するとその見方にしばられてしまい，それを別の角度から見直して推敲することは難しい。表現されたものを自分から突き放して客観的に眺めるということがなかなかできない。また，1～2年生に「遠足」の作文を書かせると，中心的なことと枝葉のこととの区別がつかず，時刻表のようにずらずらと書き並べてしまうことが多いのは，前述のような思考構造によるわけである。

　次に「読み」の問題を考えてみよう。子どもが文学作品を読むとき（テレビを見るときも），いつもすぐ問題にするのは，登場人物が「よい人」か「悪い人」かということである。小さい子どもほど，こうした二分法で考えたがる。文学作品は，なんらかの意味で登場人物の生き方・考え方が問題になるから，それを読むときには，子どもの価値観や道徳意識が大きなウエイトを占める。

　こうした観点からすると，低学年の文学作品の読みの実相としては，登場人物と一体になって一喜一憂する，人物に対する感情的・感覚的な反応（好きか嫌いかなど），善人か悪人かという二分法的な価値判断がみられるのであり，指導目標もこの点を考慮することが求められる。

　次に，語彙の面では，例えば「東西南北」というように，言葉を客観的な

「系」として把握することは困難である。一方，擬声語やリズミカルな音の繰り返しが好まれる（例「おむすびころりん」）。

構文的には，先生の問いに対して一語文的な答え方をすることが多い。また話をさせると，一つの文が「〜して，〜して」のようにダラダラと続くことがある。これらは，いずれも「文」意識が十分確立されていないところに原因があるのだから，はっきりと主語・述語の整った文の形で言わせるという習慣をつけることや，適当なところで文をくぎらせるようにすることが大切である。

(2) 小学校中学年の言語と思考

中学年では，まず思考の面からみると，自分の立場を反省したり，自分から離れて客観的に物事をみることが可能になってくる。ピアジェはこれを「脱中心化」と呼んでいる。ということは，一つの方向からだけ考えるのではなく，考えの向きを逆にしたり（可逆性），物事をいろいろな角度から関係づけていくこと（相補性）が可能になることを意味するのである。

作文についていえば，対象をありのままに客観的に「記述」することができるようになる。また4年生くらいになると，単に客観的に見たままを述べるだけではなく，一定の立場や視点を意識して他の人に「説明」するということもできるようになる。説明というのは，なぜそうなったかという因果関係などを捉えて述べることで，論理的思考というのはこうした「関係づけ」の認識にほかならない。ピアジェの用語である「操作」というのも，ひと言でいえば，このような論理的思考のことなのである。

読みについていえば，登場人物と自分の生き方との対比が可能になり，距離をおいて対象を客観的に眺めることができるようになる。一方，人物と対比して自分自身の生き方への反省（「それなら自分はどうか」）も可能になる。

言葉の使い方の面では，こうした思考構造が，自分自身の言葉に対する反省・自覚という形で表れてくる（自分の使っている言葉そのものを自覚的に考えることを「メタ言語的思考」という）。すなわち，言い直しをしたり，あらかじめ前おきを述べたりするようになる。例えば，何かを言いかけてから，「あ，

| 国語科の基礎知識

そうじゃない，これこれなんだ」とか，「これA君に聞いた話だから本当かどうかわからないけどね」など。

　また，何か本を読ませたり劇を見せたりしたあとで，その内容を話すように指示すると，幼稚園や低学年の子どもでは，印象に残ったことを前後の文脈をよく考えずに話したり，中心の部分と枝葉の部分とを区別せずにベタ並べにしたり，人物の動作を中心にした〈動詞文的〉話し方をするが，中学年になると，筋を追った話し方や，背景とか登場人物の心情まで考えて話せるようになる。文章の区切り，つまり「段落」の意識もでてくる。

(3)　小学校高学年の言語と思考

　小学校の高学年になると，具体的内容を離れて形式的・抽象的に思考することができるようになる。例えば，現実の事態以外に，可能なあらゆる状況を考えたり，現実には起こりえないような場面を仮定してそれについて考えるなどということは，それ以前の段階では難しい。「もし〜なら〜のはずだ」というように仮説を立てて，それを検証していくという思考法（仮説演繹的思考）も，この段階になって初めて可能になる。ピアジェはこの時期を「形式的操作」の段階と名づけている。

　読みについていえば，登場人物の生き方を，より広い視野・脈絡（人生・社会・時代）・新しい視点から眺め，評価することができるようになる。

　言葉の使い方の面では，前の段階よりもいっそう適切な語選びができ，文章展開に重要な指示語や接続語も，より効果的に使えるようになる。

　こうした発達段階を考えると，意見文や論説的な文章を書くのは，小学校5〜6年以上の段階でないと難しいといえよう。

　比喩的表現についていうと，「砂糖みたいに甘い」というような直喩は幼児もよく口にするが，いわゆる隠喩や象徴のような表現は，この段階になって初めて真に理解することができるようになる。更に，言語の形式面に注意深くなるから，皮肉や反語的表現もよく理解できるようになり，いわゆる屁理屈をこねまわして親をやりこめたりするようになる（例えば，「お母さんはさっき『も

う子どもじゃないんだから自分でやりなさい』といったくせに，今度は『子どものくせに黙ってらっしゃい』という。それはおかしいじゃないか」などと）。

　これらは，いずれも自分や他人の使う言葉そのものを対象として自覚的に考えるものであり，メタ言語的思考といえる。そして，自分自身の言葉への自覚から，やがて日本語そのものの規則性が意識され，品詞分類など，文法法則を自覚的に理解できるようになるのである。レトリックへの意識もこの段階になると表れ，相手（作文の場合は読み手，読書の場合は筆者）を意識して話の仕方や表現効果を工夫したり，視点の移動をしたりすることが可能になる。

(4) 最近の子どもの言語と生活

　近頃の子どもは，全体として，次のような言語能力の低下が目だっている。
(ア)　言葉によるコミュニケーション能力が低下している。
　　自分の気持ちや考えを言葉で的確に説明できないため，議論もうまくできず，言葉より先に手が出たりしてしまう。
(イ)　断片的な知識や情報は豊富にもっているが，それらをつなぐ論理的な思考能力が低下している。
(ウ)　「好き・嫌い」のような感覚的反応によって行動しようとする。そして，感情や行動をコントロール（自制）する言語能力が欠如している。
　　知的発達に比べ，感情面の発達が未熟であり，人間性・社会性の面でもアンバランスが目だつ。しかも，自己の動物的な衝動や欲望（快・不快だけの）が肥大化し，「心の肥満児」が増えてきている。そして，言葉（内言）によって自分の行動をコントロールすることができない。

　こうした状況を改善するには，学校だけでなく，家庭や地域社会においても，子どもに「心のダイエット（しつけ）」をさせるように心がけなければならない。
　最近，校内暴力や落ちこぼれをつくらないようにする方策として，「わかる授業」をすることが求められているが，そのためには，以上のような子どもの言語と思考の発達の様相をふまえて指導することが重要である。

〔井上　尚美〕

国語科基本用語解説

○この「国語科基本用語解説」は，本文中で用いられている語句のほか，国語科の指導にあたって基本的な用語であると思われるものについて解説を加えたものである。ただし，本文中ですでに詳しく説明され，改めて解説する必要のない語句については取り上げなかった。

あ 行

● **アウトライン**　内容のあらましを書き出したもの。トピック・アウトライン（話題項目）は，語句を書き出して内容のあらましを表したもの。センテンス・アウトライン（文項目）は，文を書き連ねて，内容のあらましを表したもの。

● **『赤い鳥』**　大正7年7月，鈴木三重吉（1882-1936）によって創刊された児童雑誌。昭和11年，三重吉の死によって廃刊されるまで，芸術性に富んだ純粋児童文学を多数提供するとともに，全国の少年・少女の作文熱を高め，文芸観を啓蒙した。児童読物としては，芥川龍之介「蜘蛛の糸」や有島武郎「一ふさのぶどう」，新美南吉「ごん狐」などすぐれた作品を提供し，教育界に新風を吹きこんだ。また投稿欄も好評であり，豊田正子『綴方教室』をはじめ多数の優秀作を生んだ。『赤い鳥』の成功により，『金の船』（大正8），『童話』（大正9），『コドモノクニ』（大正11）など多数の類誌が刊行された。

● **アクセント**　個々の語についてその発音をする際に，社会的慣習として決まっている相対的な音の高低または強弱の配置。英語の強弱アクセントに対し日本語は高低アクセントである。日本語のアクセントは，同じ語についても方言によってその高低が異なるので，指導に当たって注意が必要である。共通語のアクセントには次の三つの特色がある。①高低の変化は原則として一つの拍から次の拍へ移るところでおこる。②第一拍と第二拍とでは必ず高さが異なる。③一つの語の中で高く発音される拍が離れて存在することはない。最近の日本語では，若者を中心にアクセントが平板化する傾向がある。

● **『アサヒ読本』**　第五期国定国語教科書『ヨミカタ』1・2『コトバノオケイコ』1・2（以上1年生用），『よみかた』3・4『ことばのおけいこ』3・4（以上2年生用），『初等科国語』1～8（3年生～6年生用）の俗称。『ヨミカタ』の1の冒頭が「アカイ　アカイ　アサヒ　アサヒ」で始まっていることによる。昭和16年から逐次使用され，敗戦をはさんで，昭和21年3月まで使用された。昭和16年「国民学校令」の公布により，国語科が国民科国語と改められたことによる改訂である。国家主義的・軍国主義的教材が多くなった。なお，敗戦直後のいわゆる「墨ぬり教科書」とは，この読本等に墨をぬったものである。

● **蘆田恵之助**　あしだ・えのすけ　1873-1951（明治6-昭和26）　兵庫県竹田村生ま

れ。東京高等師範学校附属小学校訓導などを歴任。明治以降の範文模倣主義作文に異を唱え、児童の生活を重視する随意選題綴り方を主張して、その後の生活自由表現作文の出発点となった。課題主義を唱える広島高等師範学校附属小学校訓導友納友次郎との論争は有名。読み方教授においても従来の語釈から入る指導法に異を唱え、七変化の教式を提唱した。「読み方は自己を読むものである」という考えは、その後の読み方教授の出発点となった。著書は、『綴り方教授』（香芸館　大正２）、『綴り方教授に関する教師の修養』（育英書院　大正４）、『読み方教授』（育英書院　大正５）、『国語教育易行道』（同志同行社　昭和10）など多数。

● **荒木繁**⇒問題意識喚起の文学教育

● **暗誦**⇒朗読

● **『イエスシ読本』**　第一期国定国語教科書『尋常小学読本』の俗称。巻１の冒頭が、「イ」「エ」「ス」「シ」の片仮名文字から始まっていることによる。明治37年から一斉に使用され、明治42年までの６年間使用された。各学年２冊ずつで合計８巻。入門期は「イ・エ」「ス・シ」「シ・ヒ」「ズ・ジ」など、音声言語指導が重視され、特に訛音矯正が配慮されている。第１学年は片仮名、第２学年から平仮名が提出され、これは第五期国定国語教科書まで継続された。字音語の長音符に棒を用いたため、『棒引き読本』とも俗称される。口語表現の大幅な採用、漢字制限（４年間で507字）、整然とした内容など先導的な役割は大きい。

● **石山脩平**⇒解釈学

● **一読総合法**　児童言語研究会（児言研）によって提唱された読みの指導方法で、文章表現の順序に従って最初から一文・一段落ごとに詳しく読み進めていくというもの。国語教育界に伝統的に伝わる三読法を、児童不在の読み、日常の読みの心理にそぐわない読みとして否定し、ソビエト心理学の第二信号系理論を導入して構築した指導方法。「外内言」を重視する。具体的には、①「題名読み」（予想・見とおし）、②冒頭部分の「立ち止まり」による分析・総合（文章中への「書きこみ」、ノートへの「書き出し」作業、「話し合い」、「話しかえ」作業、「予想・見通し」、「表現読み」）、③次の部分の「立ち止まり」による分析・総合、④さらに次の部分の「立ち止まり」による分析・総合と読み進めていく。

● **イントネーション**　語句末や文末に現れる声の上がり下がり。抑揚。言葉の調子。「音調」と同じ。理論的イントネーションと感情的イントネーションに分けられる。前者は、昇調（↗）、降調（↘）、平調（→）の三つに大別され、昇調は呼びかけ、質問、反復などを伝え、降調は肯定・断定などを伝え、平調はためらいなどを伝える。後者は、甘え、嘆き、疑い、不安、喜びなど細かなニュアンスが伝えられる。

● **ヴィゴツキー**　Vygotsky, L. S. 1896-1934　ロシア生まれの心理学者。教育と発達や思考と言語の関係についての理論で知られる。彼は、子どもを社会や文化と相互交渉していく存在ととらえ、その中での教育の役割を重視した。子どもには、現在の発達水準のほかに教育的はたらきかけによって可能になる発達の最近接領域があり、そこで可能になったことが内面化され、発達が遂げられるとした。こうした彼の考えは、近年の認知科学の中で再評価されている。また、彼はピアジェが幼児期の子どもの発話の特質を自己中心的言語としたのを批判し、他者に伝達するための言語が機能的に変化し、内言（思考のための言語）に変わる過渡期の言語行為（外内言）であるとした。ヴィゴツキーの言語研究をはじめとするソビエト心理学は、一読総合法を提

国語科基本用語解説

唱した児童言語研究会の理論構築に大きな影響を与えた。

● **『ウィルソン・リーダー』** Marcius Wilsonによって，1860年に刊行された読本 "The Readers of the School and Family Series" の通称。明治初期の国語教科書として普及した田中義廉編のものと並び普及したものに榊原芳野編『小学読本』（文部省　明治6）がある。これは江戸期からの往来物の流れを踏襲したものである。

● **NIE** Newspaper in Education（教育に新聞を）の略称。学校教育に新聞を取り入れようとする運動。財団法人日本新聞教育文化財団が普及に努めている。新聞を副教材として利用する，新聞の機能を学ぶ，新聞を作るの三つが主な内容。メディア・リテラシー教育の一つと考えてよい。

● **大河原忠蔵**⇒状況認識の文学教育

● **大村はま**⇒単元学習

● **音読**⇒朗読

● **音声と音韻**　ある語を発音する際，その発音は大小・高低・強弱などがさまざまに異なり，全く同じであることはありえない。これを音声という。一方，この具体的な音声が頭の中では微妙な違いが捨象され，一定の同じ音として受けとめられる。これを音韻という。私たちが，誰が発音する語も同じ語として聞き取ることができるのは，音韻のおかげである。日本語は他の言語と比べて音韻の数が少なく，語を構成する成分としての音節の組織が単純である。このことはローマ字の学習の際に子どもにも容易に理解できる。また，音韻体系は言語によって異なる。このことは犬やニワトリの鳴き声が英語と日本語では全く違う表現になること，日本人が英語のlとrの区別が苦手なことなどからも分かる。

か　行

● **解釈学**　本来は聖書や法典の注釈法であり，のちに文献解釈学となり，さらにディルタイやシュプランガーによって精神科学の基礎学として位置づけられた学説。垣内松三の形象理論に刺激された石山脩平（1899-1960）はその実践過程としての方法論を求めて解釈学を国語教育に導入した。石山は，『教育的解釈学』（賢文館　昭和10）を著し，形象理論の方法過程を補った。さらに『国語教育論』（成美堂　昭和12）によって修正された読みの三段階が，いわゆる三読法として，その後の国語教育界の読みの主流となっていった。すなわち，

　　第一段階　通読（素読，注解，内容の概観）
　　第二段階　精読（内容の深究，形式の吟味）
　　第三段階　味読（朗読，暗誦，演出，感想，発表）

の三段階である。

● **垣内松三**　かいとう・まつぞう　1878-1952（明治11-昭和27）　岐阜県高山生まれ。東京帝国大学卒。東京帝国大学・東京女子高等師範学校・東洋大学・日本女子大学・東京高等師範学校・東京文理科大学の講師・教授を歴任。形象理論の創始者であり，日本の国語教育の学問的基盤を築いた。近代国語教育科学の生みの親である。主著は『国語の力』（不老閣書房　大正11）で，芦田恵之助の「冬景色」の授業を整理し理論づけ，形象理論を唱えた。その他の著書としては，『石叫ばむ』（不老閣書房　大正8），『独立講座国語教育科学』（文学社　昭和9～），『形象論序説』（晩翠会　昭和13）など多数。

● **学習基本語彙**⇒語彙

● **語り**⇒叙述

● **価値目標**　技能目標と対置する目標。

話題・題材に関する知識・情報を得させたり，主題に感動させたりすることによって，学習者の感受性を豊かにし，教養を身につけ，人間性を高めることを前面に押し出した目標。平成元年版小学校学習指導要領で復活した「話題・題材選定の観点」は，価値目標についての示唆を与えている。一例をあげると，「(5) 生活を明るくし，強く正しく生きる意志を育てるのに役立つこと」「(6) 生命を尊重し，他人を思いやる心を育てるのに役立つこと」「(7) 自然を愛し，美しいものに感動する心を育てるのに役立つこと」などである。国語科は言語の教育を専らとする教科であるから，当然，言語技能の習得を主たる目標としなければならないが，価値目標を設定することによって，単なる技能主義ではない正しい豊かな国語学習が成立するのである。

● **かなづかい**　かな文字で日本語を書き表す際の基準。かなはもとは一文字が一音節に対応していたが，平安時代中期以降の音韻変化によって，同じ音で読まれるいくつかのかなが生じた（例，い・ゐ・ひ）。ここにかなづかいが必要になった。歴史的かなづかい（古典かなづかい，旧かなづかい）は，だいたい平安中期以前のかなの書き表し方をよりどころにしたもので，戦前期に用いられた。戦後は，昭和21年に公布された現代かなづかい（新かなづかい）による。現代かなづかいはおおむね現代の日本語の発音にもとづくが，一部に歴史的かなづかいを残し，入門期の表記指導の障害になっている。助詞「は・へ・を」やオ列長音，拗長音，二語の連合や同音の連呼によって生じた「ぢ」「づ」などは指導上注意を要する。

● **完全習得学習**　マスタリー・ラーニング（mastery learning）の訳語。キャロル（Carroll, J. B.），ヘスティング（Hastings, J. T.），マドゥス（Madaus, G. F.）らが確立した教育理論。教育目標を，認知的目標，技能的目標，情意的目標に三分類し，マトリックス（目標細目分類表）を作成する。それをもとに到達目標を設定し，形成的評価の結果，目標に到達していない場合には補充指導を行い，最終的にはすべての学習者に目標を達成させる。

● **関連学習**　表現学習（書くこと，話すこと）と理解学習（読むこと，聞くこと）とを関連させた学習のこと。表現力と理解力とを関連させることによって指導事項の効果的な精選をねらい，また，理解力をも表現力に生かし，表現力を充実させることをねらった学習である。関連のパターンとしては，①話題・題材上の関連，②学習活動上の関連，③技能上の関連の三つにまとめることができる。

● **擬人法**⇒比喩

● **技能教科**　技能の習得を主たる目的とする教科。算数は技能教科であるといわれるが，国語科が単なる技能教科であるかどうかについては意見が分かれている。技能をどのようにとらえるか，また，言語の機能をどのようにとらえるかによって，国語科の性格が変わってくるからである。最近，国語科を言語技術を教える教科にしようという動きがあるが，この考え方は国語科を技能教科と見ていることになる。

● **技能目標**⇒価値目標

● **基本的指導過程論**　輿水実（1908-1986）が昭和38年に提唱した指導過程。垣内松三の形象理論に立つ指導過程や，石山脩平の解釈学的指導過程などを継承発展させたもので，「だれでもできる」「だれでもがやらなければならない」「だれがやってもある結果が得られる」という三条件を備えた指導過程として提唱された。読解，作文，書写，話すこと，聞くことの五領域に

分けて示されているが，読解の場合は以下の六段階である。①教材を調べる，②文意を想定する，③文意を精査する，④文意を確認する，⑤技能・文字・文型を練習する，⑥学習のまとめ，目標による評価。

●**基本文型**　基本的な文の型。日本語の基本文型として定説化されているものはない。陳述の基本型としては，①名詞文（何が何だ），②動詞文（何がどうした），③形容詞文（何がどんなだ）がある。

●**教材**　指導者が学習者に対してある目標を達成せしめるために用いる材料。一般的には教科書の教材を指すが，教科書以外の出版物所収の作品や新聞，児童の作文，広告，パンフレットなど，あらゆる言語作品が教材となりうる。教材についてさまざまな角度から研究することを教材研究という。狭義の教材研究は作品研究と同義だが，広義の教材研究は学習者研究や学習指導研究などを含めた幅広いものである。

●**教材研究**⇒教材

●**共通語**　多種類の言語が併存しているとき，人々に共有され，通じ合うことのできる言葉。世界的に見れば国際共通語（かつてのラテン語や現代の英語），一国家で見れば国内共通語となる。国語科教育で普通に共通語という場合は国内共通語のことを指す。戦前は，方言に対して，規範性や価値づけを含む標準語という言い方がされ，東京の山の手地域の教養ある階層の言葉が実質的に標準語の位置を占めていた。しかし，戦後は標準語選定の経過とその中身に問題があると考えられるようになり，共通語が一般的になった。

●**『黒読本』**⇒『ハタタコ読本』

●**群読**　学級児童全員，あるいは集団の全員が参加する朗読。学級全員であるいは集団である作品を鑑賞し，その鑑賞したことが効果的に表れるように工夫して全員参加して朗読すること。具体的には，主題や表現効果を考慮に入れて，1人で読む部分や2，3人で読む部分　全員が読む部分などを話し合って決め，お互いに分担し合って朗読する。

●**訓令式**　ローマ字のつづり方の一種。ローマ字のつづり方に日本式，ヘボン式などの種々のつづり方があるのは問題であるとして，1937年内閣訓令によって定めたつづり方。戦後1946年ローマ字教育協議会で修正が加えられた。現在国語教科書のローマ字は訓令式が中心であるが，一般にはヘボン式も広く用いられている。

●**敬語**　日本語において特に発達している言語の表現形式の一つ。通常，尊敬語，謙譲語，丁寧語に分類する。尊敬語は，相手または話題の第三者に尊敬の気持ちを表す敬語。「あなた」「いらっしゃる」など。謙譲語は，自分自身や自分側のものについてへりくだった気持ちを表す敬語。「わたくし」「申し上げる」など。丁寧語は，聞き手・読み手に対して，直接，丁寧な改まった気持ちを表す敬語。「です」「ます」など。これらは話し手と聞き手（あるいは話題にする人物）との相対的な関係によって表現の仕方が選択される。そこに日本語の敬語の特色，指導上のむずかしさがある。

●**形象理論**　垣内松三によって創始された学説。『国語の力』（不老閣書房　大正11）で提唱され，『国語教授の批判と内省』（不老閣書房　昭和2）でより明らかにされた。「形象」の「形」とは目に見えるかたち，「象」とは目に見えないかたちのことであり，言葉を読みとって生まれる「かたち」のことを形象という。文章の本質は形象にあるのであるから，従来のように文字・語句の注釈から読むことを始めるのではなく，直観から読みを始めるべきだ，と唱えた。明治時代からの注釈主義・語釈主

国語科基本用語解説

義を否定し，その後の国語教育の流れの源となった理論である。

● **形成的評価**　学習過程に行う評価のこと。シカゴ大学のブルーム（Bloom, B. S.）らの評価理論。1971年に『形成的評価と総括的評価についてのハンドブック』（日本語訳『教育評価法ハンドブック――教科学習の形成的評価と総括的評価』（第一法規 1973）において紹介された。ブルームらは，評価を診断的評価，形成的評価，総括的評価の三つに分けるが，その中の一つで最も強調している評価が形成的評価である。あらかじめ設定されている到達目標をどの程度達成しているかを，学習過程中に評価する。達成状況によっては補充指導を行ったり，あるいは到達目標の再検討をしたりするのに役立てる。なお，診断的評価は，単元に入る前に行う評価である。具体的には学習者の興味・関心や能力などについて評価し，到達目標の設定などその後の学習指導に役立てる。また，総括的評価は，単元の終わりに行う評価である。具体的には学習者がどの程度目標を達成したかを評価し，その後の指導に役立てる。

● **敬体**　文体の一種。常体と対立する。文末の言い方が，「です・ます」であるもの。一方，常体とは，文末の言い方が「だ」や「である」のものをいう。

● **言語過程説**　時枝誠記1900-1967（明治33年-昭和42年）の言語観。『国語学原論』（岩波書店　1941）や『日本文法　口語篇』（岩波書店　1950）などにまとめられている。言語を思想の表現過程そのもの及び理解過程そのものとする言語観。すなわち，言語は思想・感情の表現者である話し手・書き手が音声または文字を媒材として表現者の思想・感情を表現する過程として成立し，また聞き手・読み手が音声または文字を媒材として表現者の思想・感情を理解する過程として成立するとする。

● **コア・カリキュラム**　コア（核・中心）に生活経験単元をおき，その周辺に教科カリキュラムを位置づけるという考え方。戦後，アメリカのヴァージニア・プランがもとになってわが国にも影響を与えたが，十分な発展はしなかった。

● **語彙**　言語の基本単位である語句のまとまり，一言語において使用される語句のまとまりを日本語語彙，フランス語語彙のようにいうのが一般的であるが，ある個人の用いる語句の総体とか，ある地域，ある時代，ある作品の語句の総体を指す場合にも使用する。例えば，漱石語彙，農村語彙，上代語彙，万葉語彙など。聞いたり読んだりして分かる語彙を理解語彙といい，話したり書いたりする時に使う，使える語彙を使用語彙という。また，ある目的のために集めた語句を配列したものを語彙表という。学習上の基本となる語彙を学習基本語彙という。

● **構想**　主題と叙述とともに西尾実（『国語国文の教育』昭和4）のいう作品の有機的関連体の一つ。文学作品以外のものを構成とよんで区別した。しかし今日では，むしろ作文指導において多用され，主題・要旨を明確にするための題材の組み立てをいう。一方，読みの指導においても，鑑賞指導の一要素として見直されてきている。

● **行動目標**　ブルーム（Bloom, B. S.）らの評価理論の一つとして考えられるもので，学習者が学習の結果どのような行動がとれるようになればよいのかを，測定可能な行動の形で表現する目標。「200字程度書ける」とか「4か所ぬき出すことができる」とかのように到達の程度や成就の条件を明示する。

● **輿水実**⇒基本的指導過程論

● **こそあど**　指示語のうち，語頭に「こ」「そ」「あ」「ど」の付くものの体系的

| 国語科基本用語解説

総称。「こそあどことば」ともいう。「これ・ここ・こっち」などは近称,「それ・そこ・そっち」などは中称,「あれ・あそこ・あっち」などは遠称,「どれ・どこ・どっち」などは不定称。

●**ことば遊び**　言葉を媒材とした遊び。最近の国語教育では,低学年の教科書に「しりとり」や「ことば集め」などが,中学年の教科書に「ことばあそびうた」や「数えうた」などが掲載され,ことば遊びが,盛んになってきている。遊びの形式を導入して言語文化や日本語の特質の学習を楽しく活発に行うだけではなく,遊びそのものを前面に押し出した実践もなされている。言葉で遊ぶことによって自己解放や自由な自己表現が保障され,それによって教室が活性化し,子ども一人一人の発想がしなやかに豊かになるという効果がある。

●**『コトバノオケイコ』**⇒『アサヒ読本』

●**コンポジション**　アメリカの作文法理論。話し言葉による表現と書き言葉による表現との両面を含めるが,わが国では「文章構成法」として広まった。文章構成の一般原則やジャンル別のルールなど具体的にまとめられており,作文の構成に関しての方法や作文力の問題点発見など作文教育上参考にできる点は少なくない。

さ　行

●**榊原芳野編『小学読本』**⇒『ウィルソン・リーダー』

●**作品論**　主題や構成や表現などさまざまな角度から論じた作品の総体的批判。作品を繰り返し読むことからはじまり,あくまで表現に密着して論じられる。本文批判(テキスト・クリティーク)も広義の作品論である。

●**『サクラ読本』**　第四期国定国語教科書『小学国語読本』の俗称。巻1の冒頭が「サイタ　サイタ　サクラ　ガ　サイタ」という文で始まることによる。昭和8年から逐次使用され,昭和16年まで使用された。各学年2冊ずつで合計12巻。色刷りの美しい読本で,入門期も sentence method(文から入る)を導入,画期的な編集で好評であった。文学的傾向の教材が多くなるとともに,軍国主義の影響から,国粋主義的・匡民精神総動員的教材も目立ってきた。

●**小砂丘忠義**⇒生活綴方
●**三層読み**⇒三読法

●**暫定教科書**　第六期国定本『みんないい子読本』ができるまでの教科書で,昭和21年4月から昭和22年3月までの1年間,過渡的に使用された。第五期国定本『アサヒ読本』をもとにしたので,紙質は悪く,製本もされていなかった。16ページの折りたたみ式。

●**三読法**　三層読みともいわれ,読みの段階を総合・分析・総合というように三段階に組織する指導過程。源流となるものが石山脩平の解釈学に基づく指導過程「(1)通読,(2)精読,(3)味読」である(「解釈学」の項参照)。石山の指導過程のさらに源流として垣内松三の形象理論に立つ指導過程「(1)形象の直観,(2)形象の自証,(3)形象の証自証」を考えることができる。石山はこの垣内の理論の実践的方法論を求めて先の指導過程を創立したからである。石山の三読法の流れをくむものとして西尾実の指導過程や教科研方式,それに輿水実の指導過程などがある。西尾実は作品研究的指導過程「(1)素読,(2)解釈,(3)批判」を提唱し,素読では行的な繰り返し読みを,解釈では「主題」「構想」「叙述」の解釈を唱えた。教科研(教育科学研究会)では,石山の『教育的解釈学』を継承発展させて,次のような指導過程を提唱している。Ⅰ.

形象の知覚の段階　ａ．一次読み（範読・通読），ｂ．二次読み（精読）Ⅱ．形象の理解の段階　Ⅲ．表現読みの段階（味読）

●**視写**　文や文章を書き写す活動。今日では，書写技法（臨書）というよりも，理解や表現にかかわる学習活動として考えるほうが一般的である。語，語句，文や文章の構造に注意しながら文章を視写することによって，正しい内容や筆者の息づかいまでをもとらえることができ，理解力と表現力との両面の能力が高められる。

●**視点**　川端康成の『小説の構成』（三笠書房　昭和16）や，アメリカ20世紀初頭のニュークリティシズムなどに見られる文芸用語。西郷竹彦の文芸理論はこの視点を強調している。文学作品は，作者の設定したある視点を通して描かれる。一人称視点または内部視点は「私」が視点人物であり，「私」の見た世界が描かれる。三人称視点または外部視点は「話者」（語り手）が視点人物である。三人称視点はさらに「全知の視点」（話者が作中人物の内面に立ち入って語る場合）と，「限定の視点」（ひとりの特定人物に限定してその立場から語る）とに分けられる。どのような視点から描かれているかをとらえることは，読み手が作品世界を想像する際に重要である。

●**重文**⇒単文

●**主題**　作品に描かれている事象を統一する概念。国語教育界では，説明的文章における要旨に対して，文学的文章における主題として用いられている。主題に関する定義はゆれており定説を見るに至ってはいない。現在の主題論争には，主題が文学作品の中に客観的に存在するという説と，読み手の中にこそ存在するという説との対立がある。ともあれ，作品の読みの学習においては，この主題の追究が重要な学習内容の一つとなる。

●『**小学国語読本**』⇒『サクラ読本』

●**状況認識の文学教育**　大河原忠蔵の文学教育論で，『状況認識の文学教育』（有精堂　昭和43）にまとめられている。昭和30年代後半の社会状況を背景としたもので，文学作品を使って文学的認識を育てることが，文学教育の本来的なあり方であると説く。文学的認識とは，生徒が，鋭い感覚を，状況探知機のように自由にはたらかせてする現実に対する認識であるとする。

●**使用語彙**⇒語彙

●**常体**⇒敬体

●**叙述**　事象の状態や書き手の思想・感情などを書き記すこと。「説明」「描写」「語り」に分けられる。「説明」は，対象に忠実に，正確に，論理的に，述べること（「描写」については「描写」の項参照）。「語り」は，口誦的なものだが，快いリズムを持ち，聞き手を特に意識した述べ方である。

●『**初等科国語**』⇒『アサヒ読本』

●『**白読本**』⇒『ハナハト読本』

●『**尋常小学国語読本**』⇒『ハナハト読本』

●『**尋常小学読本**』（第１期）⇒『イエシ読本』

●『**尋常小学読本**』（第２期）⇒『ハタタコ読本』

●**診断的評価**⇒形成的評価

●**シンポジウム**　討議法の一つ。「講壇式討議」のこと。数人の代表者が，同一問題について，それぞれ異なった面から意見を述べ，その後聴衆からの質疑に応答する方法（「パネルディスカッション」参照）。

●**鈴木三重吉**⇒『赤い鳥』

●**ストーリー**　文芸用語の一つ。作品の表現に即した，事象の時間的展開。平面的な「筋」。作者の場や意図等を読むことよりも，描かれている事象をそのまま読むことが，ストーリーの読みである。

| 国語科基本用語解説

● **『墨ぬり教科書』**⇒『アサヒ読本』
● **生活綴方**　子どもたちを取り巻く生活現実をじっくりと見つめさせ，見たまま，感じたままの生活を書きつづらせる教育方法，またはその作品。生活綴方運動は，昭和4年10月，小砂丘忠義によって創刊された雑誌『生活綴方』に始まると言われている。当時の社会背景と，雑誌『赤い鳥』（「赤い鳥」の項参照）の綴方の批判的継承とが一つの契機となる。若い綴方教師たちの同人誌や文集の交流が生活綴方運動を全国的なものに広めていった。特に雑誌『北方教育』（成田忠久主宰　昭和5）は，東北六県の教師たちの研究サークル，北日本国語教育連盟を生んだ。この連盟を中心とする活動を北方性教育運動とよぶ。昭和15，6年，治安維持法によって生活綴方運動は弾圧を受け終息した。戦後再び復興し，昭和26年には無着成恭編『山びこ学校』，大関松三郎詩集『山芋』，国分一太郎著『新しい綴方教室』などが次々と出版され，教育界に不動の地位を占めるに至った。今日も，生活綴方運動を継承する「日本作文の会」を中心に，全国的に幅広い活動が展開されている。雑誌『作文と教育』が機関誌で，多くの業績も出版されている。
● **正書法**　外国語のorthography，つまり正しい綴り（スペル）のこと。「正字法」「綴字法」ともいう。日本語の場合は，[hito]の発音に対して〈人・ひと・ヒト・女・他人……〉などの用字法があり，正書法は確立しにくい。
● **想**　具体的体験を抽象的な言語表現に変換するための思考のはたらき。文章表現過程に応じて想の展開を効果的にする指導が，作文教育の課題である。倉沢栄吉は，作文の想の流れを，発想・着想・構想・連想としてとらえる。
● **総括的評価**⇒形成的評価

た　行

● **対義語**　意義が対の関係にある二つの語。「右」と「左」や「善」と「悪」のような対義語は反対語ともいい，「朝，昼，夜」や「春，夏，秋，冬」のような対義語は対語または対照語ともいう。
● **対照語**⇒対義語
● **対談**⇒対話
● **対話**　1対1で行われる話し合い。1対1で面と向かって自由に話し合うことから，最も基本的・生活的な話し合い形式の一つといえる。相手の話をよく聞き，相手の立場に立っての発言が特に必要となる話し合い形式であるため，自己中心的な小学生にとっては効果的な指導となる。対話者以外に第三者としての聞き手が介在する形式を「対談」という。
● **達成度評価**⇒到達度評価
● **田中義廉編『小学読本』**⇒『ウィルソン・リーダー』
● **単元**　ユニット（unit）の訳語。学習活動の区分・まとまり。目標達成のための学習活動の組織。教材単元，作業単元，活動単元，生活・経験単元，話題・題材単元，問題単元，教科単元など，まとまりの軸に応じてさまざまな単元が組織される。
● **単元学習**　戦後すぐにアメリカの経験主義教育の影響によって実践された学習指導理論。昭和20年代後半まで盛んであったが，以降，基礎学力の低下という問題が批判の対象となり，急速に衰退した。最近になって，大村はまの単元学習などが契機となり再び注目されるようになった。教師主導型ではなく学習者の作業や活動を重視する点や，学習者の個々人を生かす点など再評価の価値がある理論といえる。
● **短作文**　短い作文。短文作りとは違う。

センテンス数や字数のような長さを制限する場合と，書く時間を区切る場合とがある。学年によって相違があるが，4年生程度では200字〜400字の短作文を書かせることが多い。短作文指導は，作文嫌いな子をなくしたり，書く機会を多くして筆まめに書く習慣を身に付けたりするなど，指導効果には大きなものがある。

●**単文**　文を構造上から類別したものの一種。主語と述語の関係が1回しかない文。なお，複文とは，文のある成分が節でできている文，つまり従属節を含む文をいう。重文とは，対立節でできている文をいう。

●**段落**　文章をいくつかのまとまりに分けた，そのひとまとまりの表現。読解指導や作文指導における重要な指導項目である。通常，①内容上，一つにまとまっている，②形式上，改行一字下げにして示す，という要素を持っている。②の要素から形式段落と呼ぶことがある。段落相互の関連から，いくつかの段落をまとめたものを大段落（または意味段落）という。

●**聴写**　耳でとらえた言葉や文・文章を，そのまま書き写す活動。正しく聞き取る力と，文章表現力，特に正しく，速く書く力などが身につき，理解力と表現力の両面の能力が高められる活動である。聴写をさせる際，教師には語・語句のまとまり，文の構造などが明確になるように音読することが要求される。

●**対句**　修辞法の一つ。対義関係になる二つ以上の句を，同じ語順で表現すること。またはその句。ただし，必ずしも対義関係になくても，二つ以上の句が対照的に同じ語順で表現されている句も，対句として見ることがある。

●**ディベート**　ある一つの論題をめぐって，それを肯定する側と否定する側に分かれ，一定のルールのもとに行われる討論。

国語科教育では，1970年代から児童言語研究会により，討論指導の名で実践されていたが，90年代になって広く知られるところとなった。通常，次のような進行をすることが多い。①肯定側立論，②否定側反対尋問，③否定側立論，④肯定側反対尋問，⑤作戦タイム，⑥否定側反駁，⑦肯定側反駁，⑧審判による判定。ディベートは，現実の問題解決よりは，むしろ問題の発見や思考の深化のきっかけとなる場合が多い。また，詭弁は禁物であり，指導者は論理的思考を促すことに意を尽くす必要がある。中高校の学習活動として取り入れられることが多いが，小学校でも高学年ならば可能である。

●**同義語**⇒類義語

●**到達度評価**　学習者の能力あるいは態度があらかじめ設定された目標（到達目標）に到達したかどうかを評価すること。達成度評価ともいう。到達目標がすべての学習者に保障すべき学力として設定されることから，到達度評価は完全習得学習と同一の考え方を基本としている。また，学習過程における評価を大事にするという点では形成的評価と同一の立場にある。到達度評価は，1960年代以降の世界的潮流であり，わが国では，すべての学習者に学力の保障をすべきであるという考えから，民間教育団体等がその導入に努力した。

●**到達目標**⇒到達度評価

●**トゥルミンの論証モデル**　イギリスの哲学者トゥルミン（Toulmin, S.）によって提唱された論証の構造モデル。一つの主張が成立する要素として，根拠となる「事実」，根拠と主張を結び付ける「理由（または論拠）」，理由の正当性を保証する「理由の裏付」，主張を覆すような新たな考え「反証」，反証を考慮して主張の確度を判断する「限定」などをあげている。2000年代に始まったPISA調査により「論じる力」

国語科基本用語解説

を育てる重要性が言われる中で注目されるようになった。

説明文教材「花を見つける手がかり」（教育出版4年）の論証をこのモデルで分析すると，次のようになる。

主張：モンシロチョウは，花の形やにおいでなく色を手がかりに花を見つける。
事実：赤，黄，紫，青の生花，造花，色紙を使ってちょうの集まり方を調べたところ，いずれの実験でも，紫，黄には多く集まったが，赤にはあまり集まらなかった。
理由：実験結果から花の形やにおいが消去され，色だけが残ったから。
裏付：消去法は広く認められる方法であるから（本文では明示されていない要素）。
反証：赤い花にモンシロチョウが来たのを見たことがあると言う人がいる。
限定：モンシロチョウは，赤い花のまん中にある黄色のおしべやめしべを目当てに来たので主張は崩れない。

なお，主張，事実，理由は特に重要な要素と考えられていて，この三つで論を構成することを三角ロジックと呼ぶことがあり，ディベートの指導などに用いられる。
（→PISA調査，PISA型読解力）

●**時枝誠記**⇒言語過程説

●**取り立て指導**　発音，文字，語句，文法や表現及び理解の能力の基礎となる事項のうち，特別に定着させる必要のあるものについて取り上げて指導すること。戦後の国語教育では，これらは原則として表現，理解の指導の中で機能的に指導されてきている。それに対して，日本語の体系的知識・能力の育成を目指して提唱された用語でもある。

な　行

●**西尾・時枝論争**　西尾実と時枝誠記とによる文学教育のあり方をめぐっての論争。発端は，1949年9月23日の第2回全日本国語教育協議会（会場，東京都立第一女子高校―現，白鷗高校）での質疑である。その後，1955年ごろまで論争は続けられ，文学教育のあり方に関して大きな示唆を与えた。西尾は，文学教育は言語教育とは別のものとすべきであるという説に立ち，時枝は，文学教育と言語教育を区別しないという説に立っての論争であった。

●**西尾実**　にしお・みのる　1889-1979（明治22-昭和54）長野県生まれ。東京女子大学教授や国立国語研究所長などを歴任。徒然草や世阿弥などを中心とする中世文学研究，国学や近代文学研究，そして国語教育の実践と理論等，業績は広範囲に及んでいる。言語生活の領域を三層的にとらえ，地盤が談話生活，発展が文章生活，完成が言語文化（科学・文芸・哲学）とした。また，文学教育の実践理論の提唱は，その後の文学教育に多大の影響を与えた。「素読，解釈，批判」という三層読みの指導過程，「主題，構想，叙述」という文学作品研究など。著書は，ベストセラー『国語国文の教育』（古今書院　昭和4）をはじめとして，国語教育関係だけでも『国語教育学の構想』（筑摩書房　昭和26），『言語生活の探究』（岩波書店　昭和36），『書くことの教育』（習文社　昭和27）など多数。

●**日本式**　ローマ字のつづり方の一種。江戸時代の蘭学者たちが日本人の立場から日本語をローマ字でつづり始めた方式を，1885年に田中館愛橘がまとめたもので，のちに，田丸卓郎によって整えられた。日本人が書くのであるから日本語の性質に合っているものがよいとするものである。（「訓令式」，「ヘボン式」参照）

●**入門期**　小学校入学当初の時期をいう。つまり6歳児が小学校教育という組織的・

系統的学校教育を受け始める時期である。国語科教育に限っていえば，少なくとも以降9年間続く国語学習の基礎が与えられなければならない時期である。入門期をいつまでに限定するかということについては定説を見ないが，次のような考え方がある。
　①4月いっぱい(学校生活に慣れるまで)
　②6月いっぱい(平仮名が出そろうまで)
　③1学期間（本格的な読む・書くの学習ができるようになるまで）
　④10月ころまで
　⑤1年間

は　行

●パーソナルコミュニケーション　コミュニケーションの一種で，シングル・コミュニケーションやマス・コミュニケーションと対立する。1対1または数人からなる面談的な場で成立する交流的機能をもつコミュニケーション。

●『ハタタコ読本』　第二期国定国語教科書『尋常小学読本』の俗称。巻1の冒頭に「ハタ」「タコ」の単語が提出されていることによる。明治43年から逐次6年間使用された。各学年2冊ずつで合計12巻。明治40年3月に「小学校令」が改正され，義務教育が6か年に延長されたことや，字音仮名遣と漢字制限が明治41年9月に改められたことなどがあって改訂された。入門期は，第一期本が文字から入る（letter method）のに対して，単語から入る（word method）ようになった。字音仮名遣（棒引き仮名遣）の廃止，漢字数の増加（6か年で1360字）などから第一期本に比べて時代に逆行する向きもあったが，文学的趣味の面を重視し，国民文学とも称される名文が掲載された。なお，表紙の色によって『黒読本』ともよばれる。

●発問　学習目標を達成させるために，指導者が学習者に対して発する問いかけ。「質問」と混同してはならない。目的に応じていろいろに分類されるが，井上尚美は，読みの授業における発問を次のように分けている。①知識，情報収集に関する発問（用語・概念・事実関係などの情報収集に関することがら），②解釈に関する発問（内容の理解や解釈およびそれにもとづく推論），③評価・批判に関する発問（一定の基準にもとづいて妥当性・真偽を判断すること。鑑賞も含む）。授業分析，目標分析とともに，発問の研究は，授業研究の重要事項である。

●『ハナハト読本』　第三期国定国語教科書『尋常小学国語読本』の俗称。巻1の冒頭が「ハナ」「ハト」で始まっていることによる。大正7年から逐次使用され，昭和7年まで14年間使用された。各学年2冊ずつで合計12巻。入門期は，第二期本と同様に word method（単語から入る）だが，単語は「ハナ」「ハト」「マメ」「マス」「ミノ」「カサ」「カラカサ」の七語だけで，すぐ短文「カラスガキマス。スズメガキマス」に入り，sentence method の傾向が表れている。第二期本に比べて，児童の興味・関心に応じた読本で，文学的教材も多くなり，好評であった。なお，表紙の色によって『白読本』ともよばれる。

●パネルディスカッション　討議法の一つ。「陪席式討議」のこと。数人の代表者（対立意見の持ち主）が公開の席で議論をたたかわし，その後聴衆からの質疑に応答する方法（「シンポジウム」参照）。

●反対語⇒対義語

●ピアジェ　Piaget, J. 1896-1980　スイス生まれの心理学者。発達段階説で広く知られる。彼は，子どもの発達は，感覚運動（〜2歳），前操作（2〜6，7歳），具体的

| 国語科基本用語解説

操作（6，7～11，12歳）を経て形式的操作（11，12歳～）の段階に至るとした。そして，この発達を支えるのはシェマ（子どもの内部にある行動・思考の様式）による同化やシェマ自体の調節であるとした。波多野完治はこの発達段階説をもとに1966年に日本作文の会が発表した「生活綴方教育の定式と実践」を評価した。また，ピアジェは前操作段階（つまり小学校入門期）の子どもの発話に伝達を目的としない自己中心的言語が多く見られると指摘したが，これについてはヴィゴツキーの批判がある（「ヴィゴツキー」参照）。

● **PISA調査・PISA型読解力** PISAとは，OECD（経済協力開発機構）の「生徒の学習到達度調査（Programme for International Student Assessment）」の略称。学校の学習を社会生活で生かせるかどうか測ることを主眼にし，義務教育終了段階の生徒を対象にする。2000年から始まり，3年おきに行われている。日本では，2003年の調査で読解力の低下が問題視され，文章を読み取るだけでなく，図・表を読む力や意見を論じる力も重視すべきだとする「PISA型読解」という言葉が生まれた。

● **批判的思考** ⇒論理的思考

● **比喩** たとえの表現。「直喩・明喩」「隠喩・暗喩」「諷喩」「引喩」「換喩」に分けられる。「直喩・明喩」とは，比喩であることを示す語「～ように，～みたいな，～ほど」などが使われているもの。「海のように広い草原」「鉄のようにかたい筋肉」「山ほどもある宝石」など。「隠喩・暗喩」とは，比喩であることを示す語を用いないもの。「黒山の人だかり」「雪のはだ」など。擬人法もこれに属する。適切に使用されると表現効果を高めるが，乱用はかえって逆効果を招きかねない。

● **表意文字・表音文字** 日本語では，漢字とひらがなを中心にカタカナやローマ字も用いられる。このうち漢字のように意味を表す文字を表意文字，かなやローマ字のように音を表す文字を表音文字という。このうち，かなは日本語の音節に対応するので音節文字，ローマ字は音節を構成する単音に対応するので単音文字ともいう。小学校低学年で表意文字としての漢字の役割，中学年で漢字の構成やローマ字の役割，高学年でそれぞれの文字の由来や四種の文字を混用することの長所・短所などについて気づかせることが重要である。

● **描写** 文章表現による叙述の一方法。事象を肉づけして，写し表すこと。すなわち　実際の情景や状態を書き手が観察したり想像したりして写し表すこと。

● **標準語** ⇒共通語

● **ファンタジー** 時間・空間の制約を受けず，事実にも制約されない自由な虚構から生まれた物語のこと。現実世界と非現実世界（空想世界）との二次元性を持つが，その境目が比較的はっきりしているものが多い。メルヘンは，ファンタジーとほぼ同義だが，妖精・魔女・小人などが登場し，現実世界と非現実世界とがファンタジーに比べて混沌としているものが多い。

● **複文** ⇒単文

● **ブルーム** ⇒形成的評価

● **プロット** 文芸用語の一つ。ストーリーとストーリーとの因果関係。作品全体の構想。作者の意図が前面に押し出された立体的な「筋」。平面的な「筋」とはちがう。文学の読みは，プロットの読みであるともいわれる。

● **文体** 文学表現の特殊な姿。個別的な文体と類型的な文体とに分けられる。個別的な文体とは，志賀直哉の文体とか『暗夜行路』の文体とかというもの。類型的な文体とは，①文章のジャンルから，小説の文

体・手紙文体など、②文末表現から、常体・敬体など、③語彙・語法のうえから、和文体・和漢混淆体などのように分類される。文体を考察することは、作品の鑑賞に役立ち、言語感覚をみがき、表現力を育てる。

● **ヘボン式** ローマ字のつづり方の一種。アメリカ人、ヘボン博士（Hepburn, J. C., 1815-1911）が、その著『和英語林集成』（1867）に用いた方式で、これを1885年に当時の羅馬字会が修正を加え、『羅馬字ニテ日本語ノ書キ方』として発表したもの。日本語の発音を基調に、子音は英語の発音をとり、母音はイタリア語・ドイツ語・ラテン語の発音をとったもの。（「訓令式」、「日本式」参照）

● **『棒引き読本』** ⇒『イエスシ読本』
● **北方性教育運動**⇒生活綴方

ま 行

● **『みんないい子読本』** 第六期国定国語教科書『こくご』1～4、『国語』3年上下、4年上中下、5年上中下、6年上中下の俗称。最後の国定国語教科書。昭和22年4月から昭和24年3月までの2年間使用され、以降は検定教科書に席を譲った。

● **メディア・リテラシー** 新聞、テレビ、インターネットなど、身の回りにあるメディアが形作る「現実」を批判的に読み取るとともに、メディアを使って表現する能力。国語科では1990年代後半からこの重要性が認識されるようになった。メディア・リテラシーの立場からは文章のみならず、図や表、動画なども読解の対象になる。

● **メルヘン**⇒ファンタジー
● **問題意識喚起の文学教育** 荒木繁の報告した「民族教育としての古典教育―『万葉集』を中心として―」に、西尾実が命名

したもの。同報告は、1953年6月14日、日本文学協会大会で行われ、のちに『日本文学』（1953年11月）にまとめられた。荒木は、万葉集の授業を例にあげ、生徒の生活上の問題意識を呼びさますような読み方こそ文学の授業では大切にされなければならないと唱えた。

や 行

● **要旨** 文学作品の主題に対応する用語で、説明的な文章において筆者が主張しようとしていること。ねらい。小学校高学年の説明的文章の読みにおける重要指導事項である。

● **要点・要約** 文章または話の中の大事なところを要点という。書き手や話し手が伝えたいことが表れているところや、読み手や聞き手が読もうとしたり聞こうとしたりする目的から必要なところ。小学校中学年の重要指導事項に「段落相互の関係に着目しながら、考えとそれを支える理由や事例との関係などについて、叙述を基に捉えること」があるが、その前段階として段落の要点をとらえていることが必要である。また、要点をもとに、文章の一部や全部を短くまとめることを要約するという。

● **『ヨミカタ』**⇒『アサヒ読本』

ら 行

● **リアリズム** 哲学では「実在論」のことであるが、文学・芸術上では「写実主義」のこと。現実をありのままにとらえ、描こうとする世界観または芸術的態度・方法のこと。わが国では坪内逍遙の『小説神髄』以後、自然主義文学を経て、今日まで引き継がれている。

● **理解語彙**⇒語彙

国語科基本用語解説

●**類義語**　意義の似ている語。二つまたはそれ以上の語を対象とする。「お父さん」と「父親」あるいは「本」と「書籍」のような同義語（意義の同じ語）も類義語の一つで，意義の類似関係がきわめて接近したものである。ただ，語感の違いということを考慮に入れると，全くの同義語はほとんどなく，すべて類義語というほうが正しいとも言える。

●**朗誦**⇒朗読

●**朗読**　自己の読みが他の人によく伝わるように声を出して読むこと。音読が理解のために「音声化する」という目的を持つのに対して，朗読は，「他人に伝える」というねらいを前面に出したものであり，音読の完成段階に近い読みであるともいえる。小学校学習指導要領では，1年から4年までの「C　読むこと」の領域に音読，5，6年に音読や朗読が位置づけられている。なお，そらで音読または朗読することを暗誦といい，朗読とほぼ同義の言葉に朗誦がある。

●**論理的思考**　狭義には論理学の諸規則に則った思考法を指すが，広義には筋道の通った思考法（前提－結論，主張－理由，など）や概念的思考（分析，総合，抽象，比較，関係づけ，など）を指す。国語科では後者の意味で用いられることが多い。説明・論説文の読みでは，この論理的思考をはたらかせることが必須だが，文学の読みでも，解釈を構成する際には論理的思考が重要である。批判的思考は，論理的思考をはたらかせて物事を評価することで，最近のメディア教育で重視されている。いわゆる「ケチをつけること」ではない。

［岩永正史］

参考文献
田近洵一・井上尚美編『国語教育指導用語辞典［第四版］』教育出版　2009

付　録

| 付　録

第4学年国語科学習指導案

　　　　　　　　　　　　　　　　　　　日時　〇年　〇月　〇日（〇）〇校時
　　　　　　　　　　　　　　　　　　　児童　〇市立〇小学校　4年〇組〇名
　　　　　　　　　　　　　　　　　　　指導者　4年〇組担任　　　〇〇〇〇　　印

1．単元名
説明の工夫をつかみ，自分の文章に生かそう
教材名　「アップとルーズで伝える」（光村図書）

2．単元の目標
〇考えとそれを支える理由や事例，全体と中心などの情報と情報との関係について理解することができる。
〇段落相互の関係に着目しながら，考えとそれを支える理由や事例との関係などについて，叙述をもとに捉えることができる。
〇説明の工夫を活用し，情報から考えたことを説明したり書いたりすることができる。

3．単元の評価規準

知識・技能	思考・判断・表現 （読む能力）	主体的に学習に取り組む態度
・考えと事例に着目し，段落相互が対比の関係になっていることを理解している。	・説明と理由の関係を，接続する語句の役割に注意し，叙述をもとに捉えている。 ・自分の文章に生かすために，説明の工夫に着目している。	・筆者の説明の仕方に興味をもって読もうとしている。 ・写真を使って伝えることのよさについて自分の考えをもとうとしている。

4．単元について
（1）児童について

　児童は，今まで，説明的文章の「読むこと」の学習から学んだ手法を生かして「書くこと」につなげる学習を経験してきている。三年生の説明的文章「すがたをかえる大豆」では，中心となる語や文を捉え，段落どうしの関係を考えながら読んできた。

その説明の仕方を活用し,「食べ物のひみつを教えます」につなげることができた。今回は更に,写真や対比の関係などの説明の仕方を学び,自分の表現に生かす意欲をもって学習しようとしている。

(2) 教材について

写真や映像を使うことによって,わかりやすい説明とはどのようなものであるかを学ぶのに適した文章である。児童の身近にある情報を,主体的に受け止め,その工夫に着目させることができる。メディアを通じて受け取っている情報が,工夫され選ばれたものであることを「アップ」と「ルーズ」という語句を中心に気づかせることができる。対比という方法,接続する語句の役割などを考えさせたい。

(3) 単元について

筆者の説明の仕方を捉え,今後の自分の表現に生かそうとする単元である。「アップ」と「ルーズ」という新しい語句にもふれ,メディアからの情報を主体的に受け止め,活用しようとする単元としたい。自分の文章に生かすために主体的に読ませ,二次では対比関係,写真と文章の対応に着目させ,三次では教材文にならい,身近な「アップ」と「ルーズ」を紹介し合うことを通して,筆者の説明の仕方を深く理解する単元とした。

5.単元の指導計画(全8時間,本時3時間目)

次	学習活動	指導上の留意点	評価規準 (評価方法)
一	①2枚の写真からわかることを話し合い,全文を読み,学習計画を立てる。	・2枚の写真や「アップとルーズで伝える」という題名からの印象を伝え合い,全文を読むようにする。 ・説明の工夫に関心をもたせ,「説明の工夫をつかみ,自分の文章に生かそう」という学習の見通しをもたせる。	【態】「アップ」「ルーズ」の語句に関心をもって全文を読もうとしている。(観察)
	②問いの段落 3 と初めの2枚の写真の段落 1, 2 の関係を考える。 ③「アップとルーズ」の説明の段落	・「会場全体」「コートの中央に立つ選手」などの語句に着目させ,筆者が「何を」「どのように」説明していくか考えられるようにする。 ・「アップとルーズでは,どんなちがいがあるでしょう。」という問いの段落	【知】考えと事例(写真)に着目し,段落相互が対比の関係になっていることを理解している。(サイドライン・ノ

二	④新聞の段落⑦と、まとめの段落⑧の役割について考える。	・④、⑤の対比及び、段落⑥の関係を捉える。 ③を受け、どの写真をどの段落で説明しているか確かめられるようにする。対比の関係から、「しかし」「でも」によって、伝えられることと伝えられないことをまとめていることを考えるようにする。 ・前を受け、写真のアップとルーズを新聞で使い分けていることの段落⑦、更に相手や意図に応じて使い分けるというまとめの段落⑧の役割に気づくようにする。	【読】段落相互の関係を捉えている。（ノート） 【読】自分の文章に生かすため、説明の工夫に着目している。（サイドライン・ノート）
	⑤全文を読み返し、各段落の文章全体に果たす役割を考える。	・段落どうしのつながりを考えながら、大きく３つのまとまりであることに気づくようにする。更にそれぞれが対比とまとめになり、全体を構成していることを考えるようにする。文章構成図にまとめるようにする。	【読】考えとそれを支える理由や事例、全体と中心などの情報と情報との関係について理解している。（ノート、発表）
	⑥自分の文章に生かしたい説明の工夫をまとめる。	・筆者の説明の仕方の工夫を考えるようにする。対比を使うこと、写真と対応させていること、接続する語句の役割などに着目し、自分の文章に生かしたい工夫として考えられるようにする。	
三	⑦身近な情報から「アップとルーズ」の例を見つけ、説明する文章をまとめる。	・テレビや新聞・雑誌などのメディアの情報から、「アップ」と「ルーズ」が使われている例を探し、説明するうえでのよさとして、簡単な文章に表せるようにする。	【態】写真を使って伝えることのよさに気づき、自分なりの考えをまとめようとしている。（ノート・発表）
	⑧報告し合い、感想を交流し学習を振り返る。	・互いに報告し合い、感じ方の違いや共感したことを交流し、学習全体を振り返るようにする。	

6．本時の指導

（1）本時のめあて

・写真と文章の対応関係と段落相互の関係をつかみ、筆者の説明の工夫を捉えることができる。

1　第4学年国語科学習指導案

（2）本時の展開

学習活動	○指導上の留意点　◆評価規準（評価方法）
1．学習の見通しをもつ。	
筆者はアップとルーズをどのように説明しているか，工夫を見つけよう。	
2．「アップ」の4段落と「ルーズ」の5段落，及び「まとめ」の6段落を音読する。	○「どの写真」を「どの段落」で説明しているか，確かめられるようにする。
3．「しかし」「でも」に着目して，「アップ」と「ルーズ」がそれぞれ伝えられることと伝えられないことをまとめる。	◆考えと事例（写真）に着目し，「伝えられること」「伝えられないこと」をまとめ，段落相互が対比の関係になっていることを理解している。（サイドライン・ノート）
4．3つの段落の関係を考え，関係図に表す。	○3つの段落を関係図に表し，対比とそのまとめでつながっていることに気づくようする。
5．筆者の説明の使いたい工夫を書き出し，発表する。	◆対比や写真の活用など書き出したものを発表し合い，筆者の説明の工夫を確かめている。（ノート・発表）
6．学習を振り返る。	○工夫が見つけられたか振り返り，次時へつなげる。

（3）本時の板書計画

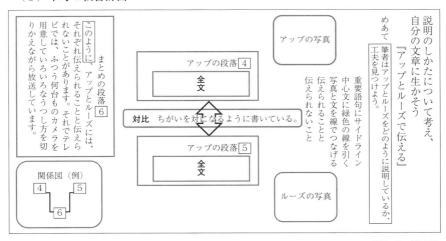

［邑上　裕子］

付　録

第4学年国語科学習指導案

日時　○年　○月　○日（○）○校時
児童　○市立○小学校　4年○組○名
指導者　4年○組担任　　○○○○　　印

1．単元名
テーマを決めて，物語をしょうかいしよう
教材名　「ごんぎつね」（教育出版）

2．単元の目標
○様子や行動，気持ちや性格を表す語句の意味を理解し，語彙を豊かにすることができる。
○登場人物の行動や気持ちの変化を想像しながら読み，自分の考えをまとめることができる。
○叙述や場面構成の工夫に着目して読み，本の紹介文を書くことができる。

3．単元の評価規準

知識・技能	思考・判断・表現 （読む能力）	主体的に学習に取り組む態度
・人物の性格や心情を表す語句や，情景描写を表す語句が文中に使われていることに気づき，書き抜いている。	・登場人物の行動や気持ち，情景について，場面の移り変わりと結びつけて具体的に想像して読んでいる。 ・紹介するために，文章を読んで理解したことと自分の考えを結びつけている。	・登場人物の移り変わっていく行動や気持ちを想像しながら読み，物語の紹介をしようとしている。

4．単元について
(1)　児童について
　児童は，主人公の心情の変化を行動から読み取ることを学習している。主人公の心

情変化を捉えて読み，物語の登場人物の日記に書き換えたり，感想を交流したりする言語活動を経験をしている。小グループ活動で考えを伝え合う活動を通して，読んで考えたことを比較したり自分の考えを整理したりすることができるようになってきている。

(2) 教材について

　情景描写や人物の心情の変化が的確に表現されている児童文学である。償いの行為者が自分であると知られないように行動しながら，本心では自分なのだとわかってほしいという矛盾する思いが描かれる。「ちょいといたずらがしたくなる」という自己中心的な幼さと，「〜にちがいない。あんないたずらをしなけりゃよかった。」と内省する客観性をあわせもつごんに児童は寄り添い，読み進める。そして最後の悲劇的な結末に，不条理を感じることだろう。登場人物の性格や気持ちの変化，情景描写から想像したことを交流することによって，互いの感じ方の違いに気づかせる学習には格好の教材である。

(3) 単元について

　読み取ったことをもとにテーマを決めて紹介し合う単元である。テーマを短い言葉でまとめることにより，作品の印象点や心に残った場面を切り取り言語化することが可能になる。例えば，「鈴虫の　声とかげふむ　ごんぎつね」「ちょいといたずらがしたくなった，それがこんなことになるなんて。」等，既習内容をもとにして自由に表現するようにしたい。それを可能にするために，二次では叙述から行動や情景描写を抜き出して，その文からわかることを整理してから自分の考えをまとめるようにする。

5．単元の指導計画（全8時間，本時2時間目）

次	学習活動	指導上の留意点	評価規準 （評価方法）
一	①全文を読み，あらすじを確かめ，感想を交流し，学習計画を立てる。	・好きな情景描写や印象的な文章にサイドラインを引きながら読むよう助言し，感想に結びつけるようにする。 ・副題をつけ紹介し合うという学習の見通しをもたせる。	【態】全文を読み感想を交流している。（観察）
	②ごんがどのようなきつねとして紹	・「ひとりぼっち」「小ぎつね」「昼でも夜でも，いたずらばかり」「ちょい	【読】登場人物の相互関係や行動や心情，

	学習活動	指導上の留意点	評価規準（評価方法）
二	介されているかを読む。 ③償いをするごんの行動と情景描写を読む。 ④兵十に対するごんの心の動きを読む。 ⑤ごんに対する兵十の心の動きを読む。 ⑥最後の場面のごんと兵十の思いを想像して読む。	と」等の語句に着目させ，ごんの人物像を考えるようにする。 ・「あんないたずらしなけりゃよかった」「おれと同じ，ひとりぼっちの兵十か」「うちの中にいわしを投げこんで」「これはしまった」「くりをどっさり拾って」「次の日も」「かげぼうしをふみふみ」「つまらないな」「ひきあわないなあ」等の文に着目させ，ごんの心の動きを考えるようにする。 ・「うら口から，こっそり」「くりがかためて置いてあるのが」「うなずきました」等のごんの行動と，「あのごんぎつねめが」「ようし」「ばたりと，取り落としました」「青いけむりが，まだ，つつ口から細く」等の兵十の行動や様子から，ごんと兵十の気持ちの変化について意見を交流させる。	場面の描写を捉えて読んでいる。（ノート） 【知】性格や心情，情景描写を表す語句を抜き出している。（ナイドライン・ノート） 【読】読んで理解したことをもとにして，自分の考えをまとめている。（ノート）
三	⑦印象深い場面を選び，テーマを決め，その理由を書く。 ⑧紹介し合い感想を交流する。	・一番好きな場面を選んで，なぜそこが好きなのか理由を考えることからまとめるようにする。 ・テーマを決めて紹介し合い，感じ方の違いや共感したことを感想として伝え合うようにする。	【読】行動や気持ちを想像しながら読み，紹介文を書いている。（ノート・発表）

6．本時の指導

（1）本時のめあて

・ごんがどのようなきつねとして紹介されているかを読み取ることができる。

（2）本時の展開

学習活動	○指導上の留意点　◆評価規準（評価方法）
1．学習の見通しをもつ。	
ごんは，どんなきつねか考えよう。	
2．1場面を読み，ごんの行	○「いつ」「どこ」「誰」の話かを確認する。

2 第4学年国語科学習指導案

動や様子にサイドラインを引き抜く出す。	◆性格や心情，情景描写を表す語句を書き抜いている。（サイドライン・ノート）
3．ごんの行動からわかることをまとめる。	○ごんの様子や行動がわかる叙述に着目させる。
4．グループでごんの行動からわかることを発表し合う。	○「山の中・ひとりぼっち・小ぎつね・夜でも昼でも・辺りの村へ出て・いもをほり散らす・火をつける・むしりとる・ちょいといたずらがしたくなった・下手へなげる・草の上にのせておく」等の叙述をおさえることで，ごんの孤独や深く考えず行動している悪気のなさに気づくことができるようにする。
5．学級全体でごんの行動からわかることを話し合う。	○発表し合い，様々な考えを交流できるようにする。
6．ごんの人物像を書いてまとめる。	◆ごんの様子や行動から，ごんはどんなきつねなのかをまとめている。（ノート）
7．学習を振り返る。	

（3）本時の板書計画

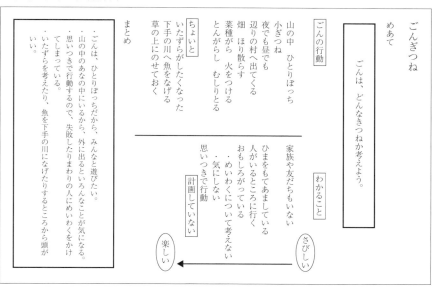

［坂本　喜代子］

| 付　録

小学校学習指導要領　国語

第1　目　標

　言葉による見方・考え方を働かせ，言語活動を通して，国語で正確に理解し適切に表現する資質・能力を次のとおり育成することを目指す。
　(1)　日常生活に必要な国語について，その特質を理解し適切に使うことができるようにする。
　(2)　日常生活における人との関わりの中で伝え合う力を高め，思考力や想像力を養う。
　(3)　言葉がもつよさを認識するとともに，言語感覚を養い，国語の大切さを自覚し，国語を尊重してその能力の向上を図る態度を養う。

第2　各学年の目標及び内容
〔第1学年及び第2学年〕
1　目　標
　(1)　日常生活に必要な国語の知識や技能を身に付けるとともに，我が国の言語文化に親しんだり理解したりすることができるようにする。
　(2)　順序立てて考える力や感じたり想像したりする力を養い，日常生活における人との関わりの中で伝え合う力を高め，自分の思いや考えをもつことができるようにする。
　(3)　言葉がもつよさを感じるとともに，楽しんで読書をし，国語を大切にして，思いや考えを伝え合おうとする態度を養う。
2　内　容
〔知識及び技能〕
　(1)　言葉の特徴や使い方に関する次の事項を身に付けることができるよう指導する。
　　ア　言葉には，事物の内容を表す働きや，経験したことを伝える働きがあることに気付くこと。
　　イ　音節と文字との関係，アクセントによる語の意味の違いなどに気付くとともに，姿勢や口形，発声や発音に注意して話すこと。
　　ウ　長音，拗音，促音，撥音などの表記，助詞の「は」，「へ」及び「を」の使い方，句読点の打ち方，かぎ（「　」）の使い方を理解して文や文章の中で使うこと。また，平仮名及び片仮名を読み，書くとともに，片仮名で書く語の種類を知り，文や文章の中で使うこと。
　　エ　第1学年においては，別表の学年別漢字配当表（以下「学年別漢字配当表」という。）の第1学年に配当されている漢字を読み，漸次書き，文や文章の中で使うこと。第2学年においては，学年別漢字配当表の第2学年までに配当されている漢字を読むこと。また，第1学年に配当されている漢字を書き，文や文章の中で使うとともに，

第2学年に配当されている漢字を漸次書き，文や文章の中で使うこと。
　　オ　身近なことを表す語句の量を増し，話や文章の中で使うとともに，言葉には意味による語句のまとまりがあることに気付き，語彙を豊かにすること。
　　カ　文の中における主語と述語との関係に気付くこと。
　　キ　丁寧な言葉と普通の言葉との違いに気を付けて使うとともに，敬体で書かれた文章に慣れること。
　　ク　語のまとまりや言葉の響きなどに気を付けて音読すること。
　(2)　話や文章に含まれている情報の扱い方に関する次の事項を身に付けることができるよう指導する。
　　ア　共通，相違，事柄の順序など情報と情報との関係について理解すること。
　(3)　我が国の言語文化に関する次の事項を身に付けることができるよう指導する。
　　ア　昔話や神話・伝承などの読み聞かせを聞くなどして，我が国の伝統的な言語文化に親しむこと。
　　イ　長く親しまれている言葉遊びを通して，言葉の豊かさに気付くこと。
　　ウ　書写に関する次の事項を理解し使うこと。
　　　(ｱ)　姿勢や筆記具の持ち方を正しくして書くこと。
　　　(ｲ)　点画の書き方や文字の形に注意しながら，筆順に従って丁寧に書くこと。
　　　(ｳ)　点画相互の接し方や交わり方，長短や方向などに注意して，文字を正しく書くこと。
　　エ　読書に親しみ，いろいろな本があることを知ること。
〔思考力，判断力，表現力等〕
A　話すこと・聞くこと
　(1)　話すこと・聞くことに関する次の事項を身に付けることができるよう指導する。
　　ア　身近なことや経験したことなどから話題を決め，伝え合うために必要な事柄を選ぶこと。
　　イ　相手に伝わるように，行動したことや経験したことに基づいて，話す事柄の順序を考えること。
　　ウ　伝えたい事柄や相手に応じて，声の大きさや速さなどを工夫すること。
　　エ　話し手が知らせたいことや自分が聞きたいことを落とさないように集中して聞き，話の内容を捉えて感想をもつこと。
　　オ　互いの話に関心をもち，相手の発言を受けて話をつなぐこと。
　(2)　(1)に示す事項については，例えば，次のような言語活動を通して指導するものとする。
　　ア　紹介や説明，報告など伝えたいことを話したり，それらを聞いて声に出して確かめたり感想を述べたりする活動。
　　イ　尋ねたり応答したりするなどして，少人数で話し合う活動。

付　録

B　書くこと
(1) 書くことに関する次の事項を身に付けることができるよう指導する。
　ア　経験したことや想像したことなどから書くことを見付け，必要な事柄を集めたり確かめたりして，伝えたいことを明確にすること。
　イ　自分の思いや考えが明確になるように，事柄の順序に沿って簡単な構成を考えること。
　ウ　語と語や文と文との続き方に注意しながら，内容のまとまりが分かるように書き表し方を工夫すること。
　エ　文章を読み返す習慣を付けるとともに，間違いを正したり，語と語や文と文との続き方を確かめたりすること。
　オ　文章に対する感想を伝え合い，自分の文章の内容や表現のよいところを見付けること。
(2) (1)に示す事項については，例えば，次のような言語活動を通して指導するものとする。
　ア　身近なことや経験したことを報告したり，観察したことを記録したりするなど，見聞きしたことを書く活動。
　イ　日記や手紙を書くなど，思ったことや伝えたいことを書く活動。
　ウ　簡単な物語をつくるなど，感じたことや想像したことを書く活動。

C　読むこと
(1) 読むことに関する次の事項を身に付けることができるよう指導する。
　ア　時間的な順序や事柄の順序などを考えながら，内容の大体を捉えること。
　イ　場面の様子や登場人物の行動など，内容の大体を捉えること。
　ウ　文章の中の重要な語や文を考えて選び出すこと。
　エ　場面の様子に着目して，登場人物の行動を具体的に想像すること。
　オ　文章の内容と自分の体験とを結び付けて，感想をもつこと。
　カ　文章を読んで感じたことや分かったことを共有すること。
(2) (1)に示す事項については，例えば，次のような言語活動を通して指導するものとする。
　ア　事物の仕組みを説明した文章などを読み，分かったことや考えたことを述べる活動。
　イ　読み聞かせを聞いたり物語などを読んだりして，内容や感想などを伝え合ったり，演じたりする活動。
　ウ　学校図書館などを利用し，図鑑や科学的なことについて書いた本などを読み，分かったことなどを説明する活動。

〔第3学年及び第4学年〕
1　目　標
(1) 日常生活に必要な国語の知識や技能を身に付けるとともに，我が国の言語文化に親しんだり理解したりすることができるようにする。

(2) 筋道立てて考える力や豊かに感じたり想像したりする力を養い，日常生活における人との関わりの中で伝え合う力を高め，自分の思いや考えをまとめることができるようにする。
(3) 言葉がもつよさに気付くとともに，幅広く読書をし，国語を大切にして，思いや考えを伝え合おうとする態度を養う。
2 内 容
〔知識及び技能〕
(1) 言葉の特徴や使い方に関する次の事項を身に付けることができるよう指導する。
　ア 言葉には，考えたことや思ったことを表す働きがあることに気付くこと。
　イ 相手を見て話したり聞いたりするとともに，言葉の抑揚や強弱，間の取り方などに注意して話すこと。
　ウ 漢字と仮名を用いた表記，送り仮名の付け方，改行の仕方を理解して文や文章の中で使うとともに，句読点を適切に打つこと。また，第3学年においては，日常使われている簡単な単語について，ローマ字で表記されたものを読み，ローマ字で書くこと。
　エ 第3学年及び第4学年の各学年においては，学年別漢字配当表の当該学年までに配当されている漢字を読むこと。また，当該学年の前の学年までに配当されている漢字を書き，文や文章の中で使うとともに，当該学年に配当されている漢字を漸次書き，文や文章の中で使うこと。
　オ 様子や行動，気持ちや性格を表す語句の量を増し，話や文章の中で使うとともに，言葉には性質や役割による語句のまとまりがあることを理解し，語彙を豊かにすること。
　カ 主語と述語との関係，修飾と被修飾との関係，指示する語句と接続する語句の役割，段落の役割について理解すること。
　キ 丁寧な言葉を使うとともに，敬体と常体との違いに注意しながら書くこと。
　ク 文章全体の構成や内容の大体を意識しながら音読すること。
(2) 話や文章に含まれている情報の扱い方に関する次の事項を身に付けることができるよう指導する。
　ア 考えとそれを支える理由や事例，全体と中心など情報と情報との関係について理解すること。
　イ 比較や分類の仕方，必要な語句などの書き留め方，引用の仕方や出典の示し方，辞書や事典の使い方を理解し使うこと。
(3) 我が国の言語文化に関する次の事項を身に付けることができるよう指導する。
　ア 易しい文語調の短歌や俳句を音読したり暗唱したりするなどして，言葉の響きやリズムに親しむこと。
　イ 長い間使われてきたことわざや慣用句，故事成語などの意味を知り，使うこと。
　ウ 漢字が，へんやつくりなどから構成されていることについて理解すること。

| 付　録

　　　エ　書写に関する次の事項を理解し使うこと。
　　　　(ｱ)　文字の組立て方を理解し，形を整えて書くこと。
　　　　(ｲ)　漢字や仮名の大きさ，配列に注意して書くこと。
　　　　(ｳ)　毛筆を使用して点画の書き方への理解を深め，筆圧などに注意して書くこと。
　　　オ　幅広く読書に親しみ，読書が，必要な知識や情報を得ることに役立つことに気付くこと。
　〔思考力，判断力，表現力等〕
　A　話すこと・聞くこと
　(1)　話すこと・聞くことに関する次の事項を身に付けることができるよう指導する。
　　　ア　目的を意識して，日常生活の中から話題を決め，集めた材料を比較したり分類したりして，伝え合うために必要な事柄を選ぶこと。
　　　イ　相手に伝わるように，理由や事例などを挙げながら，話の中心が明確になるよう話の構成を考えること。
　　　ウ　話の中心や話す場面を意識して，言葉の抑揚や強弱，間の取り方などを工夫すること。
　　　エ　必要なことを記録したり質問したりしながら聞き，話し手が伝えたいことや自分が聞きたいことの中心を捉え，自分の考えをもつこと。
　　　オ　目的や進め方を確認し，司会などの役割を果たしながら話し合い，互いの意見の共通点や相違点に着目して，考えをまとめること。
　(2)　(1)に示す事項については，例えば，次のような言語活動を通して指導するものとする。
　　　ア　説明や報告など調べたことを話したり，それらを聞いたりする活動。
　　　イ　質問するなどして情報を集めたり，それらを発表したりする活動。
　　　ウ　互いの考えを伝えるなどして，グループや学級全体で話し合う活動。
　B　書くこと
　(1)　書くことに関する次の事項を身に付けることができるよう指導する。
　　　ア　相手や目的を意識して，経験したことや想像したことなどから書くことを選び，集めた材料を比較したり分類したりして，伝えたいことを明確にすること。
　　　イ　書く内容の中心を明確にし，内容のまとまりで段落をつくったり，段落相互の関係に注意したりして，文章の構成を考えること。
　　　ウ　自分の考えとそれを支える理由や事例との関係を明確にして，書き表し方を工夫すること。
　　　エ　間違いを正したり，相手や目的を意識した表現になっているかを確かめたりして，文や文章を整えること。
　　　オ　書こうとしたことが明確になっているかなど，文章に対する感想や意見を伝え合い，自分の文章のよいところを見付けること。
　(2)　(1)に示す事項については，例えば，次のような言語活動を通して指導するものとする。

3　小学校学習指導要領　国語

　　　ア　調べたことをまとめて報告するなど，事実やそれを基に考えたことを書く活動。
　　　イ　行事の案内やお礼の文章を書くなど，伝えたいことを手紙に書く活動。
　　　ウ　詩や物語をつくるなど，感じたことや想像したことを書く活動。
C　読むこと
　(1)　読むことに関する次の事項を身に付けることができるよう指導する。
　　　ア　段落相互の関係に着目しながら，考えとそれを支える理由や事例との関係などについて，叙述を基に捉えること。
　　　イ　登場人物の行動や気持ちなどについて，叙述を基に捉えること。
　　　ウ　目的を意識して，中心となる語や文を見付けて要約すること。
　　　エ　登場人物の気持ちの変化や性格，情景について，場面の移り変わりと結び付けて具体的に想像すること。
　　　オ　文章を読んで理解したことに基づいて，感想や考えをもつこと。
　　　カ　文章を読んで感じたことや考えたことを共有し，一人一人の感じ方などに違いがあることに気付くこと。
　(2)　(1)に示す事項については，例えば，次のような言語活動を通して指導するものとする。
　　　ア　記録や報告などの文章を読み，文章の一部を引用して，分かったことや考えたことを説明したり，意見を述べたりする活動。
　　　イ　詩や物語などを読み，内容を説明したり，考えたことなどを伝え合ったりする活動。
　　　ウ　学校図書館などを利用し，事典や図鑑などから情報を得て，分かったことなどをまとめて説明する活動。

〔第5学年及び第6学年〕
1　目　標
　(1)　日常生活に必要な国語の知識や技能を身に付けるとともに，我が国の言語文化に親しんだり理解したりすることができるようにする。
　(2)　筋道立てて考える力や豊かに感じたり想像したりする力を養い，日常生活における人との関わりの中で伝え合う力を高め，自分の思いや考えを広げることができるようにする。
　(3)　言葉がもつよさを認識するとともに，進んで読書をし，国語の大切さを自覚して，思いや考えを伝え合おうとする態度を養う。
2　内　容
　〔知識及び技能〕
　(1)　言葉の特徴や使い方に関する次の事項を身に付けることができるよう指導する。
　　　ア　言葉には，相手とのつながりをつくる働きがあることに気付くこと。
　　　イ　話し言葉と書き言葉との違いに気付くこと。
　　　ウ　文や文章の中で漢字と仮名を適切に使い分けるとともに，送り仮名や仮名遣いに注

| 付　録

　　　　意して正しく書くこと。
　　エ　第５学年及び第６学年の各学年においては，学年別漢字配当表の当該学年までに配
　　　当されている漢字を読むこと。また，当該学年の前の学年までに配当されている漢字
　　　を書き，文や文章の中で使うとともに，当該学年に配当されている漢字を漸次書き，
　　　文や文章の中で使うこと。
　　オ　思考に関わる語句の量を増し，話や文章の中で使うとともに，語句と語句との関係，
　　　語句の構成や変化について理解し，語彙を豊かにすること。また，語感や言葉の使い
　　　方に対する感覚を意識して，語や語句を使うこと。
　　カ　文の中での語句の係り方や語順，文と文との接続の関係，話や文章の構成や展開，
　　　話や文章の種類とその特徴について理解すること。
　　キ　日常よく使われる敬語を理解し使い慣れること。
　　ク　比喩や反復などの表現の工夫に気付くこと。
　　ケ　文章を音読したり朗読したりすること。
　(2)　話や文章に含まれている情報の扱い方に関する次の事項を身に付けることができるよ
　　う指導する。
　　ア　原因と結果など情報と情報との関係について理解すること。
　　イ　情報と情報との関係付けの仕方，図などによる語句と語句との関係の表し方を理解
　　　し使うこと。
　(3)　我が国の言語文化に関する次の事項を身に付けることができるよう指導する。
　　ア　親しみやすい古文や漢文，近代以降の文語調の文章を音読するなどして，言葉の響
　　　きやリズムに親しむこと。
　　イ　古典について解説した文章を読んだり作品の内容の大体を知ったりすることを通し
　　　て，昔の人のものの見方や感じ方を知ること。
　　ウ　語句の由来などに関心をもつとともに，時間の経過による言葉の変化や世代による
　　　言葉の違いに気付き，共通語と方言との違いを理解すること。また，仮名及び漢字の
　　　由来，特質などについて理解すること。
　　エ　書写に関する次の事項を理解し使うこと。
　　　(ア)　用紙全体との関係に注意して，文字の大きさや配列などを決めるとともに，書く
　　　　速さを意識して書くこと。
　　　(イ)　毛筆を使用して，穂先の動きと点画のつながりを意識して書くこと。
　　　(ウ)　目的に応じて使用する筆記具を選び，その特徴を生かして書くこと。
　　オ　日常的に読書に親しみ，読書が，自分の考えを広げることに役立つことに気付くこ
　　　と。
　〔思考力，判断力，表現力等〕
　A　話すこと・聞くこと
　(1)　話すこと・聞くことに関する次の事項を身に付けることができるよう指導する。

ア　目的や意図に応じて，日常生活の中から話題を決め，集めた材料を分類したり関係付けたりして，伝え合う内容を検討すること。
　　イ　話の内容が明確になるように，事実と感想，意見とを区別するなど，話の構成を考えること。
　　ウ　資料を活用するなどして，自分の考えが伝わるように表現を工夫すること。
　　エ　話し手の目的や自分が聞こうとする意図に応じて，話の内容を捉え，話し手の考えと比較しながら，自分の考えをまとめること。
　　オ　互いの立場や意図を明確にしながら計画的に話し合い，考えを広げたりまとめたりすること。
　(2)　(1)に示す事項については，例えば，次のような言語活動を通して指導するものとする。
　　ア　意見や提案など自分の考えを話したり，それらを聞いたりする活動。
　　イ　インタビューなどをして必要な情報を集めたり，それらを発表したりする活動。
　　ウ　それぞれの立場から考えを伝えるなどして話し合う活動。
B　書くこと
　(1)　書くことに関する次の事項を身に付けることができるよう指導する。
　　ア　目的や意図に応じて，感じたことや考えたことなどから書くことを選び，集めた材料を分類したり関係付けたりして，伝えたいことを明確にすること。
　　イ　筋道の通った文章となるように，文章全体の構成や展開を考えること。
　　ウ　目的や意図に応じて簡単に書いたり詳しく書いたりするとともに，事実と感想，意見とを区別して書いたりするなど，自分の考えが伝わるように書き表し方を工夫すること。
　　エ　引用したり，図表やグラフなどを用いたりして，自分の考えが伝わるように書き表し方を工夫すること。
　　オ　文章全体の構成や書き表し方などに着目して，文や文章を整えること。
　　カ　文章全体の構成や展開が明確になっているかなど，文章に対する感想や意見を伝え合い，自分の文章のよいところを見付けること。
　(2)　(1)に示す事項については，例えば，次のような言語活動を通して指導するものとする。
　　ア　事象を説明したり意見を述べたりするなど，考えたことや伝えたいことを書く活動。
　　イ　短歌や俳句をつくるなど，感じたことや想像したことを書く活動。
　　ウ　事実や経験を基に，感じたり考えたりしたことや自分にとっての意味について文章に書く活動。
C　読むこと
　(1)　読むことに関する次の事項を身に付けることができるよう指導する。
　　ア　事実と感想，意見などとの関係を叙述を基に押さえ，文章全体の構成を捉えて要旨を把握すること。
　　イ　登場人物の相互関係や心情などについて，描写を基に捉えること。

付　録

　　　ウ　目的に応じて，文章と図表などを結び付けるなどして必要な情報を見付けたり，論の進め方について考えたりすること。
　　　エ　人物像や物語などの全体像を具体的に想像したり，表現の効果を考えたりすること。
　　　オ　文章を読んで理解したことに基づいて，自分の考えをまとめること。
　　　カ　文章を読んでまとめた意見や感想を共有し，自分の考えを広げること。
　　(2)　(1)に示す事項については，例えば，次のような言語活動を通して指導するものとする。
　　　ア　説明や解説などの文章を比較するなどして読み，分かったことや考えたことを，話し合ったり文章にまとめたりする活動。
　　　イ　詩や物語，伝記などを読み，内容を説明したり，自分の生き方などについて考えたことを伝え合ったりする活動。
　　　ウ　学校図書館などを利用し，複数の本や新聞などを活用して，調べたり考えたりしたことを報告する活動。

第３　指導計画の作成と内容の取扱い
　１　指導計画の作成に当たっては，次の事項に配慮するものとする。
　　(1)　単元など内容や時間のまとまりを見通して，その中で育む資質・能力の育成に向けて，児童の主体的・対話的で深い学びの実現を図るようにすること。その際，言葉による見方・考え方を働かせ，言語活動を通して，言葉の特徴や使い方などを理解し自分の思いや考えを深める学習の充実を図ること。
　　(2)　第２の各学年の内容の指導については，必要に応じて当該学年より前の学年において初歩的な形で取り上げたり，その後の学年で程度を高めて取り上げたりするなどして，弾力的に指導すること。
　　(3)　第２の各学年の内容の〔知識及び技能〕に示す事項については，〔思考力，判断力，表現力等〕に示す事項の指導を通して指導することを基本とし，必要に応じて，特定の事項だけを取り上げて指導したり，それらをまとめて指導したりするなど，指導の効果を高めるよう工夫すること。なお，その際，第１章総則の第２の３の(2)のウの(イ)に掲げる指導を行う場合には，当該指導のねらいを明確にするとともに，単元など内容や時間のまとまりを見通して資質・能力が偏りなく育成されるよう計画的に指導すること。
　　(4)　第２の各学年の内容の〔思考力，判断力，表現力等〕の「Ａ話すこと・聞くこと」に関する指導については，意図的，計画的に指導する機会が得られるように，第１学年及び第２学年では年間35単位時間程度，第３学年及び第４学年では年間30単位時間程度，第５学年及び第６学年では年間25単位時間程度を配当すること。その際，音声言語のための教材を活用するなどして指導の効果を高めるよう工夫すること。
　　(5)　第２の各学年の内容の〔思考力，判断力，表現力等〕の「Ｂ書くこと」に関する指導については，第１学年及び第２学年では年間100単位時間程度，第３学年及び第４

学年では年間85単位時間程度、第5学年及び第6学年では年間55単位時間程度を配当すること。その際、実際に文章を書く活動をなるべく多くすること。
(6) 第2の第1学年及び第2学年の内容の〔知識及び技能〕の(3)のエ、第3学年及び第4学年、第5学年及び第6学年の内容の〔知識及び技能〕の(3)のオ及び各学年の内容の〔思考力、判断力、表現力等〕の「C読むこと」に関する指導については、読書意欲を高め、日常生活において読書活動を活発に行うようにするとともに、他教科等の学習における読書の指導や学校図書館における指導との関連を考えて行うこと。
(7) 低学年においては、第1章総則の第2の4の(1)を踏まえ、他教科等との関連を積極的に図り、指導の効果を高めるようにするとともに、幼稚園教育要領等に示す幼児期の終わりまでに育ってほしい姿との関連を考慮すること。特に、小学校入学当初においては、生活科を中心とした合科的・関連的な指導や、弾力的な時間割の設定を行うなどの工夫をすること。
(8) 言語能力の向上を図る観点から、外国語活動及び外国語科など他教科等との関連を積極的に図り、指導の効果を高めるようにすること。
(9) 障害のある児童などについては、学習活動を行う場合に生じる困難さに応じた指導内容や指導方法の工夫を計画的、組織的に行うこと。
(10) 第1章総則の第1の2の(2)に示す道徳教育の目標に基づき、道徳科などとの関連を考慮しながら、第3章特別の教科道徳の第2に示す内容について、国語科の特質に応じて適切な指導をすること。
2 第2の内容の取扱いについては、次の事項に配慮するものとする。
(1) 〔知識及び技能〕に示す事項については、次のとおり取り扱うこと。
　　ア　日常の言語活動を振り返ることなどを通して、児童が、実際に話したり聞いたり書いたり読んだりする場面を意識できるよう指導を工夫すること。
　　イ　表現したり理解したりするために必要な文字や語句については、辞書や事典を利用して調べる活動を取り入れるなど、調べる習慣が身に付くようにすること。
　　ウ　第3学年におけるローマ字の指導に当たっては、第5章総合的な学習の時間の第3の2の(3)に示す、コンピュータで文字を入力するなどの学習の基盤として必要となる情報手段の基本的な操作を習得し、児童が情報や情報手段を主体的に選択し活用できるよう配慮することとの関連が図られるようにすること。
　　エ　漢字の指導については、第2の内容に定めるほか、次のとおり取り扱うこと。
　　　(ア)　学年ごとに配当されている漢字は、児童の学習負担に配慮しつつ、必要に応じて、当該学年以前の学年又は当該学年以降の学年において指導することもできること。
　　　(イ)　当該学年より後の学年に配当されている漢字及びそれ以外の漢字については、振り仮名を付けるなど、児童の学習負担に配慮しつつ提示することができること。
　　　(ウ)　他教科等の学習において必要となる漢字については、当該教科等と関連付けて

　　　　　　指導するなど，その確実な定着が図られるよう指導を工夫すること。
　　　　(エ)　漢字の指導においては，学年別漢字配当表に示す漢字の字体を標準とすること。
　　　オ　各学年の(3)のア及びイに関する指導については，各学年で行い，古典に親しめるよう配慮すること。
　　　カ　書写の指導については，第2の内容に定めるほか，次のとおり取り扱うこと。
　　　　(ア)　文字を正しく整えて書くことができるようにするとともに，書写の能力を学習や生活に役立てる態度を育てるよう配慮すること。
　　　　(イ)　硬筆を使用する書写の指導は各学年で行うこと。
　　　　(ウ)　毛筆を使用する書写の指導は第3学年以上の各学年で行い，各学年年間30単位時間程度を配当するとともに，毛筆を使用する書写の指導は硬筆による書写の能力の基礎を養うよう指導すること。
　　　　(エ)　第1学年及び第2学年の(3)のウの（イ）の指導については，適切に運筆する能力の向上につながるよう，指導を工夫すること。
　(2)　第2の内容の指導に当たっては，児童がコンピュータや情報通信ネットワークを積極的に活用する機会を設けるなどして，指導の効果を高めるよう工夫すること。
　(3)　第2の内容の指導に当たっては，学校図書館などを目的をもって計画的に利用しその機能の活用を図るようにすること。その際，本などの種類や配置，探し方について指導するなど，児童が必要な本などを選ぶことができるよう配慮すること。なお，児童が読む図書については，人間形成のため偏りがないよう配慮して選定すること。
3　教材については，次の事項に留意するものとする。
　(1)　教材は，第2の各学年の目標及び内容に示す資質・能力を偏りなく養うことや読書に親しむ態度の育成を通して読書習慣を形成することをねらいとし，児童の発達の段階に即して適切な話題や題材を精選して調和的に取り上げること。また，第2の各学年の内容の〔思考力，判断力，表現力等〕の「A話すこと・聞くこと」，「B書くこと」及び「C読むこと」のそれぞれの(2)に掲げる言語活動が十分行われるよう教材を選定すること。
　(2)　教材は，次のような観点に配慮して取り上げること。
　　　ア　国語に対する関心を高め，国語を尊重する態度を育てるのに役立つこと。
　　　イ　伝え合う力，思考力や想像力及び言語感覚を養うのに役立つこと。
　　　ウ　公正かつ適切に判断する能力や態度を育てるのに役立つこと。
　　　エ　科学的，論理的に物事を捉え考察し，視野を広げるのに役立つこと。
　　　オ　生活を明るくし，強く正しく生きる意志を育てるのに役立つこと。
　　　カ　生命を尊重し，他人を思いやる心を育てるのに役立つこと。
　　　キ　自然を愛し，美しいものに感動する心を育てるのに役立つこと。
　　　ク　我が国の伝統と文化に対する理解と愛情を育てるのに役立つこと。
　　　ケ　日本人としての自覚をもって国を愛し，国家，社会の発展を願う態度を育てるの

に役立つこと。
　コ　世界の風土や文化などを理解し，国際協調の精神を養うのに役立つこと。
(3) 第2の各学年の内容の〔思考力，判断力，表現力等〕の「C読むこと」の教材については，各学年で説明的な文章や文学的な文章などの文章形態を調和的に取り扱うこと。また，説明的な文章については，適宜，図表や写真などを含むものを取り上げること。

付　録

別表　　　　　　　　　学年別漢字配当表

第一学年	一 右 雨 円 王 音 下 火 花 貝 学 気 九 休 玉 金 空 月 犬 見 五 口 校 左 三 山 子 四 糸 字 耳 七 車 手 十 出 女 小 上 森 人 水 正 生 青 夕 石 赤 千 川 先 早 草 足 村 大 男 竹 中 虫 町 天 田 土 二 日 入 年 白 八 百 文 木 本 名 目 立 力 林 六　（80字）
第二学年	引 羽 雲 園 遠 何 科 夏 家 歌 画 回 会 海 絵 外 角 楽 活 間 丸 岩 顔 汽 記 帰 弓 牛 魚 京 強 教 近 兄 形 計 元 言 原 戸 古 午 後 語 工 公 広 交 光 考 行 高 黄 合 谷 国 黒 今 才 細 作 算 止 市 矢 姉 思 紙 寺 自 時 室 社 弱 首 秋 週 春 書 少 場 色 食 心 新 親 図 数 西 声 星 晴 切 雪 船 線 前 組 走 多 太 体 台 地 池 知 茶 昼 長 鳥 朝 直 通 弟 店 点 電 刀 冬 当 東 答 頭 同 道 読 内 南 肉 馬 売 買 麦 半 番 父 風 分 聞 米 歩 母 方 北 毎 妹 万 明 鳴 毛 門 夜 野 友 用 曜 来 里 理 話　（160字）
第三学年	悪 安 暗 医 委 意 育 員 院 飲 運 泳 駅 央 横 屋 温 化 荷 界 開 階 寒 感 漢 館 岸 起 期 客 究 急 級 宮 球 去 橋 業 曲 局 銀 区 苦 具 君 係 軽 血 決 研 県 庫 湖 向 幸 港 号 根 祭 皿 仕 死 使 始 指 歯 詩 次 事 持 式 実 写 者 主 守 取 酒 受 州 拾 終 習 集 住 重 宿 所 暑 助 昭 消 商 章 勝 乗 植 申 身 神 真 深 進 世 整 昔 全 相 送 想 息 速 族 他 打 対 待 代 第 題 炭 短 談 着 注 柱 丁 帳 調 追 定 庭 笛 鉄 転 都 度 投 豆 島 湯 登 等 動 童 農 波 配 倍 箱 畑 発 反 坂 板 皮 悲 美 鼻 筆 氷 表 秒 病 品 負 部 服 福 物 平 返 勉 放 味 命 面 問 役 薬 由 油 有 遊 予 羊 洋 葉 陽 様 落 流 旅 両 緑 礼 列 練 路 和　（200字）
第四学年	愛 案 以 衣 位 茨 印 英 栄 媛 塩 岡 億 加 果 貨 課 芽 賀 改 械 害 街 各 覚 潟 完 官 管 関 観 願 岐 希 季 旗 器 機 議 求 泣 給 挙 漁 共 協 鏡 競 極 熊 訓 軍 郡 群 径 景 芸 欠 結 建 健 験 固 功 好 香 候 康 佐 差 菜 最 埼 材 崎 昨 札 刷 察 参 産 散 残 氏

222

3 小学校学習指導要領　国語

	漢字
第四学年	司 試 児 治 滋 辞 鹿 失 借 種 周 祝 順 初 松 笑 唱 焼 照 城 縄 臣 信 井 成 省 清 静 席 積 折 節 説 浅 戦 選 然 争 倉 巣 束 側 徳 栃 奈 梨 熱 念 敗 梅 博 阪 飯 飛 必 票 標 不 夫 付 府 阜 富 副 兵 別 辺 変 便 包 法 望 牧 末 満 未 民 無 約 勇 要 養 浴 利 陸 良 料 量 輪 類 令 冷 例 連 老 労 録　　　　　　　　（202字）
第五学年	圧 囲 移 因 永 営 衛 易 益 液 演 応 往 桜 可 仮 価 河 過 快 解 格 確 額 刊 幹 慣 眼 紀 基 寄 規 喜 技 義 逆 久 旧 救 居 許 境 均 禁 句 型 経 潔 件 険 検 限 現 減 故 個 護 効 厚 耕 航 鉱 構 興 講 告 混 査 再 災 妻 採 際 在 財 罪 殺 雑 酸 賛 士 支 史 志 枝 師 資 飼 示 似 識 質 舎 謝 授 修 述 術 準 序 招 証 象 賞 条 状 常 情 織 職 制 性 政 勢 精 製 税 責 績 接 設 絶 祖 素 総 造 像 増 則 測 属 率 損 貸 態 団 断 築 貯 張 停 提 程 適 統 堂 銅 導 得 毒 独 任 燃 能 破 犯 判 版 比 肥 非 費 備 評 貧 布 婦 武 復 複 仏 粉 編 弁 保 墓 報 豊 防 貿 暴 脈 務 夢 迷 綿 輸 余 容 略 留 領 歴　　　　　　　　（193字）
第六学年	胃 異 遺 域 宇 映 延 沿 恩 我 灰 拡 革 閣 割 株 干 巻 看 簡 危 机 揮 貴 疑 吸 供 胸 郷 勤 筋 系 敬 警 劇 激 穴 券 絹 権 憲 源 厳 己 呼 誤 后 孝 皇 紅 降 鋼 刻 穀 骨 困 砂 座 済 裁 策 冊 蚕 至 私 姿 視 詞 誌 磁 射 捨 尺 若 樹 収 宗 就 衆 従 縦 縮 熟 純 処 署 諸 除 承 将 傷 障 蒸 針 仁 垂 推 寸 盛 聖 誠 舌 宣 専 泉 洗 染 銭 善 奏 窓 創 装 層 操 蔵 臓 存 尊 退 宅 担 探 誕 段 暖 値 宙 忠 著 庁 頂 腸 潮 賃 痛 敵 展 討 党 糖 届 難 乳 認 納 脳 派 拝 背 肺 俳 班 晩 否 批 秘 俵 腹 奮 並 陛 閉 片 補 暮 宝 訪 亡 忘 棒 枚 幕 密 盟 模 訳 郵 優 預 幼 欲 翌 乱 卵 覧 裏 律 臨 朗 論　　　　　　　　（191字）

付録

近代国語教育史年表

西暦	日本年号	教育関係・国語教育関係	国語国文学・文化・社会
1869	明治2	府県に小学校を設置。	
1870	3	東京府に六小学校を開設。	「横浜毎日新聞」発刊。 中村正直訳『西国立志編』。
1871	4	文部省設置。	
1872	5	東京に師範学校を設立。「学制」頒布。 「小学教則」「中学教則略」公布。 　文部省『単語篇』。	福沢諭吉『学問のすゝめ』（初篇）。
1873	6	師範学校「小学教則」を公表。 　師範学校（田中義廉）『小学読本』。文部省（榊原芳野）『小学読本』。	
1874	7	東京女子師範学校設立。 　文部省『小学入門』（甲号）。	『明六雑誌』創刊。
1876	9	文部省『彼日氏教授論』『学校通論』。	中根淑『日本文典』。
1877	10	文部省『加爾均氏庶物指教』。	東京大学創設。
1879	12	「教育令」公布。	「大阪朝日新聞」発刊。
1880	13	改正「教育令」公布。 　文部省『平民学校論略』。	国会期成同盟結成。
1881	14	「小学校教則綱領」「中学校教則大綱」。	『小学唱歌集』（初篇）。
1882	15		東京専門学校開校。 『新体詩抄』。
1883	16	「送仮名法」制定。「かなのくわい」を結成。 　若林虎三郎・白井毅『改正教授術』。	鹿鳴館落成。
1884	17	若林虎三郎『小学読本』。文部省『読方入門』。	
1885	18	羅馬字会結成。	硯友社結成。 坪内逍遙『小説神髄』。
1886	19	「小学校令」「中学校令」「師範学校令」公布。 東京師範学校を高等師範学校と改称。 文部省「教科用図書検定条例」制定。 　文部省『読書入門』。	東京大学を帝国大学と改称。

224

4　近代国語教育史年表

1887	20	文部省『尋常小学読本』。	『国民の友』創刊。二葉亭四迷『浮雲』（第一編）。
1888	21	言語取調所設立。ハウスクネヒトによってヘルバルト分段教授学が紹介される。 文部省『高等小学読本』。	『日本人』創刊。『都の花』創刊。
1889	22	「大日本帝国憲法」発布。 湯本武比古『尋常小学読本』。	大槻文彦『言海』（第一冊）。『しがらみ草紙』創刊。
1890	23	女子高等師範学校創設。「小学校令」改正。「教育ニ関スル勅語」発布。	第一回衆議院議員総選挙。森鷗外「舞姫」。
1891	24	「小学校教則大綱」制定。	幸田露伴『五重塔』。
1892	25	『新撰小学読本』『帝国読本』。	山田美妙『日本大辞書』。
1893	26		『文学界』創刊。
1894	27	「高等学校令」公布。各都道府県に師範学校設置。 谷本富『実用教育学及教授法』。	日清戦争（〜1895）。
1895	28	「高等女学校規程」公布。	『少年世界』創刊。樋口一葉「たけくらべ」。
1896	29	文部省図書局設置（1898廃止）。	森田思軒訳「十五少年」。
1897	30	「師範教育令」公布。	大槻文彦『広日本文典』。『ほとゝぎす』創刊。島崎藤村『若菜集』。
1899	32	「中学校令」改正。「実業学校令」「高等女学校令」「私立学校令」公布。 樋口勘次郎『統合主義新教授法』。	普通選挙期成同盟会結成。芳賀矢一『国文学史十講』。
1900	33	「小学校令」改正。「小学校令施行規則」制定。 坪内雄蔵『尋常国語読本』『高等国語読本』。	『明星』創刊。泉鏡花『高野聖』。
1901	34	保科孝一『国語教授法指針』。	佐々政一『修辞法』。与謝野晶子『みだれ髪』。
1902	35	文部省内に国語調査委員会設置。広島高等師範学校設置。教科書事件おこる。 佐々木吉三郎『国語教授撮要』。	『少年界』創刊。『少女界』創刊。山田孝雄『日本文法論』（上巻）。
1903	36	「小学校令」「小学校令施行規則」改正。 国定教科書制度成立。 国定教科書『尋常小学読本』『高等小学読本』。	平民社創立。 『馬酔木』創刊。『少年』創刊。

225

1904	37	小学校国定教科書使用開始。	日露戦争（～1905）。
1905	38	文部省「文法上許容スベキ事項」告示。ローマ字ひろめ会創立。	夏目漱石「吾輩は猫である」連載開始。五十嵐力『文章講話』。上田敏訳『海潮音』。
1906	39	文部省「句読法案」「分別書キ方案」発表。	島崎藤村『破戒』。
1907	40	「小学校令」「小学校令施行規則」改正（尋常科6年となる）。国語調査委員会『送仮名法』。	金沢庄三郎『辞林』。田山花袋『蒲団』。『新思潮』（第一次）創刊。
1908	41	奈良女子高等師範学校設立。「小学校令施行規則」改正。	山田孝雄『日本文法論』。『阿羅々木』創刊。
1909	42	文部省（第二次国定教科書）『尋常小学読本』（黒読本）。	北原白秋『邪宗門』。
1910	43	『尋常小学読本』使用開始。「高等女学校令」改正。「高等女学校令施行規則」制定。	大逆事件。韓国併合。『白樺』創刊。『三田文学』創刊。石川啄木『一握の砂』。
1911	44	「小学校令」「中学校教授要目」改正。	
1912	45	芳賀矢一・杉谷代水『作文講話及文範』。	『青鞜』創刊。
1913	大正2	蘆田恵之助『綴り方教授』。	斎藤茂吉『赤光』。
1914	3	東京ローマ字会設立。	第一次世界大戦（～1918）。
1915	4	友納友次郎『読方教授法要義』。	芥川龍之介『羅生門』。
1916	5	芦田恵之助『読み方教授』。保科孝一『国語教授法精義』。『国語教育』創刊。国語調査委員会『口語法』。	森鷗外『高瀬舟』。
1917	6	自動教育研究会『自動主義綴方教授の革新』『自動主義読方教授の革新』。	萩原朔太郎『月に吠える』。
1918	7	『尋常小学国語読本』（白読本）使用開始。「大学令」公布。友納友次郎『綴方教授法の原理及実際』。	「新しき村」建設。『赤い鳥』創刊。有島武郎『生れ出る悩み』。
1919	8	「小学校令」「中学校令」「小学校令施行規則」「中学校令施行規則」改正。沢柳政太郎・田中広吉・長田新『児童語彙の研究』。秋田喜三郎『創作的読方教授』。	ベルサイユ講和条約調印。
1920	9	「高等女学校令」「高等女学校令施行規則」改正。仮名文字協会結成。	第一回国勢調査実施（総人口5596万人）。

1921	10	芦田恵之助・友納友次郎，小倉で立会講演。田上新吉『生命の綴方教授』。河野清丸『自動教育論』。千葉命吉『一切衝動悉皆満足論』。手塚岸衛『自由教育論』。稲毛金七『創造教育論』。小原国芳『全人教育論』。及川平治『動的教育論』。	『種蒔く人』創刊。
1922	11	垣内松三『国語の力』。松村武雄『童話及び児童の研究』。片上伸『文芸教育論』。	全国水平社創立。土居光知『文学序説』。
1923	12	臨時国語調査会「常用漢字表」(1963字) 発表。山路兵一『読み方の自由教育』。パーカスト（ヘレン），赤井米吉訳『ダルトン案児童大学の教育』。	関東大震災。佐久間鼎『国語アクセント講話』。
1924	13	ジョン＝デューイ，帆足理一郎訳『教育哲学概論』。宮川菊芳『読方教育の鑑賞』。	宮沢賢治『注文の多い料理店』。『文芸戦線』創刊。『文芸時代』創刊。
1925	14	臨時国語調査会「国語字音仮名遣改訂案」。飯田恒作『児童創作意識の発達と綴方の新指導』。芦田恵之助『第二読方教授』。芦谷重常『童話教育の実際』。	東京放送局仮放送開始。普通選挙法公布。梶井基次郎『檸檬』。細井和喜蔵『女工哀史』。
1926	15 昭和元	「幼稚園令」公布。「小学校令」・「小学校令施行規則」改正。臨時国語調査会「字体整理案」及び「漢語整理案」を発表。『綴方教育』創刊。丸山林平『読方教育体系』。『綴方研究』（菊池知勇）創刊。	日本放送協会設立。川端康成『伊豆の踊子』。
1927	2	垣内松三『国語教授の批判と内省』。木下一雄訳『ヒュエイ読方の心理学』。	金融大恐慌始まる。
1928	3	五十嵐力『国語の愛護』。	ソシュール，小林英夫訳『言語学原論』。『戦旗』創刊。
1929	4	篠原助市『理論的教育学』。『綴方生活』創刊。西尾実『国語国文の教育』。	小林多喜二『蟹工船』。
1930	5	国語協会（会長近衛文麿）設立。『同志同行』創刊。『北方教育』創刊。	三好達治『測量船』。
1931	6	神保格『話言葉の研究と実際』。佐藤徳市『形象の読方教育』。滑川道夫『文学形象の綴方教育』	本格的トーキー封切。満州事変。

付録

4　近代国語教育史年表

227

付　録

年				
1932	7	丸山林平『国語教育学』。		5.15事件。モウルトン，本多顕彰訳『文学の近代的研究』。
1933	8	『小学国語読本』（サクラ読本）使用開始。稲村謙一『生活への児童詩教育』。『コトバ』（『国文学誌』改題）創刊。『国・語・人』創刊。金原省吾『構想の研究』。上田庄三郎『調べた綴方とその実践』。		長野県で教員一斉検挙。小林多喜二検挙。滝川事件。『四季』創刊。
1934	9	国語教育学会創立。文部省に思想局設置。山内才治『素直な読方教育』。		谷崎潤一郎『文章読本』。
1935	10	『生活学校』創刊。『工程』創刊。石山脩平『教育的解釈学』。波多野完治『文章心理学』。		天皇機関説問題化。国体明徴声明。
1936	11	西原慶一『解釈学的国語教育』。村山俊太郎『生活童詩の理論と実践』。岩波講座『国語教育』刊行開始。		2.26事件。オグデン・リチャーズ，石橋幸太郎訳『意味の意味』。坪田譲治『風の中の子供』。
1937	12	ローマ字訓令制定。大西雅雄『朗読の原理』。		文部省『国体の本義』。日中戦争。
1938	13	内務省，子供雑誌編輯改善要項を指示。芦田恵之助『教式と教壇』。		「国家総動員法」公布。
1939	14	文部省，演劇・映画・音楽等改善委員会設置。		第二次世界大戦。
1940	15	生活綴方運動弾圧の検挙開始。文部省国語課設置。日本語教育振興会設置。		三国同盟調印。大政翼賛会発会。
1941	16	「国民学校令」公布。「国民学校令施行規則」制定。『コトバノオケイコ』『ヨミカタ』『初等科国語』『ヨミカタ教師用書』使用開始。		時枝誠記『国語学原論』。
1942	17	国語審議会答申の「標準漢字表」を修正発表（2669字）。		日本文学報国会結成。新美南吉『おじいさんのランプ』。
1943	18	山口喜一郎『日本語教授法原論』。		上野動物園で猛獣薬殺。学徒出陣。
1944	19	「学徒勤労令」公布。学童の集団疎開始まる。		国語学会設立。
1945	20	文部省「新日本建設ノ教育方針」発表。GHQ「日本教育制度ニ対スル管理政策」指令。		ポツダム宣言受諾（敗戦）。宮本百合子「歌声よおこれ」。
1946	21	第一次米国教育使節団来日。文部省「新教育		児童文学者協会創立。日本文

		指針」第一冊発行。国語審議会設置。文部省，男女共学の実施を指示。「当用漢字表」「現代かなづかい」告示。	学協会創立。「日本国憲法」公布。 『赤とんぼ』『子どもの広場』『銀河』など創刊。
1947	22	文部省「学習指導要領一般編」(試案)発表。「教育基本法」「学校教育法」公布。六・三制実施。『こくご』(『国語』)『中等国語』『高等国語』(文部省)使用開始。「学校教育法施行規則」制定。文部省，教科書検定制度実施を発表。	日教組結成。労働基準法施行。 石井桃子『ノンちゃん雲に乗る』。原民喜『夏の花』。西尾実『言葉とその文化』。
1948	23	「当用漢字別表」「当用漢字音訓表」告示。新制高校・定時制高校発足。教育指導者講習(IFEL)開始。国立国語研究所設置。 『作文教育』創刊。	「教育委員会法」公布。 金子光晴『落下傘』。草野心平『定本蛙』。
1949	24	小学校国語入門教科書(文部省)発行開始。検定教科書の使用開始。「当用漢字字体表」告示。全国学校図書館連絡協議会開催。 倉沢栄吉『国語単元学習と評価法』。	教育公務員特例法公布。新制大学発足。レッドパージ開始。湯川博士，ノーベル賞受賞。
1950	25	「国語審議会令」公布。日本綴り方の会発足(翌年，日本作文の会と改称)。	朝鮮戦争始まる。ぶどうの会『夕鶴』初演。
1951	26	「学習指導要領一般編」(試案)改訂発表。日教組第一次全国教育研究集会。「小学校学習指導要領国語科編」(試案)発表。 西尾実『国語教育学の構想』。国分一太郎『新しい綴方教室』。寒川道夫『山芋』(大関松三郎詩集)。無着成恭『山びこ学校』。読み書き能力調査委員会『日本人の読み書き能力』。	児童憲章制定宣言。ユネスコ加盟。民間放送開始。日米安全保障条約調印。 『荒地詩集』。 安部公房『壁』。
1952	27	『作文と教育』再刊。金子書房『生活綴方と作文教育』。『言語教育と文学教育』。	国民文学論おこる。破壊活動防止法公布。日米安全保障条約発効。
1953	28	国語審議会「ローマ字つづり方の単一化について」建議。学校図書館法公布。問題意識の文学教育論議おこる。	NHKテレビ放送開始。 『日本文学』創刊。『岩波こどもの本』刊行開始。
1954	29	日本国語教育学会結成。「ローマ字のつづり方」訓令・告示。	教育二法公布。

付　録

年	昭和	国語教育関連事項	一般事項
1955	30	文部省『単元学習の理解のために』。文部省『児童・生徒のかなの読み書き能力』。日教組『国語の学力調査』。小川太郎・国分一太郎『生活綴方的教育方法』。	諸橋轍次『大漢和辞典』刊行開始。
1956	31	教育課程審議会「かなの教え方」「教育漢字の学年配当」答申。第一回全国学力調査。国立国語研究所『低学年の読み書き能力』。倉沢栄吉『読解指導』。	任命制の教育委員会発足。日本，国連加盟。
1957	32	上田庄三郎『抵抗する作文教育』。東井義雄『村を育てる学力』。文部省『漢字の学習指導に関する研究』。日本国語教育学会『国語の系統学習』。	勤務評定制度。人工衛星スプートニク１号打ち上げ。
1958	33	「小学校学習指導要領」告示。明治図書版『現代学力大系』（全四巻）刊行開始。文部省『筆順指導の手引き』。	道徳教育義務化。
1959	34	「送りがなのつけ方」告示。永野賢『学校文法文章論』。	少年週刊誌創刊。佐藤暁『だれも知らない小さな国』。いぬいとみこ『木かげの家の小人たち』。
1960	35	国立国語研究所『高学年の読み書き能力』。	山中恒『赤毛のポチ』。松谷みよ子『龍の子太郎』。
1961	36	話しことばの会創立。文部省，学力テスト実施。	神沢利子『ちびっ子カムのぼうけん』。
1962	37	教科書無償法案成立。文部省，教育白書『日本の成長と教育』発表。	北杜夫『楡家の人びと』。
1963	38	文部省『書くことの学習指導１』。たいなあ詩出現。	森岡健二『文章構成法』。
1964	39	横浜市奈良小学校『一読主義読解の方法』。国立国語研究所『小学生の言語能力の発達』。奥田靖雄他『国語教育の理論』。	オリンピック東京大会。ベトナム戦争激化。
1965	40	中央教育審議会「期待される人間像」中間発表（41.10本発表）。教科書訴訟おこる。輿水実『国語科の基本的指導過程』。	今西祐行『肥後の石工』。井伏鱒二『黒い雨』。
1968	43	「小学校学習指導要領」告示。大河原忠蔵『状況認識の文学教育』。	川端康成，ノーベル文学賞を受賞。大学紛争発生。

1970	45	滑川道夫『読解読書指導論』。	
1971	46	中央教育審議会「教育改革基本構想」答申。『国語教育誌』創刊。国立国語研究所『中学生の漢字習得に関する研究』。	新著作権法施行。「新潮少年文庫」「ちくま少年文学館」発足。
1972	47	国立国語研究所『幼児の読み書き能力』。	国文学研究資料館発足。
1973	48	「当用漢字音訓表」「送りがなの付け方」告示。	
1977	52	「小学校学習指導要領」「中学校学習指導要領」告示。	小学生の自殺増。
1978	53	「高等学校学習指導要領」告示。	
1981	56	「常用漢字表」告示。	国際障害者年。
1989	平成元	「小学校学習指導要領」「中学校学習指導要領」「高等学校学習指導要領」告示。	
1994	6		大江健三郎ノーベル文学賞。
1995	7		阪神・淡路大震災。
1996	8	中央教育審議会「21世紀を展望した我が国の教育の在り方について」答申(「生きる力」)。	
1998	10	「小学校学習指導要領」「中学校学習指導要領」告示。	
1999	11	「高等学校学習指導要領」告示。	国立子ども図書館開館。
2000	12	OECD生徒の学習到達度調査(PISA)。	
2001	13		子どもの読書活動の推進に関する法律施行。
2004	16	文化審議会答申「これからの時代に求められる国語力について」。	
2006	18		教育基本法改正施行。
2007	19	全国学力・学習状況調査。	学校教育法改正施行。
2008	20	「小学校学習指導要領」「中学校学習指導要領」告示。	
2009	21	「高等学校学習指導要領」告示。	
2011	23	文部科学省「言語活動の充実に関する指導事例集」。	東日本大震災。
2017	29	「小学校学習指導要領」「中学校学習指導要領」告示。	
2018	30	「高等学校学習指導要領」告示。	

〔田近洵一・大熊 徹〕

1985年10月28日	第1版発行	〔田近洵一・井上尚美 編〕
1990年 4月10日	第2版発行	〔田近洵一・井上尚美 編〕
2001年 2月15日	第3版発行	〔田近洵一・井上尚美・大熊 徹 編〕
2009年 4月 4日	第4版発行	〔田近洵一・大熊 徹・塚田泰彦 編〕
2018年 4月 1日	第5版発行	〔田近洵一・中村和弘・大熊 徹・塚田泰彦 編〕

編者略歴

田近 洵一（たぢか じゅんいち）

1933年、長崎県生まれ。川崎・東京で小・中・高の教壇に立った後、横浜国立大学助教授・東京学芸大学教授・早稲田大学教授。東京学芸大学名誉教授。

編著書 『現代国語教育への視角』（教育出版）、『戦後国語教育問題史［増補版］』（大修館書店）、『創造の〈読み〉』（東洋館出版社）、『子どものコミュニケーション意識』（学文社）、『国語教育指導用語辞典［第四版］』（共編：教育出版）など

井上 尚美（いのうえ しょうび）

1929年、東京都生まれ。東京学芸大学教授、創価大学教授。東京学芸大学・創価大学名誉教授。

編著書 『国語の授業方法論』（一光社）、『授業に役立つ文章論・文体論』（共著：教育出版）、『思考力育成への方略』（明治図書）、『国語教師の力量を高める』（明治図書）、『国語教育指導用語辞典［第四版］』（共編：教育出版）など

大熊 徹（おおくま とおる）

1948年、千葉県生まれ。東京学芸大学附属世田谷小学校教諭を経て、東京学芸大学教授。東京学芸大学名誉教授。

編著書 『音読・朗読指導の理論と実践』（教育出版）、『文章論的作文指導』（明治図書）、『作文・綴方教育の探究』（教育出版）、『国語科の授業と評価』（共編：教育出版）、『国語科授業用語の手引き』（共編：教育出版）など

塚田 泰彦（つかだ やすひこ）

1952年、滋賀県生まれ。上越教育大学助教授などを経て、筑波大学教授、関西外国語大学教授。筑波大学名誉教授。

編著書 『語彙指導の革新と実践的課題』（共著：明治図書）、『語彙力と読書』（東洋館出版社）、『国語教室のマッピング』（教育出版）、『リテラシー学習の再構築のための創発的綴りの体系的研究』（文科省科研費補助金研究成果報告）など

中村 和弘（なかむら かずひろ）

1971年、愛知県生まれ。川崎市公立小学校教諭、東京学芸大学附属世田谷小学校教諭を経て、東京学芸大学准教授。

編著書 『国語科授業を活かす理論×実践』（編著：東洋館出版社）、『アクティブ・ラーニングを位置づけた小学校国語科の授業プラン』（編著：明治図書）、『見方・考え方［国語科編］』（編著：東洋館出版社）など

小学校 国語科授業研究［第五版］

2018年4月1日　第5版第1刷発行
2023年12月8日　第5版第7刷発行

Ⓒ編　者　田近洵一・中村和弘
　　　　　大熊　徹・塚田泰彦
発 行 者　伊東千尋
発 行 所　教育出版株式会社
　　　　　〒135-0063 東京都江東区有明 3-4-10 TFTビル西館
　　　　　電話（03）5579-6725　振替 00190-1-107340

Printed in Japan　　　　　　　　　DTP・印刷　藤原印刷
落丁・乱丁本はお取替えいたします。　　製本　上島製本
ISBN978-4-316-80465-1　C3037